영혼을 돌보는

삶

차 례

1부 내 울타리 ················· 5

2부 어린 나무꾼 ················· 33

3부 무서운 야수 ················· 63

4부 꼬마 농부 ················· 93

5부 옛날이야기 ················· 121

6부 무서운 폭력 ················· 153

7부 말과 글 ················· 185

8부 배움의 들머리 ················· 225

9부 에필로그 ················· 267

1부

내 울타리

내 울타리

아궁이에서 불이 여울여울 탄다. 가마솥에서 밥이 되고 있다. 내가 처음으로 지게를 지고 둔치에서 해온 비수리가 아궁이에서 타면 솥에서 밥이 된다. 나는 그걸 보는 게 무척 좋다. 하지만 아궁이에 불을 계속 지피는 땔감을 해오는 건 이때부터 오로지 나의 몫이다. 여덟 살도 채 되지 않은 내게 엄청 버거운 일일 수밖에 없다.

그래서 그런지 세월이 흘러 잊힐 때도 되었건만, 강변이나 산에서 비수리나 싸리나무, 삭정이나 그루터기, 송린이나 광솔, 나무토막이나 솔가리를 보면 머릿속에서 그 생각이 슬며시 스친다. 무심코 눈을 들어 창밖의 푸른 산을 바라다가도 문득 그 추억에 잠기곤 한다. 어쩐지 현재와 과거의 모든 것이 여러 개의 단단한 사슬로 엮여 있는 것 같다.

6.25전쟁이 일어난 이듬해 봄 어느 날이다. 목수 일을 하러 멀리 다니느라 집에 머무는 날이 거의 없는 아버지가 아침부터 집에서 일을 하신다. 나는 아버지가 무엇을 만드시는지 모르고 바라본다. 각목이 대패에 깎이어 종이처럼 말려 나오는 대팻밥이 무척 흥미롭다.

아버지는 각목 두 개를 어른의 다리 길이 정도로 똑같이 다듬어 가운데쯤 구멍을 파서 또 다른 짧은 두 개의 각목을 박아 지겟가지처럼 만드신다. 두 개의 각목을 몇 개의 세장으로 연결하시고, 각목이 서로 당기도록 칡덩굴로 동여매고 칡덩굴을 막대기로 돌려 조여 놓으신다. 세장 앞에는 짚으로 엮은 등태를 붙인다. 가운데 세장에는 양쪽 각목 가까이 각각 밀삐를 매어달고 끝을 지겟다리에 맨다. 뒤쪽에는 지게꼬리를 매어 다신다. 저녁 무렵에 장난감 같은 지게가 만들어진다. 그게 내 지게다. 지겟작대기도 작은 걸로 하나 만드신다. 낫은 언제 준비해 두었는지 작은 반달낫이 하나 있다. 나는 멋모르고 지게를 짊어져 본다. 또래들과 숨바꼭질을 하고 놀던 내가 단번에 훌쩍 큰 느낌이 든다.

다음날부터 나는 전업 지게꾼이 되어 또래들과 다른 길로 들어선다. 아마도 그때 나보다 어린 지게꾼은 어디에도 없었을지 모른다. 나는 그때부터 가족의 생계의 일부를 부여안는다. 내 의도와는 관계없이 그걸 온몸으로 안고 가야 한다.

아기가 맨몸으로 세상에 태어나서 울음을 터뜨리고 강보에 싸인다. 배냇저고리를 입고 시간이 지나면서 옹알이를 하고 귀여워진다. 보송보송한 얼굴로 세상에 부러울 것 없다는 듯 방실방실 웃고, 팔과 다리를 내저으며 재롱을 부려 엄마를 가까이 붙잡아 놓으려고 한다. 하지만 아기를 둘러싸고 있는 울타리는 천차만별이다. 누구든 자라면서 세상에 눈을 뜨기 시작하면 자기를 둘러싸고 있는 환경이 다른 사람들의 것과 다르다는 걸 차츰 알게 된다. 누구도 자신의 삶을 선택한 게 아니고 우연히 정해졌지만 그의 태생적 조건이 삶의 방향을 좌우한다. 하지만 아기는 어릴 때부터 무의식적으로 세뇌를 받아 제 계층에 대한 불만을 제거당하고 그런 걸 '숙명'으로 받아들인다. 부모의 재력은 가장 튼튼한 기초다. 부모가 교육에 관심이 많고 열정적이면 환경의 약점을 걷어내고 계층 이동의 사다리를 놓고 밀어준다.

포항 땅 북쪽 끝자락 태백산맥의 높은 산들이 감싸는 고즈넉한 분지 마을에서 나는 세상에 첫 울음을 터뜨린다. 자라면서 나의 가족이 뭔가 여느 가족과는 다르다는 걸 조금씩 느낀다. 다른 아이들은 자기 집에 할아버지가 계시면 아이들은 "할아버지"라고 하고, 그 아이들의 아버지는 그 할아버지에게 "아버지"라고 한다. 우리 집에도 할아버지가 계신다. 나는 다른 아이들처럼 "할아버지"라고 한다. 한데 나의 아버지는 할아버지를 "아버지"라고 하시지 않고 나처럼 "할아버지"라고 하신다. 아버지는 "아버지"라고 해야 할 나의 할아버지에게 왜 나처럼 "할아버지"라고 하실까. "할머니"에게도 마찬가지다. 나는 그걸 이상하게 생각하면서도 어물어물 넘어간다. 그 후 내가 자라면서 나를 감싸고 보호해 주어야 할 내 울타리는 알면 알수록 허술하기 짝이 없다.

내가 태어났을 때 나의 증조할아버지는 손가락으로 육십갑자를 짚으셨다고 한다. 그러면서 "그놈 참 재주는 있겠다마는 …"라고 말씀하시고는 무엇이 마음에 걸려 아쉬워하시는 모습으로 말씀을 더 잇지 못하셨다고 한다. 어머니는 내게 그 말씀을 하실 때마다 마무리 말씀을 궁금해 하신다. 증조할아버지는 왜 그 뒤의 괘를 이어서 말씀하시고 싶지 않으셨을까.

아버지는 일찍부터 나를 지게꾼으로 키우려고 작정하지는 않으셨을 것으로 나는 믿고 싶다. 아버지의 의도와는 다르게 그런 상황에 이른 것이겠지만 신체 건강하시고 누구보다 열심히 일하시는 아버지가 왜 이렇게까지 되었느냐는 거다. 그 뒤에는 애틋한 사연이 있다.

어머니는 내가 아주 어릴 적부터 가끔 나를 바투 앉히고 가족사에 대해 말씀하셨다. 어머니의 말씀은 나의 고조할아버지 시대까지 거슬러 올라간다.

"너의 고조할아버지가 역병으로 일찍 돌아가시자 고조할머니는 청상이 되었단다. 그때는 청상이 수절하려고 하면 낯선 사람들이 커다란 대바구니 통에 넣어서 등에 지고 가는 일이 흔히 있었단다. 낯선 사람들이 몰래 와서 입을 막고 몸을 묶어버렸으니 잡혀가면서 고함을 지를 수도 없고, 입으로 등을 물어버릴 수도 없었단다. 그렇게 된 후에는 설사 다시 돌아온다고 하더라도 그건 업혀 간 자신은 물론 시가와 친정의 가문을 더럽히는 엄청 큰 수치였단다. 그때 법도 있는 가문으로 이름난 손 씨인 친정에서 딸을 지키려고 이쪽으로 데리고 왔단다. 그래서 고조할머니는 어린 아들과 딸을 데리고 시가의 고향인 기계면 지가에서 친정이 있는 이곳 죽남면 상옥으로 왔단다.

고조할머니는 길쌈 솜씨가 좋았고 열심히 일하셔서 혼자서도 많은 재산을 일구어 놓으셨단다. 너의 증조할아버지는 그 시절이 생각나시면 어디에 있는 논도 우리 논이었고, 어디에 있는 밭도 우리 밭이었다고 자랑삼아 말씀하시곤 하셨단다. 너의 증조할아버지는 외동아들로 귀한 자손이 되어 아무런 걱정 없이 사랑을 받으면서 자라 인심도 좋았단다. 증조할아버지는 사냥을 좋아하는 한량이었고 거기에 인심이 한없이 좋은 너의 증조할머니를 만나 인심 좋은 부부가 됐단다. 그때 부터 지나가는 나그네나 도붓장수들은 증조할아버지의 집을 찾아서 무료로 먹고 자고 갔단다. 방이 모자랄 때는 처마 밑에서라도 자고 가자고 하는 사람이 있었고, 그들에게도 후한 식사 대접을 했단다. 그러니 인심이 좋다고 소문은 났지만, 끝내 재산은 바닥나고 가난으로 소문이 더 커졌단다."

어머니는 이어서 나의 할아버지에 대한 말씀을 하신다.

"너의 할아버지는 가난한 집에 2대 독자였다. 할아버지는 할머니와 결혼을 하시고 돈을 벌기 위해 일본으로 가셨단다. 그때 너의 아버지는 갓난이였단다. 할머니는 너의 아버지가 젖도 제대로 떨어지기 전에 개가하려고 했단다. 그래서 젖을 일찍 떼려고 소태나무 껍질 진액을 먹는 젖에 바르고 너의 아버지에게 먹였단다. 그 후 할머니가 젖꼭지를 내 보이자 너의 아버지는 쓰디쓴 소태나무 진액 때문에 다시는 입도 대지 못하고 젖을 보면서 울기만 하더란다. 그때 너의 할머니는 재력 있는 세력가의 소실로 개가하면서 너의 할아버지에 대한 독백처럼 '나도 그놈과 같이 살려고 무던히 애썼는데 …' 라고 말씀하셨단다."

나는 할머니가 하셨다는 말씀을 들으며 그때 할머니의 가슴에 무슨 응어리가 맺혀 있었을 것 같은 생각을 한다. 할머니가 토로하신 말씀에 묻어났을 회한이 상상으로 떠오르고 그날의 애달픈 모습이 어른거린다. 눈에 넣어도 아프지 않을 만큼 아끼고 사랑해야 할 게 자신이 낳은 자식이고, 잠시만 떨어져 있어도 엄마의 사랑을 찾으려는 게 어린 자식이 아닌가. 그런 자식을 기르지 못하고 아무도 대신할 수 없는 엄마 사랑을 내려놓으려고 할 때 할머니는 얼마나 괴로웠을까. 어린 자식이 먹는 젖에 소태 진을 바르는 할머니의 마음은 어떠했을까. 솜이불처럼 따뜻한 엄마 품속의 젖을 보면서 먹지 못하고 울고만 있는 애처로운 자식, 곧 엄마를 잃을 안쓰러운 자식을 바라보는 할머니의 심정은 얼마나 착잡했을까. 살포시 품어서 어루만지며 토닥여주고 싶은 본능적 모성애가 요동치는 순간에 할머니는 어떻게 했을까. 엄마의 따뜻한 보살핌이 없는 자식의 앞날은 할머니의 마음속에서 어떤 모습으로 그려졌을까. 그때 할머니는 자식에 대한 죄책감과 삶의 끝까지 할아버지와 동반하지 못한 마음속의 공허함은 얼마나 컸을까.

어머니는 여기서 무슨 감정이 복받쳤는지 잠시 뜸을 드리다가 이야기를 이어 가신다.

"그 후 너의 증조할아버지는 너의 할머니가 개가했다는 편지를 할아버지에게 보냈단다. 그 편지를 받은 할아버지는 '제 소생이 하나 있으니 아버지와 어머니는 그를 키워서 영화를 누리십시오. 저는 노국으로 갑니다.' 라는 편지로 하직을 하시고 소식이 없었단다."

할머니는 개가하시고, 할아버지는 돌아오시지 않으시고, 어린 아버지는 먹을 젖을 억지로 떼이고 …. 모든 불행이 한꺼번에 밀어닥쳐 아버지의 삶은 뿌리까지 흔들렸다. 나는 안타까워 어머니에게 말씀드린다.

"증조할아버지는 왜 할아버지에게 할머니가 개가했다고 편지를 했어요. 그런 편지를 하지 않았다면 할아버지가 돌아오셨을 텐데."

"너의 할머니가 개가했는데 할아버지가 그걸 모르고 돌아오신다면 더 큰 일이 일어날 것 같아 미리 알려주셨단다. 그런데 그 편지를 받은 할아버지는 그만 돌아오시지 않으셨단다."

증조할아버지는 할아버지가 돌아오지 않을 것이라는 생각을 못 하신 것 같다. 그런데 증조할아버지와 할아버지의 생각이 서로

엇갈리면서 불행이 더 커지기 시작했다. 나는 그렇게 해서 할아버지가 돌아오시지 않은 게 안타깝고 아쉬워 어머니에게 물어본다.

"그럼 그 후에 증조할아버지는 할아버지가 어디에 계시는지 알아보셨는가요."

"노국으로 가신다고 하신 후에 일본에서 할아버지를 본 사람이 한 사람 있었단다. 그 후 할아버지를 본 사람은 없었고, 아무런 소식도 들을 수 없었단다."

할아버지는 부모와 자식이 있는 조국과 정들었던 고향 산천을 이미 떠나 이국땅에 있었다. 거기서 부모에게 작별편지를 쓰시고 또 다른 타국으로 떠나시려는 할아버지의 가슴속에 집으로 돌아오고 싶은 생각이 어찌 없었으랴. 나는 어머니의 이야기를 들으며 내 나름으로 할아버지의 마음을 짐작할 수 있었지만 그걸 묻어두고 싶다.

아버지는 상실감도 제대로 느끼지 못했을 어릴 적에 부모를 생이별을 한다. 그리고 조부모의 슬하에서 3대 독자로 귀한 자손이 되어 '오냐, 오냐' 하는 사랑만 받는다. 아버지는 꾸지람을 듣지 못했으니 자신의 잘못을 깨닫지 못하고, 하고 싶은 대로 하면서 자란다. 아버지는 이때부터 세상이 자기중심으로 돌아가는 걸로 생각이 굳어져간다. 나의 증조부모의 사랑은 아버지가 원하는 것이라면 무엇이든지 다 받아 주어 아버지는 사회적 정신적 발육부진을 겪는다. 그래서 대인 관계에 이상이 생기고 생존의 심각성과 세상물정을 깨달을 기회를 잃는다. 아버지는 복잡한 세상을 최대한 단순하게 이해하시는 막연한 낙관주의자가 된다. 그러니 결정은 쉽게 할 수 있지만 결과는 빗나가기 일쑤다.

아버지는 좋은 인심을 이어받아 위선과 가식을 모르시는 순수한 영혼의 소유자가 된다. 아버지는 다른 사람의 마음도 자신의 마음과 같을 거라고 생각하신다. 경험이 부족해서 세상을 제대로 깨달은 것도 없었고, 글을 통한 간접 경험도 지적 성장도 하지 못하셨다. 아버지는 오직 조부모로부터 애지중지 사랑만 받았으며 어릴 적에 몸에 밴 성정이 아무런 거치적거림 없이 자연스럽게 쌓여갔다. 아버지는 그 속에 갇혀 혼자 외곬으로 빠지고 자신의 생각만 옳다고 고집하여 잘못된 길을 계속 간다.

아버지가 내게 지게를 만들어 주던 해 초가을 어느 날이다. 이때는 곁방살이를 할 때다. 오랜만에 아버지도 식구들과 같이 마당에서 저녁식사를 하신다. 나는 아무 생각 없이 저녁밥을 먹다가 갑자기 어머니가 떨리는 목소리로 설움을 삼키는 소리가 들려 어머니 쪽을 본다. 어두움 속으로 어머니의 얼굴이 희미하게 보인다. 어머니가 얼굴에서 눈물을 훔치신다. 나는 어머니가 무슨 말씀을 하셨는지 퍽 궁금하다.

다만, 아버지가 "사람을 몸종같이 취급하려고 하느냐"라고 언짧게 말씀하신 것으로 미루어 어머니의 말씀을 추정할 수밖에 없다. 주인집에서 어머니에게 무슨 일을 해 달라고 했던 걸 말씀하신 것 같다. 그 일이 무슨 일이었는지, 얼마나 어렵고 자주 해 달라고 했는지는 알 수 없다. 나는 낮에는 날마다 나무를 하러 다녀서 낮에 집에서 일어난 일은 잘 모른다. 어머니는 겉으로 얼른 보아서는 남에게 보이지 않는 큰 장애와 어린 동생을 데리고 감당할 수 없는 일이었는데 그걸 모르고 주인집에서 요구한 건지, 아니면 어머니가 할 수 있는 일이었지만 너무 자주 요구하여 무리하다고 생각해 어머니 나름의 자존심이 상한 건지 알 수 없다.

그 후 얼마가 지나자 아버지는 어머니에 대한 연민이었는지 울컥하는 마음을 참지 못하셨는지 우리 집을 지으신다. 집은 삶의 보금자리요 터전이며 정신적 안식처다. 그런데 어려운 형편에 갑자기 집을 지으려고 하니 부족한 게 많다. 집터는 준비되어 있는 동네 제일 뒤에 있는 집 옆의 작은 밭이다. 소나무 목재가 없어 집을 짓는 데 거의 쓰지 않는 값싼 미루나무를 구했다. 방 한 칸과 부엌 하나인 오두막집이다. 처마도 두 뼘 정도밖에 되지 않도록 짧다. 비가 오면 방문 앞에 디딤돌도 비를 직접 맞아 신발을 벗어 놓을 자리가 없다. 목공과 미장, 온돌 작업도 아버지가 직접 하신다. 흙을 떠올리는 일과 뒷바라지는 내가 한다. 천장에는 초벌만 발라 하늘이 보이는 곳도 있다. 내벽은 재벌질을 했으나 도배는 하지 않았다. 외벽은 초벌만 발라 마른 논바닥처럼 쩍쩍 갈라졌다.

온돌은 기술이 없는 아버지가 직접 놓은 것이라 불을 때어도 아랫목에만 온기를 약간 느낄 수 있다. 겨울 방은 땔감이 부족해서 아궁이에 군불을 땔 수도 없고, 밥만 해 먹으니 아랫목만 겨우 미지근하다. 낮에도 이불을 뒤집어써야 한다. 아버지는 목수 일을 하시다가 집에 오시면 목공 기구를 만들거나 갈아서 날을 세우는 일에 몰두하신다. 때로는 논밭에서 땅을 파는 일에 여념이 없다. 하지만 땔나무를 하시길 바라는 건 어림도 없다.

아버지가 농사를 지으시는 방법은 아주 독특하다. 논농사를 시작하기 전에 우선 경지 정리 작업을 하여 면적을 넓히신다. 이미 소유하고 있던 논이나 그걸 대토한 것이나 새로 산 것이나 모두 작업거리다. 아버지 자신의 노동력은 물론, 없는 돈에 노임까지 주면서 인부를 동원하며 논배미 사이의 둑을 없애신다. 위 논배미의 흙을 파서 아래 논배미를 매워 높인다. 아버지가 땅을 파서 논둑을 없애는 이유는 무엇일까. 둑이 없어지면 그 만큼 논은 넓어지고 쟁기질을 하기도 좋아진다. 아버지는 논이 넓어지는 걸 동경하시고 가을이 되면 논둑이 없어진 만큼 더 많은 벼가 노랗게 영글어 탐스럽게 고개를 숙이는 모습을 상상하실 게 아닐까 싶다.

하지만 그건 상상이 빚어낸 헛된 꿈이요, 믿음과 현실 사이에는 거대한 심연이 가로놓여 있다. 위 논배미가 있던 자리에 거름을 주고 오랜 세월 동안 비바람에 풍화되어 비옥했던 흙은 없어지고 그 밑에 있던 척박한 토질이 들어난다. 아래 논배미가 있던 자리에는 비옥한 토질이 겹겹이 쌓였다. 위 논배미가 있던 자리에 심어진 벼는 잘 자라지 못해 비리비리하고 성기다. 아래 논배미가 있던 자리에 심어진 벼는 비옥한 토질에 비료가 주어져 웃자라서 키는 크지만 연약해서 병충해에 잘 걸린다. 결국 남은 건 쭉정이뿐이다

남들은 풍년을 맞는 가을이라도 아버지만 흉년을 맞으신다. 아버지는 목수 일을 더 열심히 해서 번 돈으로 부족한 식량을 보충하셔야 한다. 그것도 안 되면 곱장리를 꾸어서 먹고 다음 해 가을에 곱절로 갚아야 한다. 아버지는 목수 일에 더욱 열중하셔야 하고 다음 해 농사도 제 때에 손이 돌아가기 어려우니 실농의 원인은 더욱 많아진다.

아버지는 성긴 벼에 낟알이 얼마 되지 않은 것도, 병충해로 쭉정이가 된 것도 논에 흙을 판 것과 관계없고, 오직 논둑이 없어진 만큼 논이 넓어진 것만 믿으시는 것 같다.

땅파기를 좋아하는 아버지는 이번에는 골짝 논의 제방 작업이다. 논머리와 소하천 사이에 있는 본래의 제방은 높고 넓어서 튼튼했다. 이걸 낮고 좁게 만드시고 그만큼 논을 넓히신다. 본래의 제방은 오랜 세월 속에서 일어나는 홍수에도 견딜 수 있도록 선조들의 경험과 지혜로 터득하여 만들어진 것이다. 그런데 이런 제방을 경험도 없는 아버지가 공사로 낮추고 좁혀서 연약하게 만든다. 제방 옆에 있는 논바닥은 이미 바닥공사로 더 낮아져 있다. 이제는 소하천에 물이 조금만 불어도 넘쳐서 제방이 무너지고 물난리가 난다. 범람한 물은 논 전체를 휩쓸고 간다. 큰 물줄기가 할퀴고 간 논 가운데는 하천으로 변하고 그 옆으로는 자갈이 덮여 쑥대밭이 된다. 논 밑의 둑은 그전 공사 때 수직으로 더 높게 쌓았으니 더 쉽고 더 넓게 무너져서 논바닥에 있었던 비옥했던 흙은 더 많이 하천으로 쓸려간다.

작은 홍수에도 우리 집만 큰 수해를 당한다. 그래도 아버지는 땅을 파는 데 신바람이 나신 듯 하천으로 바뀐 논을 복구하신다. 낮에는 물론이고 밤이라도 잠만 깨면 복구 작업을 하신다. 하지만 아무리 복구 작업을 한다고 하더라도 원상회복은 불가능하고 돈과 인력만 들어간다. 복구한 제방은 역시 낮고 좁으며 논은 척박하여 본래의 모습을 찾을 수 없다. 제방이 무너질 위험도 아직 그대로다.

아버지는 논에서 뿐만 아니라 밭에서도 경지 정리 작업을 하시고, 밭을 논이나 대지로 변경할 때도 하신다. 아버지의 뇌리 속에는 땅을 파는 성정이 똬리를 틀고 앉아 화석처럼 굳어진 것 같다. 아버지는 이삼 년이 멀다하고 이런 일을 반복하신다. 아버지는 가족과 불협화음을 내면서도 기억하고 싶은 대로만 기억하시는 마력을 가지신 것 같다. 아버지가 이렇게 하시는 이유는 어디에 있을까.

아버지가 농사를 지으시는 데는 새롭고 특별한 방법이 숱하게 나온다. 논의 위쪽과 언덕 사이에 웅덩이가 있다. 이 웅덩이는 땅속에서 나오는 물이 고여 있는 장소다. 그동안 표면의 물은 햇볕을 받아 데워져 있고, 차고 무거운 물은 밑으로 가라앉아 있다. 웅덩이에서 물이 넘쳐도 더운 물이 논으로 들어온다. 아버지는 논을 넓힌다는 생각만으로 웅덩이를 메우신다. 그러면 땅 속에서 나오는 찬물이 그대로 논으로 들어와서 퍼져나간다. 벼는 찬물에 시달려 한기와 몸살이 난다. 웅덩이가 있던 자리에 가까우면 가까울수록 벼는 한기와 몸살이 더 심하다. 하지만 아버지는 논이 넓게만 보이고 본래 웅덩이에서 물이 데워지는 걸 모르신다.

아버지는 논에 비료를 주는 데도 언제 무슨 비료를 얼마나 주어야 하는지, 토양에 따라 벼의 생육 상태에 따라 비료의 종류와 양, 시기가 달라야 하는지도 모르신다. 경험이 부족한 아버지는 비료 주는 시기와 양을 맞추지 못하시니 그렇게 주어진 비료는 오히려 벼에 해로울 때도 있다. 퇴비는 없이 화학 비료만으로 농사를 지으시니 벼에는 병충해가 더욱 심해진다.

아버지는 논에 보리를 심으신다. 고랑에 보리씨를 뿌리고 고무래의 양끝을 얇게 만들어 두둑의 흙을 긁어 보리씨를 깊이 묻으신다. 그 방법은 보리 싹이 추위에 얼지 않도록 하기 위해 아버지가 특별히 고안하신 묘안이다. 하지만 묘안의 결과는 허망하다. 깊게 묻힌 보리씨는 아예 땅 밖으로 싹을 내밀지도 못한다.

아버지는 수확한 농작물을 겨울 동안 갈무리하시는 데도 나름의 방법을 쓰신다. 감자나 무를 땅속에 저장할 때는 구덩이를 어느 정도 깊이 파야 추위를 피할 수 있다. 땅의 표면은 쉽게 얼지만 땅속은 깊을수록 잘 얼지 않는다. 아버지는 땅파기를 좋아해 이 정도는 충분히 아실 것 같은 데 어쩐지 땅을 얕게 파서 감자나 무를 묻으신다.

어머니는 나와 보시지도 않으신다. 어머니가 무슨 말씀을 하셔도 어차피 아무런 소용이 없기 때문이다. 자식들이 말씀드린다.

"더 깊이 파야 합니다."

"너희들이 뭘 안다고, 충분하다."

가족들이 말해도 막무가내다. 아버지는 마음 내키는 대로 한 번 말씀하시면 아버지의 생각대로 하신다. "충분하다."는 말은 아버지의 상투적인 말이다. 아무리 부족해도 아버지가 그 말씀을 하시면 가족들은 속만 태우며 포기해야 한다.

겨울 동안 묻혀 있던 감자는 얼어서 썩는다. 무도 얼어서 푸석 푸석하게 된다. 하지만 아버지는 땅을 깊이 파고 묻어야 한다는 걸 인정하지 않으신다.

아버지는 아는 사람에게 인심을 쓰거나 불가능한 사업에 손을 대다가 가정이 파탄되어 가족이 먹을 것도 주거도 없이 흩어지기도 한다. 그래도 아버지는 행운이 올 수도 있다는 막연한 낙관주의자로 나름의 희망만 바라본다.

아버지는 복잡한 현상도 아주 단순하게 보신다. 선조들의 경험과 슬기가 쌓여 내려오는 농사 방법이 왜 그런지에 대한 관심도 없다. 대신 아버지는 난데없는 생각이 불쑥 떠오르면 한사코 실천부터 해야 직성이 풀린다. 아버지는 농사 소득을 올리는 방법은 농토가 넓어야 한다는 걸 잘 아시지만 그건 돈이 많이 드는 일이라 쉽지 않다. 그래서 몸으로 때우는 논배미 사이에 둑을 없애거나 논 옆에 웅덩이를 없애거나 제방을 좁혀서 논을 넓히는 방법에 집착하신다.

어머니도 또한 일찍부터 나를 지게꾼으로 키우려고 하시지는 않았을 듯하다. 나는 그렇게 믿고 싶다. 가난에 치이고 병마에 시달리시는 어머니로부터 듣기 싫은 소리를 듣거나 여과 없는 육두문자 세례를 받으면 짜증나고 괴로울 때도 있다. 하지만 나는 어머니 없이 살 수 없다는 생각이고, 내가 더 잘해서 어머니를 돕고 어머니의 어려움을 덜어드려야 한다고 생각 할 때가 많다. 그건 내가 어머니를 보거나 때때로 들은 어머니의 삶의 고비마다 가슴 아픈 사연들이 절절이 얽혀 나의 몸에 배어 있기 때문이다.

어머니는 일곱 살 때 길에서 넘어져 정강이에 생긴 상처가 아물지 않고 점점 번졌다고 한다. 세균이 몸 조직을 파괴하고 근육을 싼 막을 녹이는 희귀병이다. 그때부터 어머니의 시련은 시작되고, 삶은 일그러진다. 나는 어머니의 커다란 환부를 볼 때마다 끔찍해서 눈뜨고는 차마 보기 거북하다. 보고 나면 잔상이 오래도록 남는다. 나는 언제부터 어머니의 아픈 다리를 보았는지 기억의 끝이 닿지 않는다. 하지만 처음 보았을 때는 아마도 끔찍해서 엄청 놀랐을 것 같다.

어머니의 오른쪽 정강이는 무릎 바로 밑에서 발목 바로 위까지 살은 없고, 넓적다리에서 이식한 얇은 피부가 겨우 덮여 있는 둥 마는 둥 하다. 정강이와 장딴지의 경계는 턱으로 되어 있어 환부는 큰 나무가 자라면서 한쪽에 껍질이 벗겨진 것과 흡사하다. 정강이 위에 살은 없고 뼈만 남았기 때문이다. 그 턱과 정강이는 곪았다 조금 나았다 하기를 반복하여 큰 딱지와 작은 딱지가 숱하게 붙었다. 환부는 세간이나 땔나무와 같은 물체에 여린 쓸림이라도 있으면 상처는 덧나고 번져서 좀처럼 아물지 않고 핏물과 진물이 난다. 고약한 냄새가 늘 주변으로 풍긴다. 어머니는 주변 곳곳에 마치 단단하고 예리한 흉기와 같은 위험한 물체로 둘러싸여 있는 느낌으로 늘 조심하신다. 아픈 다리의 발가락도 보통 사람들과 다르다. 새끼발가락보다 길어야 할 발가락이 오히려 더 짧다. 발가락에서 진물이 나올 때는 어머니는 나쁜 피를 뽑아내야 한다고 하시면서 거머리를 부스럼에 붙여놓을 때도 있다. 그래도 어쩐지 걸으실 때는 자세히 보아야 저는 게 보인다.

나는 어머니가 어렸을 때 민간요법으로 치료하셨는지 한방요법으로 치료하셨는지 들은 적이 없다. 하찮은 상처를 어떻게 치료해서 그렇게 큰 고질이 됐는지도 모른다. 어머니는 시집을 온 후 치료에 대해서는 내가 예닐곱 살 때까지 어쩌다 몇 번 말씀하셨다.

"내가 시집을 와서 네가 나기 전이다. 우리 집에는 이곳을 지나가는 나그네들이 무료로 묵고 가는 일이 많았다. 어느 날 너의 증조할아버지가 우리 집에 묵고 있는 나그네에게 내 병에 대한 이야기를 하셨단다. 그 말씀을 들은 나그네는 자신이 병을 치료하는 의원이라고 말하고, 내 상처의 살을 긁어내면 낫는다고 말했단다. 나그네의 말을 들은 너의 증조할아버지는 병이 낫는다는 말만 듣고 그렇게 하자고 하셨단다. 나는 그 말을 듣고 그렇게 해서 병이 나을 거라고 믿을 수 없었다. 그래도 병을 가졌으니 아무 말도 하지 못하고 팔자를 원망할 수밖에 없었지…. 의원이 병을 고칠 수 있다고 하고, 너의 증조할아버지도 그 말을 믿고 병을 고쳐보자고 하셨다. 병을 가지고 시집을 온 나는 병도 고쳐야 하고 어른들의 말씀도 거역할 수 없었다. 그러니 나는 어쩔 수 없이 다리에 상처를 긁히는 수밖에 없었다. 참 기가 막힐 노릇이 었지, 나그네는 끌로 내 상처에 붙어 있는 살을 긁어냈지. 나는 그 소리를 들으며 다리에 아픔을 억지로 견디고 …"

이 대목에서 어머니는 고개를 떨구시고 자신의 처지를 몹쓸 병 때문이라고 애통해 하신다. 끔찍한 방법으로 치료를 받은 것도 후회하신다. 증조할아버지가 그런 의원을 믿으신데 대해서도 못 마땅해 감정을 억누르시면서 말씀을 겨우 이어가신다.

"뼈에 붙은 살을 끌로 긁어낼 때, 나는 살점이 떨어지고 피가 흐르면서 뼈를 깎는 아픔에 초주검이 돼 겨우 살아났다. 그렇게 끔찍한 아픔을 견디면서 치료를 받았지만 낫기는커녕 종기는 더 번지고 아팠다. 그때 내가 죽었으면 너도 태어나지 않았을 것을 …"

어머니가 환부에 붙은 생살을 찢어내는 고통을 당하는 말씀을 하실 때는 감정이 격해져 결국 눈물을 흘리신다. 어머니는 가슴 깊이 맺혀 있는 한이 치밀어 목소리가 떨린다. 말끝도 흐려지면서 멈추었다가 이어지곤 한다. 나는 생각만 해도 끔찍한 어머니의 그 순간으로 빨려 들어가 그때의 모습이 어른거린다.

환자의 고통을 아랑곳하지 않는 돌팔이가 인심 좋은 환자의 집을 알고 찾아 들어 어머니는 속임수에 걸려든다. 어머니는 살을 찢어 내는 고통의 순간에 비명을 질렀을까, 눈물을 흘렸을까. 나는 고통을 참는 끔찍한 이야기에 어머니의 비명소리가 들리는 듯하고, 몸서리를 치며 눈물을 흘리는 모습이 떠오른다. 가슴이 뭉클하고 온몸이 오싹해진다. 병을 고치는 게 아무리 절박하다고 하더라도 말그대로 살을 깎는 아픔은 안중에 없는 돌팔이의 말을 덥석 받아믿으신 증조할아버지나 아무 생각 없이 그걸 방관하신 아버지가 너무 한심하다는 생각이 든다. 환자라고 해서, 시집살이라고 해서 뼈에 붙은 살을 끌로 긁어내도 참아야 하는 어머니의 처지도 안타깝기 그지없다.

어머니는 대구 동산기독병원에서 치료 받으신 말씀을 하신다.

"옛날부터 동산병원에서 치료를 잘한다는 소문이 있었다. 하지만 나는 돈이 없어서 치료를 받을 수 없었다. 너의 외할머니의 어머니가 잘 아시는 기독교인에게 나를 부탁해 치료를 받을 수 있었다. 그 분은 내가 잊을 수 없는 고마운 분이다. 나는 그분을 따라 동산병원으로 가서 그분이 시키는 대로 했다. 그 분과 나는 동산병원에서 외국인 원장을 만나서 내가 기독교 신자이고, 돌보아 줄 보호자도 없다고 말해서 무료로 치료를 받을 수 있었다. 석 달이 넘도록 오래 입원해 있었다."

어머니는 치료 방법에 대해 말씀하신다.

"의사가 처음에 하는 말이 '다리를 잘라야 한다.'고 하더라. 나는 그 말이 무슨 뜻인지 몰라서 '자르는 게 무엇이냐'고 물었다. 의사는 '다리를 끊는 것이다'라고 말하더라. 그래서 나는 깜짝 놀라서 '절대로 다리를 끊을 수 없다'고 했다. 그렇게 해서 하마터면 없어질 뻔했던 다리가 이렇게라도 부지하게 된 거란다."

어머니는 비록 다리의 환부를 완치하지 못하시고 고질이 됐지만 그래도 그때 다리를 자르지 않으려고 하신 걸 아주 잘하신 일이며 천만다행인 듯 말씀하신다. 어머니는 그 외의 치료 방법이나 과정에 대해서는 더 이상 말씀을 하시지 않으시고 환자들의 입원 생활에 대한 이야기를 하신다.

"병원에 있는 간호부들이 놀라울 정도로 친절하더라. 말씨도 상냥하고 얼굴에 항상 미소가 피어오르더라. 환자를 위한 온갖 궂은 일도 아주 잘해 주더라. 세상에 어떤 자식이라도 부모에게 그 정도로 할 수 없다는 생각이 들더라. 아주 고마운 사람들이었다. 동산병원은 유명하다고 전국에 소문이 나서 조선팔도에 있는 환자들이 다 와 있더라. 면회 오는 사람도 여러 곳에서 자주 오더라. 나는 혼자서 오랜 치료를 받았지만 아무도 찾아오는 사람이 없어서 고독하고 쓸쓸했다. 어느 날부터 다른 병실에 있는 환자가 자신은 황해도 해주에서 왔다면서 나에게 보호자도 없고, 면회 오는 사람도 없는 걸 알고 애석해하면서 위로의 이야기도 많이 해주더라."

어머니는 처음으로 보신 도회지의 모습도 말씀하신다.

"대구에는 병원 창문 밖으로 기와집들이 즐비해 있는 게 보이고, 밤에는 대낮처럼 훤한 전기불이 정말 휘황찬란하게 보이더라. 내가 입원할 때는 나를 소개해 준 사람을 따라 갔지만 퇴원할 때는 나 혼자 돌아왔다. 거리에는 사람들도 많고, 저기가 거기 같아 길을 분간하기 어려웠지만 그래도 나는 기억을 살려 정확하게 갔던 길로 정거장을 찾아 기차를 타고 돌아왔다."

어머니는 혼자서도 길을 잃지 않고 정거장을 찾아 기차를 타고 무사히 돌아올 수 있었던 걸 대견한 듯 말씀하신다. 나는 그 말씀을 들으며 내가 살아보지 않은 도회지에 상상으로 들어가 본다. 기와

집이 많은 건 어렴풋이 짐작할 수 있다. 상상 속으로 들어갈수록 도회지의 화려한 불빛이나 기차는 뜬구름 잡기다. 나도 언젠가는 혼자 기차를 타야 할 일이 있다면 어떻게 해야 할까. 어머니처럼 길을 잘 찾고 기차를 탈 줄 알까. 아무리 생각해 봐도 정거장은 어떻게 생겼는지, 기차는 어떻게 생겼고 어떻게 타는지 알 수 없다. 또 표는 어떻게 생겼고 어떻게 사는지 도무지 상상이 닿지 않는다.

내가 대여섯 살 때다. 어머니가 아궁이에 불을 지피다 불쏘시개가 부족해서 생나무가 "픽픽"하다가 불이 붙지 않으면 "어중간해서 나무도 하지 않고 …"라며 안달하시며 아버지를 자주 원망하신다. 굴뚝이 낮아서인지, 방고래가 잘못되어서인지도 알 수 없다. 하고많은 날 불은 타지 않고, 아궁이 밖으로 꾸역꾸역 나오는 검은 연기가 부엌에 자욱하다. 어머니가 매캐한 연기에 눈을 비비며 부엌 밖으로 나오시는 모습도 숱하게 본다. 나는 그럴 때마다 어쩔 줄 모른다. 땔감이 없으면 밥을 못하더라도 아버지가 나무를 해줄 때까지 불을 지피지 않았으면 하는 생각이 들 때도 있다. 나는 차라리 굶는 게 어머니의 불평을 듣고 짜증을 보는 것보다 나을 것 같다.

6.25전쟁 전 내가 태어난 동네에 살 때다. 어머니는 아궁이에 불을 지피시려다 땔감이 동이 나자 갈퀴와 새끼줄을 들고 동네의 앞쪽 가까운 솔밭으로 가신다. 들 가운데 있는 솔밭은 넓고 평평하다. 나는 어머니를 따라 간다. 거기에는 큰 소나무들이 우거지고 솔가리가 지천으로 널려 있다. 어머니는 갈퀴로 솔가리를 그러모으시고 그걸 다시 갈퀴로 쳐서 덩어리로 엉키게 하신다. 단단하게

엉키는 솔가리를 보는 나의 눈에는 어머니가 상당한 기술을 가진 것으로 보인다. 동네에서는 장작을 땔감으로 쓰지만 솔가리를 땔감으로 쓰는 집을 본 적이 없었기 때문이다. 어머니는 솔가리 덩어리를 새끼로 묶어 머리에 이고 집으로 몇 번 날라서 아궁이에 조금씩 넣어 불을 지피신다.

그 후 6.25전쟁 다음해 새로 이사를 와서 살고 있는 이곳은 넓은 들 가운데 자리 잡고 있고, 들에는 솔밭이 없다. 산은 멀리 있고 초입부터 가파른 악산이고, 솔가리도 없다. 이제는 어머니는 땔나무를 해결할 방법이 없으니 내게 지게를 만들어 주자고 하셨을 것이다.

어머니는 성장기에 정상적인 가정생활도 하시지 못하셨다. 외할아버지가 다리의 장애로 농사를 지을 수 없어, 가정 밖에서 딴살림을 차려 영업을 하셨기 때문이다. 하여 어머니는 편모슬하에서 자라신 거나 다름없다. 어머니는 후천적으로 원만한 성정이 몸에 배일 기회가 없었고, 고달픈 삶을 살면서 황폐한 영혼만 남아 있었다. 어머니는 어릴 적부터 투병생활과 내면의 상처로 마음의 문을 닫으시고 다른 사람이 자신과 다름을 인정할 줄도 모르신다.

장애가 되신 어머니는 신체적 고통뿐만 아니라 습관이 변하고 생각까지 병든다. 어머니는 몸이 온전치 못해서 일을 몸에 익히지도 못하셨다. 그게 나태한 습관으로까지 이어져서 가족의 옷도 때가 배어있을 적이 많다. 어머니는 일상적으로 하는 부엌일 외에 논둑이나 밭둑에서 나물을 캐거나 쑥을 뜯어 식량에 보태고, 여러 사람이 논이나 밭에서 일하는 때에 집에서 식사를 준비해서 들에 가지고 가시는 게 가장 큰 일이다.

육체적 노동이 별로 없고 정신적 노동도 없으니 아무래도 많은 건 시간이다. 어머니는 어릴 적에 언문을 익혀서 여러 가지 고대 소설을 반복해서 읽으시며 초현실적인 세계에 빠져든다. 어머니는 소설 같은 미래를 꿈꾸신다. 그런 꿈은 어머니의 신앙으로 되어간다. 어머니는 불교에도 심취해서 윤회설을 믿으시고 살생유택도 중요시 하신다. 또한 민간 신앙과 속설도 믿으시고 조상신도 숭배하신다. 부적도 문 위의 벽에 붙여 놓으신다. 온갖 신은 어머니에게 현실을 기댈 수 있는 성채요, 동시에 내세의 영생을 위한 신앙이다. 어머니는 몽환적 세계로 빠져들어 아름답고 멋진 기적이 일어나기를 기다린다. 어머니는 믿음으로 순간적 안식을 얻을 때도 있겠지만, 환상은 늘 현실을 비켜가고 어머니의 삶은 고단하다. 어머니의 신앙에는 또한 어머니 자신과 자식의 삶을 옥죄는 격식과 금기 사항이 많다. 마마를 귀한 손님으로 여기는 속설을 믿고 종두를 맞히지 않아 자식 하나는 깊은 마마 자국을 갖고 살게 했다. 어머니는 친정의 친척을 보니 외국에 유학까지 시켜도 무학인 사람보다 부모에게 불효하고 아무것도 못하더라고 하신다. 그래서인지 자식의 교육에는 아무런 관심도 없다.

어머니는 아버지를 원망하시면서도 속수무책으로 아버지만 쳐다보신다. 어머니는 가난과 질병으로 다른 의지력을 모두 소진하신 까닭이다. 어머니는 현실의 삶에 대한 모든 책임은 세상물정에 어둡고 생각 없이 살아가는 아버지 탓으로 돌리신다. 가족 간의 증오와 반목은 가정의 평화를 해칠 뿐 현실이 해결될 리 없고, 서로의 주장은 마찰을 빚어낸다. 어머니는 내면에 쌓인 부아가 부글부글 끓는다. 그러다가 무슨 충격이 있으면 거친 성정이 불덩어리처럼 불쑥 솟아 '나'에게로 폭발한다. 그럴 땐 어머니는 언제나 쌀쌀해 보인다. 그래서 나는 어머니 품에 달려가 덥석 안기고 싶은 생각과는 너무 멀고, 따뜻하고 진정어린 사랑의 말을 들을 수도 없다.

어머니는 내가 여덟 살 적부터 열대여섯 살 때까지 화병이 자주 도졌다. 복부에 심한 통증이다. 어머니는 그걸 '속병'이라고 하셨는데 병의 증세는 갑자기 도지곤 한다.

"아야, 아야, 아이고 아야, 나 죽겠다. 가슴이야…"

어머니는 계속 소리를 지르시고 신음하시면서 가슴을 누르고, 몸부림을 치신다. 금방이라도 불길한 일이 일어날 것 같아서 나는 어쩔 줄 모른다. 혹시라도 저러시다가 "어머니에게 무슨 변고라도 일어난다면 어쩌나."하는 생각이 계속 나를 짓눌러온다. 그러면 나는 점점 더 겁에 질린다. 내가 기댈 곳은 아무데도 없다. 나와 네 살 터울인 여동생과 그 다음에 세 살 터울인 남동생이 있지만 너무 어려서 내가 무슨 방법을 찾는데 아무런 도움도 될 수 없다. 연락할 일가친척도 없다.

어머니는 한참을 앓으시면서 말씀하신다.

"상호댁을 불러 오너라, 어서 가봐라, 아야, 아야, 아이고 아야"

위기감이 몰려온다. 촌각을 다투는 시각이다. 나는 어머니의 말씀이 끝나기가 무섭게 상호댁을 부르러 간다. 어머니의 병은 주로 밤에 발작한다. 상호댁 집은 동네에서 멀리 떨어져 들판에 있는 외딴집이다. 밤이면 그 집까지 가는 게 어린 내겐 죽을 만큼 무섭다.

한여름 밤이 깊다. 어머니가 위중하시니 나는 무서워도 어쩔 수 없이 상호댁을 부르러 간다. 대나무 숲을 지나 동네 가운데로 가기까지 몇 번이나 머리카락이 쭈뼛쭈뼛 하늘로 뻗는 느낌이 들고 금방이라도 무엇이 왈칵 달려들 것 같아 소름이 끼친다.

동네를 지나고 외딴 집 쪽을 향해 어두움이 짙게 깔린 적막한 들판으로 들어가야 하는 막다른 골목으로 내몰린다. 외딴 집 너머로 어린이 무덤이 많은 잔솔밭 언덕 위의 지평선이 보인다. 거기엔 유령이 자주 나타난다고 한다. 잔솔밭 속에서 여우와 늑대가 어슬렁거리고, 어린 유령들이 울면서 떠돌 것 같다. 벼가 무성하게 자란 들판은 사방이 칠흑 같은 어두운 밤이다. 늑대가 논둑에서 도사리고 있다가 금방이라도 튀어나와서 나를 덮칠 것 같다. 가슴이 두근거린다. 내가 만약 들판에서 큰 위험에 처해 소스라쳐 비명을 질러도 들을 수 있는 사람이 없다. 업고 있는 어린 아이를 늑대가 물고 갔다고 떠도는 이야기가 머릿속을 비집고 들어온다. 어둠으로 사위가 둘러싸인 벌판을 바라보며 나는 공포와 불안에 휩싸인다. 들녘 쪽으로 한 발짝도 나가기 싫다.

하지만 내겐 물러설 자리가 없다. 내가 맹수의 습격을 받거나 유령이 무서워 상호댁에 가지 못한다면 어머니는 사실 수 없다. 어머니가 없으면 나는 살 수 없다는 생각이 나의 등을 떠민다. 늑대가 덤비더라도 어른들은 넘어지지 않으므로 늑대가 어른을 물고 가지 못한다고 들었다. 나는 비록 작지만 무엇이 덤비더라도 넘어지지 않겠다고 마음속으로 다짐하면서 온몸이 무서움에 휩싸인 채 외딴집 쪽으로 한발 한발 내딛는다. 뒤를 돌아보면 안 된다고 들었다. 뒤를 돌아보지 않을수록 뒤쪽에서 무엇이 금방이라도 나의 목덜미를 낚아챌 것 같다.

내가 상호댁 마당에 들어선다. "아, 이제는 살았구나."라는 생각에 안도의 한숨을 크게 내쉰다. 방에는 호롱불이 비치고, 사람의 기척이 들린다. 반가운 마음으로 방문 앞으로 다가간다.

"상호댁이요. 우리 엄마가 많이 아파서 왔어요. 상호댁이 좀 와 주시라고 했어요."

"그래, 어두워서 어떻게 왔느냐, 엄마가 많이 아프다고? 방에 들어오너라. 같이 가자."

"괜찮아요. 빨리 가야 해요."

내가 밖에서 기다리자 상호댁이 곧 나온다. 나는 상호댁 앞에서 허겁지겁 집으로 되짚어 온다. 상호댁이 우리 집에 도착하기만 해도 나는 마음이 조금 안정되는 것 같다.

우리 집에 들어선 상호댁은 어머니를 바라보면서 언제부터 어떻게 아픈지 간단하게 묻는다. 그리고 곧 소반을 챙겨 방에 놓고, 냉수 한 그릇을 떠다가 그 위에 놓는다. 상호댁은 소반 앞에 앉아 허리춤에 있는 주머니에서 엽전 몇 개를 꺼내 손에 들고 주문을 외기 시작한다.

" 비나이다. 비나이다. 신령님께 비나이다.
경상북도 영일군 신광면 사정동
김 씨 대주 박 씨 부인
삼신님께 명을 받아 신주님께 복을 받아
명을 주고 복을 주고, 운수 대통 해주소.
비나이다. 비나이다. 조상님께 비나이다.
김 씨 대주 박 씨 부인 굽어 살펴 주소.
…"

가끔 엽전을 소반 위에 던지면서 되풀이해서 청승맞게 주문을 외던 상호댁은 주문을 끝내자 평상시의 목소리로 말한다.

"이 집에는 조상이 잘 보살펴주고 있으니 걱정할 게 없습니다."

이어서 상호댁은 객귀를 물린다. 한 손에는 김이 모락모락 나는 물을 담은 바가지를 들고, 다른 손에는 부엌칼을 들었다. 상호댁은 어머니 곁으로 가서 때때로 칼을 바가지의 가장자리에 문질러 가는 시늉을 하고, 어머니의 주변에 귀신이 있는 것처럼 거기에 칼로 찌르고 자르는 시늉도 가끔 하면서 주문을 왼다.

"구천에 떠돌던 귀신아, 거리에서 빌어먹던 귀신아.

여기는 네 올 곳 못 된다. 어서 물러가라.

물러서지 않으면 이 칼에 찔려 빌어먹지도 못한다.

대로 같이 넓은 길로 어서어서 물러서라.

...

엇쇠! 귀신아 물러서라."

어머니가 바가지에 침을 세 번 뱉으신다.

"퉤, 퉤, 퉤"

상호댁은 바가지와 칼을 들고 마당으로 쫓아가며 큰 소리로 외친다.

"귀신아 물러가라. 엇쇠!"

상호댁은 외치는 소리와 동시에 대문 쪽으로 물을 던지듯 뿌리고, 칼을 던진다. 상호댁은 쫓아가서 그 자리에 칼끝으로 열십자로 긋고 칼을 놓고 그 위에 바가지를 엎어 둔다.

이렇게 주문을 외고 객귀를 물리고 나면 어머니의 증세는 조금씩 가라앉곤 한다. 소반 위에 던지는 엽전을 보면서 상호댁이 혼령과 대화를 했는지 망상 증세였는지 알 수 없다. 내 눈에는 그 엽전의 모양 외에는 아무것도 보이지 않았다. 정말로 귀신이 어머니에게 왔다가 쫓겨났는지 내 눈에는 보이지 않았다. 나는 그것이 아주 신통하다.

내가 열세 살 때쯤이다. 어머니의 가까운 친척 동생이 우리 동네로 이사를 왔다. 그때부터 어머니가 아프면 나는 아저씨 댁에 알릴 수 있게 된다. 아저씨가 이사를 온 후 맨 처음 어머니가 아프셨을 때다. 내가 알려서 아저씨가 우리 집으로 오신다.

"누님. 어디가 아파. 무슨 약을 먹어 봤느냐?"

어머니가 앓으시다가 말씀하신다.

"속이 아프다. 속이 쓰리고, 가슴을 후벼 파는 것 같다. 약은 먹지 않았다."

"활명수 있으면 먹어봐. 활명수 있느냐?"

"..."

아저씨가 '활명수' 이야기를 하셨으나 어머니는 아무 대답이 없으시다. 나는 그때 활명수란 말을 처음 듣는다. 활명수가 없다는 걸 눈치 챈 아저씨는 나에게 아저씨 댁에 가서 활명수를 가져오라고 하신다. 어머니는 활명수를 먹고 시간이 지나면서 아저씨와 얘기를 할 정도로 조금씩 차도가 있어 보인다.

나는 아저씨가 이웃에 산다는 것만으로도 마음이 든든하다. 이제는 내가 어두운 밤길을 좀 덜 무서워할 정도로 크기도 했다. 그리고 무엇보다도 어머니가 아플 때 어두운 들길로 상호댁을 불러와서 푸닥거리를 하거나 객귀를 물리는 걸 하지 않고, 신약을 쓰면 신통하게 낫는다는 걸 알게 된다. 뿐만 아니라 그때그때마다 야단법석을 떠는 것보다 미리 그런 상비약을 준비해 두면 되겠다는 생각이 든다. 그 후 어머니의 화병이 도지는 횟수가 조금씩 잦아든다.

어머니는 질병과 장애를 안고 살아가시는 남모를 아픔과 고충이 있다. 병을 치료하는 과정에 무리하고 비과학적인 방법으로 상처를 긁어내는 데 따른 끔찍한 고통을 겪었다. 거기에 아버지의 억지스러운 독선과 가정에 대한 지나친 무관심이 더해졌다. 또 지독한 가난과 냉혹한 현실에도 부대껴야 했다. 어머니의 화병은 이런 고난을 겪으면서 쌓인 외상 후 스트레스 증후군이었을 것이다.

아버지는 어릴 적부터 무엇이든지 자신의 마음대로 하시면서 자랐고 무슨 일을 저질러도 야단을 맞지 않으셨다. 그렇게 자란 아버지는 호기로운 낙관주의자가 되었다.

어머니는 그런 아버지를 설득해봤자 아무런 변화가 없었다. 어머니는 좌절과 체념의 어둠 속에서 빠져나갈 안식처를 찾지만 실현될 수 없다. 어머니의 정신세계는 환상적이고 마주친 현실은 거칠어서 이상과 부딪치며 서걱거렸다. 어머니는 현실을 해결할 아무런 능력도 없다. 가난 속에서 무지가 불편한 삶을 이끌어가는 가정인 내 울타리는 나의 보호막인 동시에 나의 발목에 채워진 족쇄와 같다. 나는 태생적으로 씌워진 족쇄와 그물에 걸려 벗어나려는 노력을 계속해야 한다. 하지만 인간으로 태어난 이상 어쩔 수 없는 일. 세상에 살아남기 위한 몸부림이다.

2부

어린 나무꾼

2. 어린 나무꾼

아버지가 장난감 같은 지게를 만들어 주신 다음날부터 나는 지게를 지고 나선다. 산에는 맹수들이 무섭고 길도 험해서 가지 못한다. 동쪽 들녘을 지나서 작은 하천을 건너 둔치로 간다. 둔치는 하천을 따라 남북으로 길게 펼쳐져 있다. 둔치 동쪽에는 비학산 북쪽에서 발원한 큰 하천인 곡강천이 북쪽에서 남쪽으로 흐르고, 서쪽에는 비학산 남쪽에서 발원한 작은 하천이 흐른다. 그 사이에 둔치가 있고, 폭이 넓은 데는 육칠백 미터는 족히 된다. 가운데는 방천을 쌓고 그 밑에 논밭으로 이용하는 데도 조금 있다. 그 외에는 자갈이 많고 돌과 모래가 약간씩 섞여 있는 곳도 제법 있다. 하천 옆으로는 반짝이는 모래톱도 있다.

이날부터 나는 우리 가족이 살아가는 데 필요한 땔나무를 해오는 일을 맡는다. 비록 내 스스로 그걸 선택한 게 아니고 어쩔 수 없는 일이라고 할지라도 그건 내 직업이다. 둔치는 나의 삶의 터전이다. 나는 어른들이 하는 가족 생계의 한 몫을 하게 되었으니 스스로 약간 대견스러운 아이라는 생각도 들고 어른스럽다는 생각도 든다. 내가 나무꾼이라는 데 대해 조그마한 자부심도 느낀다.

하천 물속에는 얼마 전에 어머니와 같이 반찬을 하려고 뜯으려 왔던 수초가 보인다. 수초 사이로 붕어와 버들치, 꾹저구와 피라미, 기름종개와 미꾸라지, 송사리들이 놀고, 여름에는 은어도 올라온다. 방천에는 미루나무와 아카시아가 우거져 넓고 깊은 그늘을 드리운다. 하천과 늪 옆으로는 찔레나무와 땅버들, 도깨비바늘과 도꼬마리, 갈대와 쑥, 여뀌가 군락을 이룬다. 둔치에는 할미꽃, 패랭이꽃, 강아지풀, 엉겅퀴, 쓴너삼, 비수리 등이 드문드문 자라고 있다. 그 중 내게 필요한 건 비수리다. 비수리는 비록 잎이 작은 풀이지만 다년생으로 싸리나무를 닮은 점이 많다. 비수리는 베어서 하루만 말리면 불땀이 꽤 좋은 땔감으로 쓸 만하다. 아카시아와 찔레나무는 가시 때문에 할 수 없다. 땅버들은 잘 마르지 않고 무겁기도 하다. 비수리가 눈에 띄면 반가운 이유다.

돌과 자갈 사이에 있는 모래흙에 뿌리를 붙인 비수리는 커봐야 어른의 한 뼘 반 정도다. 나는 그걸 하나하나 골라 서툴게 베어 모으는 데 시간이 많이 걸린다. 될 수 있는 대로 크게 자르기 위해 밑동까지 베다가 낫이 돌에 걸리어 튀면 손이 위험하다. 겁이 나서 조심한다. 낫의 날도 돌에 자주 부딪혀 곧 무디어진다. 비수리를 부지런히 베어도 점심때가 되어야 겨우 한 짐을 해서 집으로 온다. 지게를 가볍게 만든다고 등태가 너무 좁았는지 내 등이 너무 좁았는지 집으로 오는 동안 지게가 등에서 좌우로 도리질을 한다. 나는 어깻죽지를 쪼그려 밀삐를 앞으로 당기고 고개를 앞으로 쭉 빼어 머리를 내민다. 지게가 등에 밀착되어 움직이지 않도록 하려고 온힘을 다하며 애를 쓴다. 그래도 지게는 등에서 제 멋대로 이리저리 흔들거린다.

내가 마당 구석에 짐을 부리자마자 어머니는 땔감이 생겼다고 반가워 곧 비수리를 널어 말리기 시작하신다. 그리고 얼마 후 뒤집으신다. 빨리 말려서 땔감으로 쓰기 위해서다. 그걸 보고 있던 나는 주인댁 아저씨가 며칠 전에 산에서 한 짐을 해다가 널어놓은 푸나무가 유난히 많고 마당에 가득해 보인다. 내가 해서 그 옆에 널어놓은 비수리는 주인댁 아저씨가 해온 푸나무와 비교하면 너무 적다. 어른에게 한 아름도 채 되지 않을 것 같다. 나는 내가 해 온 비수리를 맥없이 바라보다가 무슨 생각으로 머리가 복잡해지고 마음이 심란해진다. 아무런 묘안도 떠오르지 않는다. 한 짐이 아무리 적더라도 오후에 또 한 짐을 더 해 오는 수밖에 없어 지게를 지고 나선다.

오후에도 나는 둔치로 가서 비수리를 해 온다. 어머니는 밥을 지으려고 비수리를 잘 말려서 아궁이에 넣어 불을 지피신다. 될 수 있는 대로 땔감을 아끼면서 불땀을 좋게 하기 위해 비수리가 겹쳐지지 않도록 손으로 펼쳐 부지깽이로 받쳐서 아궁이에 넣으신다. 내가 부지런히 하기만 하면 그런대로 땔감은 빠듯이 이어갈 것 같다. 나는 아궁이에서 비수리가 타는 불기운을 보면서 기분이 좋아진다. 어머니가 땔감이 부족해서 괴로워하시는 모습을 보지 않게 됐으니 얼마나 다행인가. 나는 이런 재미로 비가 오지 않는 날이면 오전과 오후 하루에 두 번씩 비수리를 해 온다. 이렇게 하루하루가 지나면서 계절도 바뀌어간다.

하천과 둔치는 계절마다 다른 모습을 보여준다. 작은 하천과 늪에는 이름 모를 풀들이 계절 따라 싹이 나고 무성하게 자라서 꽃이 피어 열매를 맺고 마른다.

봄이면 가장 먼저 땅버들에서 내민 버들강아지가 보송보송한 털을 달고 탐스럽게 피어 봄바람에 흩날린다. 나는 버들가지를 꺾어 버들피리를 만들어 "삘리리, 삘리리" 불면서 동심 속에서 비수리를 찾아서 벤다. 찔레나무가 군락을 이루어 꽃이 곱게 피면 눈길이 한참 머물다가 향기를 맡아보고 꽃잎을 따서 먹는다. 별맛은 아니지만 먹는 게 재미다. 어쩌다가 땅에서 새로 돋은 찔레 순이 눈에 띄면 그걸 꺾어 껍질을 벗기고 씹어 먹는다. 사각사각 씹히는 특유의 질감과 입안에 퍼지는 달짝한 맛이 일품이다. 더 찾아서 있는 대로 꺾어 먹는다. 아카시아 꽃이 한창 필 때는 근처에만 가도 짙은 향기가 물씬 나서 코끝을 자극한다. 아카시아 꽃을 따서 밑동을 쪽쪽 빨아 꿀물을 삼키고 또 따서 삼키는 걸 계속한다. 달콤한 맛이 혀끝에 감기는 감칠맛이 난다.

할미꽃이 싹을 내밀 때 맺은 꽃봉오리는 진보라 빛으로 무척 곱고 끝이 큰 붓처럼 생겼다. 할미꽃봉오리는 보면 볼수록 마음이 끌린다. 마치 작은 제비 새끼의 부리 같다. 할미꽃은 나면서 곧 꽃을 맺고 굽어지지만 꽃이 피면 예쁘다. 어디에서도 할미꽃이 이만큼 많이 피는 걸 보기 어렵다. 산들바람이 불어 솜털 같은 꽃술이 한꺼번에 흩날릴 때는 나와 둔치가 바람이 부는 반대 방향으로 밀려가는 것 같은 묘한 느낌이다. 어떤 것은 빠르게 날다가 두둥실 춤추는 듯하고 어떤 것은 가라앉을 듯 낮아지다가 다시 떠오른다.

여름이 되면서 내가 나무꾼이라는 자부심은 조금씩 사라진다. 둔치에는 사람이 없다. 나는 늘 혼자다. 내 또래들은 학생이 되었고 나는 그들과 다른 길인 나무꾼이 되었다. 쓸쓸함이 스멀스멀 밀려온다.

여름이면 둔치에는 햇볕이 내리쬐고 자갈이 달아 올라 무척 덥다. 둔치 가운데는 방천이 있어 미루나무와 아카시아나무 숲이 우거져 깊은 그늘을 드리운다. 여기가 내가 가끔 찾는 피서지다. 숲속에는 다투어 우는 매미 소리가 요란하다. 자갈밭에서 비수리를 베면 땀줄기가 등짝에서 굴러내려 옷이 흠뻑 젖는다. 몸을 식히려고 숲속으로 들어간다. 숲속에 앉아 더위를 식히다가 맑은 물에 손이라도 넣어 보려고 옆으로 흐르는 도랑으로 내려간다.

맑은 물속에서 물고기들이 보인다. 내가 그들에게 좀 가까워지자 큰놈들은 화들짝 놀라 비늘을 번쩍하며 쏜살같이 수초 속으로 숨는다. 잡아보고 싶지만 맨손에 쉽게 잡힐 놈들이 아니다. 작은 버들치 새끼들이 무리를 지어 놀고 있다. 내가 더 가까이 가자 놈들은 깜짝 놀라 순식간에 산지사방으로 흩어졌다가 금세 다시 모인다. 흩어질 때는 새끼 무리가 폭발해 불똥이 튀는 것 같고, 모일 때는 언제 그런 일이 있었느냐는 듯하다. 놈들은 똑같이 작으면서 배는 투명한 듯 은색으로 볼록하고, 눈이 오뚝하게 도드라진 모습이 눈길을 끈다. 놈들은 내가 손을 조금만 움직여도 해쳤다가 모이기를 똑같이 되풀이한다. 놈들은 맑고 시원한 물에서 지느러미를 나불거리고, 입을 빠금거리며 아가미를 열었다 닫았다 하며 물만 먹고 사는 것 같다. 한 놈이 눈을 뜨고도 졸았는지 흐르는 물에 밀려 무리에서 조금 뒤쳐진다. 놈은 꼬리를 파닥파닥 하고 몇 번만 힘껏 쳐도 무리 가운데로 재빠르게 끼어든다. 놈들은 물에서 마음대로 먹고 마음대로 논다.

나는 시간이 가는 줄도 모르고 놈들이 노는 걸 보는 데 정신이 팔렸다가 문득 버들치 새끼들도 그들끼리 모여서 논다는 생각이 든다. 나는 왜 어쩌다가 아무도 찾아오지 않는 둔치에서 혼자인가. 나는 버들치 새끼들과 같이 더 놀고 싶다. 하지만 벌써 시간이 많이 지났다.

나는 물고기들이 노는 걸 보다가 그늘에서 걸어 나와 후끈거리는 자갈밭으로 간다. 땀이 마른 얼굴에서 소금이 만져진다. 얼굴에서 소금이 생긴 게 이상하다. 해가 중천에 와 있다. 지서에서 정오를 알리는 사이렌 소리가 울릴 것 같다. 어서 비수리를 찾아서 한 짐을 가득하게 해야지. 한 짐을 해도 가뜩이나 적은데 그것도 하지 못하면 너무 적다. 그렇게 되면 동네 앞을 지나갈 때 나를 보는 사람들이 너무 어리니 그럴 수밖에 없다고 생각할 것 같다. 남이 나를 안타깝게 생각한다면 나는 그게 쑥스럽고 싫다. 나무를 한 짐 가득해야 하는 또 다른 까닭은 여름이니 만약에 비가 오더라도 땔감이 있어야 하기 때문이다.

낫을 못 갈아 날이 무디다. 그래도 비수리의 밑동까지 베다가 낫이 돌에 걸려 손가락이 잘 베인다. 상처가 나면 땅버들 껍질을 벗겨 싸맨다. 집에 가면 어머니가 헝겊으로 다시 매어주면 끝이다. 그렇게 하고도 계속 나무를 한다. 상처는 생기고 또 생겨 겹겹이 흉터로 남는다.

여름에 비가 오는 날은 좀 시원하지만 둔치로 갈 수가 없다. 번개가 번쩍거리고 천둥소리가 요란하면서 비가 많이 오거나 장마가 지면 하천물이 불어난다. 그 다음에는 비가 그치더라도 하천을 건너지 못해서 둔치에 가지 못한다. 그럴 때면 땔감이 걱정된다. 저녁 무렵에 비가 그치는 날이면 둔치 쪽에서 가끔 무지개가 선다. 무지개의 양족 끝은 하천에 닿아 있고 반원형으로 떠 있다. 그처럼 아름다운 모양과 오색찬란한 색깔은 내가 세상에서 본 것 중에서 가장 아름답고 신비하다.

가을이 오고 둔치의 아카시아 나무에도 열매가 주렁주렁 달린다.

아카시아 열매는 크기나 모양이 영락없는 강낭콩 꼬투리의 판박이다. 아카시아 나무 열매 속에도 굵은 강낭콩이 들어 있었으면 좋겠다는 생각에 그 꼬투리를 따서 까본다. 둥글고 큰 강낭콩은 나오지 않고 아주 작고 까만 아카시아 씨만 나와서 허전하다. 찔레나무에도 빨갛게 익은 열매들이 조롱조롱 열린다. 잘 익은 열매를 따서 씨를 골라내고 먹으면 달콤한 맛이 난다. 여러 개를 훑어서 먹기도 한다. 도깨비바늘과 도꼬마리도 까만 씨가 달린다.

비수리는 내가 봄부터 베어버려 찾기가 더 어려워졌고 새로 나온 싹은 아직 어리다. 나는 어쩌다 남아있는 큰 비수리를 찾아 이리저리 살피며 걷는 거리가 점점 더 멀어진다. 가을이 깊어갈수록 비수리는 드물다. 어떤 때는 여물어진 쑥대와 여뀌를 베어서 자갈밭에 며칠 널어두었다가 마르면 비수리와 같이 지게에 지고 오기도 한다. 쑥대는 불티가 많이 나고 불땀도 좋지 않다. 쑥대를 베고 나면 한복 바짓가랑이는 달라붙은 도깨비바늘과 도꼬마리의 침투성이다. 도깨비바늘은 도깨비처럼 나도 모르게 언제 그렇게 많이도 달라붙었을까. 나는 자갈밭에서 침을 하나씩 떼어내는 데 한참이나 걸린다. 그래도 바짓가랑이에서는 침의 끝 부분이 남아 까칫까칫해서 계속 신경이 쓰인다.

미루나무 잎이 떨어지기 시작하고, 제비가 전깃줄에 길게 열을 지어 앉아 강남으로 날아갈 채비를 한다. 가을이 깊어지고 겨울이 가까워진다. 겨울에는 둔치에서 내가 할 땔감이 없어진다. 나는 이제 내 일터를 옮겨야 한다. 이렇게 하여 나의 어릴 적 흔적 중한 겹은 둔치에 깔리고 한 겹은 마음속에 깔렸다.

신광들 너머 북쪽에는 남쪽으로 힘차게 뻗어 내려오던 태백산맥의 주맥이 힘을 모아 우뚝 솟은 비학산이 있다. 멀리서 보는 봉우리는 날고 있는 학의 머리처럼 보이고, 그 좌우로 조금씩 낮아지면서 펼쳐진 능선은 학이 날아갈 때 커다란 날개를 펼친 것처럼 보인다. 학이 계속 날면 금방이라도 커다란 그림자를 신광들에 드리우며 지나갈 것 같다.

비학산 정상은 명당으로 알려져 조상의 시신을 어두운 밤에 봉분도 없이 몰래 매장하는 경우가 많다. 신광면 밖에는 수리시설이 없어 대부분 천수답이다. 비가 자주 오지 않으면 흉년이 들기 마련이다. 가뭄이 계속되면 신광면 주변에 있는 수개 면에 사는 사람들이 비학산 봉우리에 올라가 그 주변까지 묘를 모두 파내고 기우제를 지낸다. 가뭄이 심할 때는 여러 면의 농민들이 모두 같이 기우제를 지내는데 많은 사람들이 이른 아침에 삽이나 괭이를 들고 장사진을 이루며 우리 집 앞으로 계속 지나간다. 그런 날 오후 무렵에 비학산 봉우리를 바라보면 거기서 나오는 연기가 바람을 타고 멀리 퍼진다. 그렇게 묘를 파내고 기우제를 지내고 나면 며칠 내로 많든 적든 비가 온다. 사람들은 비가 오는 걸 기우제를 지낸 효험으로 믿는다. 그래서 비가 오지 않기만 하면 또 기우제를 지내곤 한다.

우리 동네 동쪽으로는 비학산 뒤에서 발원한 곡강천이 남북으로 길게 뻗은 산 밑으로 바짝 붙어 흐른다. 하천 옆에 있는 산기슭은 큰 바위들이 가파르게 쌓여 있다.

남쪽 멀리에는 동서로 뻗은 능선이 있고 그 능선에서 갈리어 나온 네 개의 능선이 북쪽인 우리 동네 쪽으로 나란히 뻗어 있다. 네 개의 능선이 낮아졌다 치솟는 모양이 대칭에 가깝다. 제일 동쪽 능선은 뻗어 내린 끝 쪽에서 봉우리가 우뚝 솟았다가 갑자기 끝나며 깎아지른 절벽이다. 절벽 밑으로는 비학산 북쪽에서 발원해서 남쪽으로 흐르는 곡강천 본류와 서쪽에서 흘러오는 신광천이 합류하고, 다시 굽이치면서 절벽을 감돌아 흐른다. 동쪽에서 두 번째 능선은 끝 쪽에서 높이 솟았고 봉우리 주변의 된비알은 가파르다. 동쪽에서 세 번째 능선 끝은 경사가 좀 덜하기는 하지만 자갈이 많은 잔솔밭이다. 마지막 서쪽 능선 끝은 경사가 많이 완화되어 구불구불한 길이 있다.

　마지막 산등성이의 끝자락에 올라가는 길을 사람들은 '서울재'라고 부른다. 나는 그 재를 넘어가면 서울이 있는 걸로 짐작하고 있는데 그 후에 알고 보니 서울과는 반대 방향으로 가는 길이다. 그런데 그 재가 왜 서울재라는 이름이 붙여졌는지 아는 사람이 없다. 나는 오랜 세월 생각을 하다가 그 쪽으로 가면 경주로 갈 수 있다는 걸 알고는 신라의 서울인 '서벌'로 가는 재여서 이런 이름을 얻었으리라고 생각한다. 어쩌면 그 옛날 신라의 화랑들이 명산대천을 찾아 심신을 수련하면서 오고 갈 때 자연스레 "서벌재"란 이름이 붙여졌을 성싶다.

　겨울이 다가온다. "산으로 가야 하나. 가지 말아야 하나"를 두고 나는 두려움에 휩싸인다. 사람으로 태어났으면 우선 살아야 한다. 나는 살고 싶다. 죽음은 싫다. 죽음의 위험에서 벗어나려는 욕망이 더 커진다. 내가 산으로 가서 여우나 늑대에게 들키면 세상에서 마지막 날이 된다. 그래도 놈들에게 들키지 않을 작은 희망은 남아 있다. 내가 지레 겁을 먹고 산에 가지 않는다면 땔감이 없어 가족이 죽도 밥도 먹을 수 없다. 먹지 못하면 굶어 죽는다.

결국 산으로 가지 않는 건 죽음을 확실하게 불러들이는 일이다. 선택의 여지가 없다. 나는 산으로 가는 것만이 당장의 생존 위한 모험이다.

어느 산으로 갈까. 생각해 봐도 갈 곳이 마땅찮다. 어른들이 멀리 산속으로 가더라도 나는 험한 산길을 따라갈 수 없다. 어른들이 나무를 한 짐 하는 동안 나는 한 짐을 따라 할 수도 없다. 어른들은 그런 나를 그냥 산에 두고 오기도 마땅찮을 거다. 설사 내가 뒤떨어져 따라간다고 하더라도 어른들이 어린 내가 따라가는 걸 달가워할 리도 없다. 더구나 어른들이 나처럼 날만 새면 어김없이 산으로 가는 것도 아니다. 그렇다고 내가 혼자서 산속으로 들어가면 여우나 늑대와 언제 맞닥뜨릴지 모른다.

여우나 늑대를 직접 본 적은 없지만, 산속에는 여우도 있고 늑대도 있다고 한다. 무서워서 생각도 하기 싫다. 그래도 산으로 가려고 하면 여우 이야기가 머릿속으로 먼저 밀고 들어온다. "여우는 사람을 만나면 요괴로 둔갑하고 마법으로 사람의 혼을 빼서 요괴의 마음대로 한다."는 이야기를 수없이 자주 들었다. 여우 이야기를 들을 때는 두려우면서도 신비로움을 좀 느꼈지만, 막상 내가 혼자 산속으로 들어가려니까 신비함은 두려움 속으로 사라지고 공포만 남는다. 요괴가 마법을 걸어 내 혼을 빼버리면 나는 아무런 방도가 없을 것 같다.

초겨울 어느 날 나는 산언저리에서 땔감을 하려고 집을 나선다. 작은 발채를 지게에 얹어 바지게를 차리고, 싸리소쿠리와 괭이를 담은 지게를 짊어진다. 동네와 논길을 지나고, 하천을 건너 밭길을 지나서 서울재 쪽으로 간다. 거기에는 깊은 산속보다 땔나무는 적을 것 같지만 멀리서라도 동네를 바라볼 수 있고, 산언저리 밑으로는 들이 있기 때문이다. 서울재 끝자락 산부리 쪽으로 비탈길을 구불구불 돌아 올라간다. 동네가 낮아지고, 왼쪽으로 깊은 계곡이 눈앞에 보인다. 더 올라가기 싫어진다. 올라오면서 주변에 땔감이 될 만한 게 있는지 살피다가 어쩔 수 없이 산비탈 중턱에서 지게를 받쳐 놓는다. 땔나무를 하는 건 잠시 미루고 북쪽 들판을 바라본다. 탁 트인 농촌 풍경이다. 들판 사이에 초가집들이 정겨운 모습으로 옹기종기 모여 있다. 그 중 우리 동네가 가장 가깝게 보인다. 저 멀리 있는 많은 동네 사람들은 땔나무를 하려고 모두 어디로 갈까. 부질없이 남의 걱정까지 머리를 스친다.

눈을 돌려 주변을 살핀다. 눈앞에 파란 잔솔들이 고만고만하게 보인다. 땅에는 자갈이 많고, 잔솔밭에는 솔가리가 제법 떨어져 소복하게 쌓여 있는 데도 있다. 싸리소쿠리에 괭이를 담아들고 잔솔밭으로 들어가서 소나무에 붙은 삭정이를 꺾고, 솔방울을 주워 소쿠리에 담는다. 작은 솔을 베어가고 남은 그루터기도 주워 담는다.

그루터기가 오래되어 잔뿌리가 썩은 건 발로 젖혀 밟거나 괭이로 치면 부러진다. 하지만 잔뿌리가 아직 썩지 않은 건 괭이로 파서 잔뿌리를 끊은 다음에 괭이로 그루터기를 옆으로 몇 번 치고 두 손으로 힘껏 뽑아 올린다. 그루터기가 큰 건 더 깊이 파고 괭이로 뿌리를 잘라서 당겨야 겨우 뽑힌다. 나뭇등걸이 좀 더 큰 경우에는 그만큼 깊이 파기도 어렵지만 깊이 판다고 하더라도 줄기에서 내려간 원뿌리가 커서 뽑을 수 없다. 괭이로 뿌리를 내리찍어도 뿌리는 꿈쩍도 않고 오히려 괭이가 튕겨서 손이 도로 아프고 물집이 생긴다.

소쿠리에 담은 나무가 좀 모이면 지게에 갖다 차곡차곡 담는다. 그리고 다른 방향으로 간다. 송린도 가끔 줍는다. 일제강점기 시대 큰 소나무를 벌채할 때 벗겨진 껍질이다. 그때 남은 나뭇등걸이 드물게 남아 있는 데가 있고, 간혹 껍질이 붙어 있으면 괭이로 쪼갠다. 큰 소나무의 나뭇등걸이 완전히 썩고 그 가운데에 관솔이 생겨 있는 것도 있다. 관솔은 그을음이 많이 나기는 하지만 불땀이 매우 좋고 꽤 오래 탄다. 어쩌다 잔솔에 옹이가 붙어 있으면 괭이로 찍어내고, 솔잎이 붙은 채로 마른 가지도 손으로 꺾는다.

이렇게 몇 소쿠리를 하면 한 짐이 된다. 괭이를 얹고 맨 위에 소쿠리를 엎어서 지게꼬리로 동여매어 집으로 향한다. 겨울이라 북서풍이 세차게 불어서 지게는 뒤에서 좌우로 움직이면서 나를 계속 잡아당긴다. 이렇게 해 온 땔나무는 비수리와 다르게 말리지 않아도 대부분 땔감으로 쓸 수 있다. 내가 해 온 나무는 썩다 남은 그루터기와 송린, 작은 나무쪽과 삭정이가 많다. 사람들은 이런 나무를 '썩배기'라고 한다. 썩은 것이라 중요하지 않다는 뜻으로 그럴싸하게 붙인 이름이다.

오후에도 바지게를 지고 서울재로 가서 썩배기를 한다. 시간이 얼마 지나지 않은 것 같은데도 해는 벌써 서산으로 기울었다. 집집마다 저녁연기가 모락모락 피어오른다. 놀던 아이들이 집으로 돌아가듯 나도 나뭇짐을 지고서 집으로 간다. 해가 진 서쪽 하늘 끝자락 너머 불그레한 노을이 불타듯이 보인다. 집으로 발걸음을 재촉한다. 산부리를 구불구불 내려오는 길에 석양은 사라지고 어두움이 내려 어슴푸레하다. 거뭇한 나무 사이로 늑대가 어슬렁거리며 배회하다가 불쑥 나타나 이빨을 드러내고 으르렁거릴 것 같다. 어두워진 하천 물에 징검다리를 힘겹게 건널 때 바람에 밀려 기우뚱하며 찬물에 넘어질 뻔 한다.

짐이 무겁고 바람이 거세게 불면 지게가 도리질을 멋대로 해대는 게 예사다, 그런 날은 등태 끝이 닿은 허리가 붓고 물집이 생긴다. 아픈 데를 손으로 만지면 피부 밑에 있는 물집이 이리저리 밀려 움직인다. 나는 처음에는 겁이 나면서도 약이 없으니 지게를 지면 눌려서 그러려니 생각하고 그 지게로 계속 나무를 하러 다닌다. 바람이 좀 잠잠해지고 짐이 덜 무거운 날이 많으면 물집이 저절로 가라앉는다.

바람이 많이 부는 날은 지게가 뒤에서 나를 세게 잡아당긴다. 나는 그걸 이기려고 등을 굽히고 어깻죽지를 바짝 쪼그려 밀삐를 앞으로 당기면서 턱을 앞으로 내밀곤 한다. 이렇게 계속하면서 유년기에 형성된 나의 골격은 나도 모르게 바뀌어 내 몸에 이력을 남긴다.

어린 시절을 지난 후에 나는 꼿꼿이 서서 어깨를 젖히고 가슴을 펴 내가 원하는 본래의 자세를 취해보려고 한다. 하지만 아무리 노력해도 이미 오랜 세월을 겪으며 뼈까지 휘어져 굳어진 자세를 다시는 회복할 수 없다. 약간 구부정고 쪼그린 어깨와 앞으로 조금 내민 얼굴. 그 모습은 내가 어린 시절 감당하기 어려운 짐과 고민을 짊어지고 살아 온 삶의 무게를 말해준다. 나는 가족과 내가 우선 살아야 한다는 생각만으로 내 일을 한 것뿐이다. 그런데 그때부터 나는 내 몸의 정상적인 모습을 잃어간다. 나는 그걸 잊고 싶지만 잊어지지 않는다. 누가 나를 자세히 보지 않아야지,

보고도 말하지 않아야지, 그러면 나는 그걸 잊을 때가 있다.

다음 날도 서울재로 간다. 나는 어제 보아 둔 솔가리를 할 요량이다. 지게에서 발채를 떼어 내고 낫을 챙기고 갈퀴를 들고 산으로 간다. 갈퀴는 아버지가 철사로 손수 만들어주신 거다. 서울재로 올라가다가 어제 보았던 솔가리를 갈퀴로 그러모은다. 그런데 이게 어찌된 일인가. 잔솔 밑에 떨어져 제법 소복하게 쌓여 있던 솔가리를 갈퀴로 긁으면 솔가리는 자갈 밑으로 들어가 버리고, 자갈이 솔가리 위로 도로 올라와 솔가리를 그러모을 재간이 없다. 갈퀴로 긁을수록 자갈무더기만 더 커진다. 그래서 솔가리가 그렇게 소복하게 남아 있었던 것이다. 더 옆으로 더 위로 가보아도 자갈이 많다. 일이 난감하게 됐다. 어쩌다 자갈이 없는 데는 흙만 남았고 솔가리는 모두 긁어가고 없다.

서울재로 더 올라가면서 자갈이 없는 곳을 찾아보아도 자꾸 자갈만 보인다. 난감하여 구불구불한 길을 돌고 돌아 첫 봉우리에 오른다. 산마루는 넓고 평평하다. 시야가 넓어지면서 무서움도 좀 누그러진다. 거기에는 자갈은 없지만 솔가리는 모두 긁어가고 바닥은 맨땅만 드러나 있다. 나는 이리저리 살피면서 돌아다니다가 솔가리가 많지 않아서 긁어가지 않고 남았거나 새로 조금씩 떨어진 솔가리를 그러모은다. 겨우 한 짐을 해서 집으로 온다. 경험이 없어 자갈 위에 있는 솔가리를 그러모으려다 허탕치고 헤맨 날이다.

오후에는 바지게를 지고 오전에 보았던 넓은 장소로 간다. 거기는 어제 나무를 했던 곳보다 훨씬 넓고 경사가 완만해서 나무를 하기가 좀 더 편하다. 집에서 거리가 더 멀고, 재를 오르내리는 게 수월찮다. 하지만 꽤 높은 곳이라 옆의 계곡과 그 너머 산 능선까지 더 볼 수 있고 산세를 파악하기 좋기에 다음에 나무를 할 곳을 짐작해 볼 수 있다. 그건 오전에 실패한 결과다. 결국 서울재가 내게 삶의 터전과 시야를 넓혀 준 소중하고 고마운 곳이다. 두려움을 조금 가라앉혀 주고 자신감과 용기도 준 곳이다.

서울재로부터 시작한 나의 지게자리는 그 범위가 조금씩 넓어져 간다. 조금 더 높이 올라가는 날, 조금 더 옆으로 가는 날, 왼쪽으로 보이는 계곡의 초입으로 들어가는 날, 건너 능선 위로 올라가는 날이 늘어난다. 서울재능선과 나란히 동쪽에 있는 능선 사이의 깊고 으슥한 계곡은 '어붕골'이라고 부른다. 나는 거기에는 무엇이 어떤 걸 업고 있는 걸로 생각해 봤으나 그런 걸 듣지도 보지도 못한다.

어붕골 초입 왼쪽 능선에 있는 비탈길은 가파르고 험하지만 동네가 보여서 내가 가끔 오르내린다. 길바닥에 있는 잔돌은 밟히고 닳아서 조약돌처럼 깔려 있고, 어른들도 조심해서 넘나드는 바위 너설도 있다. 내가 나뭇짐을 지고 내려오면서 자갈을 밟으면 몇 번이나 주르륵 미끄러지며 휘청거릴 때는 진땀이 난다. 나는 작은 짐을 지고도 넘어지지 않으려고 지겟작대기를 꼭 잡고 용을 써서 바둥바둥하며 내려온다. 허벅지가 후들후들 떨리고 오금이 저리도록 온몸에 신경이 곤두선다. 바람이 불어 지게가 뒤로 밀리고 발이 미끄러지면 기우뚱하다가 뒤로 넘어진다. 엉덩방아를 털썩 찧으면서 뒤로 주저앉으면 몸은 지게를 벗어나 앞으로 미끄러진다. 짐이 옹글게 남아 있으면 다시 일으켜서 온다. 뒤로 넘어지지 않으려고 비틀거리다가 바람에 휘둘려 앞으로 엎어지면 엎친 데 덮친 격이다.

바위너설을 넘을 때는 넘어지지 않으려고 혼신의 힘을 다해 다리를 후들거리며 조심조심 발을 내려딛는다. 그래도 키가 작은 나는 가끔 지겟다리가 너설에 걸려 공중으로 치켜들려 앞으로 엎어진다. 순간 나는 지게 위에 머리를 박고 곤두발질을 치거나, 손을 쭉 뻗어 땅을 짚고 미끄러지며 지게 밑에 깔린다. 얼떨떨하여 혼미한 정신을 차리고 몸이 아픈 쪽부터 살핀다. 손과 팔, 다리가 긁혀 피가 나고 따끔거린다. 나는 지게에서 쏟아진 썩배기를 다시 주워 모은다. '썩배기야, 나와라. 나는 너를 좋아한다. 안아 주고, 업고 갈게. 네가 나오지 않으면 나는 어쩌란 말이냐.' 그래도 썩배기는 쏟아지면서 망가져서 본래 했던 것보다 훨씬 적어진다.

황혼이 짙어지고 추워도 어스름한 산모롱이에서 나무를 더 해 보충한다. 아무도 없는 산에서 나는 나무지게를 짊어지고 들길로 나온다. 어둠이 짙어진 저녁. 찬바람이 몸속까지 파고든다. 나무를 보충하지 않으면 더 추운 날씨에도 산으로 가야 한다. 그렇지 않으면 다른 사람들이 노는 명절에 지게를 지고 나서야 할지 모른다. 나는 긁히고 할퀴어 피가 맺힌 상처를 들여다보며 쓰다듬는다. 애써 눈물을 삼킨다.

징검다리가 앞에서 어둑하게 보인다. 어른들이 건너기에 알맞은 거리로 놓인 징검다리를 어둠 속에서 내가 짐을 지고 건너기에는 힘겹다. 조마조마하며 건너뛰다가 바람이 불어 내딛던 발이 다음 징검다리에 닿지 못하고 기우뚱하며 찬물에 첨벙 빠진다. 바짓가랑이가 젖어 다리에 착 달라붙어 찬물이 연신 흘러내린다. 다리가 시리고 발목이 저리다. 그래도 짐이 쏟아지지 않고 내가 물에 빠진 걸 아무도 모르는 게 다행이다. 나는 지평선이 보이는 어두운 들녘을 지나서 온다.

어른들은 자신들 몸보다 갑절도 더 큰 짐을 지고도 거뜬히 잘 내려온다. 나는 어른들이 부럽다. 어서 어른이 되고 싶다. 하지만 내가 마음대로 금방 어른이 될 수는 없다. 아무리 생각해도 내게는 아무런 선택의 여지가 없다. 현실적으로 내가 할 수 있는 일이라곤 있는 힘을 다해 땔나무를 하는 길밖에 없다.

그래도 나는 소망이 있다. 만약 누군가가 내게 "너는 지금 무엇을 원하느냐?"고 묻는다면, 나는 "어서 어른이 되고 싶어요"라고 대답을 할 것이다. "너는 어른이 되면 무엇을 하고 싶으냐?"고 묻는다면 나는 "지금 어른들처럼 한 짐에 많은 나무를 하고도 바위너설에 넘어지지 않고 징검다리에서 빠지지 않고 싶어요"라고 대답할 것이다.

한겨울로 접어들면서 마을 앞 무논과 미나리꽝에 얼음이 꽁꽁 얼었다. 동네 아이들이 많이 모여들어 얼음썰매를 타거나 팽이치기를 한다. 썰매는 두 개의 각목 위에 판자를 얹어 못을 박아 만든다. 각목 밑에 철사를 붙여서 철사가 얼음에 닿으면 잘 미끄러진다. 아이들은 얼음썰매 위에 앉아 두 손에 송곳을 잡고 얼음을 찍어 뒤로 밀면서 앞으로 나간다. 아이들이 이리저리 돌면서 얼음판에서 즐겁게 놀고 있다. 어떤 아이들은 썰매 타기 경기를 한다. 출발점에서부터 팔에 온 힘을 쏟아 송곳으로 얼음을 찍어 뒤로 밀고 씽씽 달려 나간다. 반환점을 홱 돌면서 다투어 달리는 아이들이 재미에 흠뻑 빠졌다.

나는 추위가 심한 날이면 나무를 하러 산으로 갈 수 없어서 썰매를 타거나 팽이를 치는 아이들에게 가끔 간다. 나도 다른 아이들과 같이 썰매를 타고 싶은 마음이 간절하다. 나는 썰매가 없다. 아버지는 내게 일할 지게와 발채, 소쿠리와 갈퀴는 잘도 만들어 주어도 놀이기구인 썰매나 팽이는 만들어 주지 않으셨다. 판자도 철사도 없어 내가 썰매를 만들 수도 없다. 팽이를 만들 나무도 없고, 나무가 있다고 하더라고 도끼에 손을 다칠 것 같아 내가 팽이를 만들 수도 없다.

썰매도 팽이도 없는 나는 혼자 얼음판에서 발을 동동 구르며 썰매를 타는 아이들을 부러운 눈길로 바라본다. 그러면 어쩌다가 마음씨 좋은 한 아이가 내게 썰매를 주며 타 보라고 한다. 나는 무척 고맙고 기뻐서 얼른 다른 아이들과 어울려 썰매를 탄다. 얼음 위를 씽씽 미끄러져 나갈 때는 마치 공중에 떠서 나가는 기분이다. 타고, 달리고 또 달리며 계속 묘한 활력이 넘쳐 한겨울 추위도 잊는다. 시간이 지나가는 걸 잊은 것 같다. 이렇게 재미있는 썰매를 내게 빌려주다니 고마우면서도 미안한 생각이 스친다. 나는 더 타고 싶지만, 그가 돌려 달라는 마음이 생겼을지도 모른다. 돌려달라고 하기 전에 고맙게 생각하고 얼른 돌려줘야지. 그래야 다음에 또 자진해서 빌려 줄 수도 있지. 나는 다음을 기대하며 아쉬움을 남긴 채 썰매를 돌려준다.

나는 썰매를 타는 것도 무척 부럽지만, 그에 못지않게 아이들이 입고 있는 옷차림에도 매력을 느낀다. 양복을 입은 아이들의 우아하고 세련된 맵시가 한껏 돋보인다. 어쩌다 양복 엉덩이나 무릎에 덧대어 기운 동그란 천 조각마저 무늬처럼 예쁘게 보인다. 또 소맷부리 속에서 손목을 감싸고 살며시 내민 회색 내복의 접은 끝이 포근해 보인다. 이따금 바지에 손을 넣고 서 있는 아이들이 한껏 멋들어져 보인다.

홑바지저고리를 입고 있는 나는 멋있는 양복을 한 번도 입어 본 적도 없고 언제 입어 볼지 알 수도 없다. 한복은 돈이 부족한 어머니가 포목점에서 무명베를 떠다가 한 땀 한 땀 바느질을 해서 지은 옷이다. 또 나는 추운 한겨울에도 내복이 없어 못 입는다. 나는 다른 아이들의 옷차림에 눈을 뗄 수 없다. 다른 아이들을 볼 때마다 부럽지만 여럿이 모여 있을 때 모두 남색이나 검은색 양복을 입고 있는 걸 보면 더 입어보고 싶다. 그들은 양복을 뽐내는 자태가 아니다. 그건 그들에게는 그저 자연스럽고 일상적인 모습이다. 내게도 썰매나 팽이가 있었다면 썰매를 타거나 팽이치기를 하는 재미에 빠져 있는 동안은 이토록 부러워하는 걸 조금은 잊을 수 있었을 것이다.

아이들은 언제부터인가 남척이네 집에 자주 모여서 논다. 남척이네 집은 돌담 사이의 고샅길을 지나는 동네 가운데 있다. 그의 어머니는 돌아가셨고, 그의 아버지는 날마다 노인들이 모이는 집으로 가신다. 남척이네 집에는 어른들이 없으니 아이들이 잘 모여든다. 나도 때때로 간다. 추운 날은 아이들이 화롯가에 모여 앉아 옛날이야기를 하고, 덜 춥거나 비가 오지 않는 날이면 마당에서 구슬치기나 제기차기 또는 딱지치기를 하면서 논다.

유리구슬은 돈을 주고 사야하고, 제기는 엽전에 한지를 감아 끼워 만든다. 딱지는 신문용지나 중질지 또는 크라프트지로 만든다. 신문용지나 중질지는 헌책이나 공책 같은 것이고, 크라프트지는 농사를 어느 정도 짓는 집에서 쓰는 비료포대 종이다. 우리 집은 돈이 없으니 유리구슬을 살 수 없다. 만약 어머니에게 적은 돈이라도 달라고 했다가는 야단만 맞고 혼쭐이 날 것 같다. 설사 구슬을 몇 개 산다고 하더라도 숙달된 그들과 구슬치기를 하면 나만 금방 다 잃을 것 같아서 구슬을 사고 싶은 생각도 없다. 하지만 큰 유리조각을 갈고 갈아서 구슬을 만들어 볼까. 아니면 대장간에서 쇠를 달구듯 유리 조각을 엄청 뜨겁도록 달구어서 물러지면 동그랗게 만들 수 없을까. 온갖 궁리를 해보지만 돈 없이 될 방법이 없다. 제기도 없어 연습을 못했으니 언제나 그들만 유리한 게임이 되어 쑥스럽고 재미도 없다. 딱지는 만들 종이가 없으니 아예 어울릴 수도 없다. 나도 형이나 누나가 있어 학교에 다녀 종이가 있었으면 하는 생각도 해 본다. 아무도 없는 산에서 나무를 하는 나는 동네 아이들이 노는 데서도 마치 혼자 있는 것 같다.

나는 이제 소망이 좀 더 커진다. 만약 누군가가 "지금 너는 무엇을 원하느냐?"고 묻는다면, 나는 "우리 집이 부자가 되고 싶어요"라고 대답할 것이다. "너희 집이 부자가 되면 너는 무엇을 하고 싶으냐?"고 묻는다면, 나는 "아버지가 집에서 나무를 하시고, 나는 아이들과 같이 양복과 내복을 입고 썰매를 타고, 구슬치기를 하고, 딱지도 치면서 놀고 싶어요"라고 대답할 것이다.

나는 아이들과 같이 어울려 놀고 싶어 온갖 궁리를 한다. 노는 시간이 있을 때 또래들과 같이 놀기 위해서는 나도 놀이기구를 가져야 한다. 놀이기구를 만드는 방법을 골똘히 생각해서 내가 만들 수 있는 것부터 만들어 연습하기로 한다.

제기는 엽전 하나만 구하면 문을 바르고 남은 창호지 여분으로 만들 수 있을 것이다. 여러 아이들에게 엽전이 하나라도 여유가 있으면 얻을 수 있겠다고 생각하고 수소문을 해서 귀한 엽전 하나를 구한다. 문을 바르고 남은 창호지 자투리로 엽전을 감싸 끼워 구멍으로 나온 종이를 갈라 꼬리를 만든다. 만든 제기로 연습을 한다. 처음에는 잘되지 않아 얼마 차지 못했으나 곧 다른 아이들 만큼 잘 찰 수 있다. 제기가 발에 닿을 때는 엽전이 먼저 닿아서 잘 차이고 제기가 위로 올라갈 때는 방향이 바뀌어 엽전 쪽이 먼저 올라가고 종이는 꼬리가 된다. 제기가 내려올 때는 또 그 반대다. 그렇게 회전하는 게 차기에 좋을 뿐 아니라 제기가 공중에서 재주를 부리는 것 같아서 신기하다.

팽이를 만들 궁리를 하다가 마침내 손을 다치지 않고 안전하게 만들 수 있는 방법이 떠오른다. 나무토막이 길면 그쪽을 잡고 도끼와 낫으로 나무 끝을 먼저 다듬어 팽이 모양을 만들고 그 다음에 팽이 높이만큼 톱으로 자르면 손을 다치지 않고도 팽이를 쉽게 만들 수 있을 것 같다. 산에서 나무를 하면서 팽이를 만들기에 적당한 나무를 잘라 와서 생각대로 팽이를 만든다. 팽이 끝에 못을 박고 마당에서 팽이채로 쳐 본다. 팽이는 팽글팽글 잘도 돈다. 뾰족한 팽이 꼭지만 땅에 닿았는데도 넘어지지 않고 도는 게 묘하여 재미가 절로 난다. 팽이채로 치는 방향에 따라 팽이를 돌리고 싶은 위치에서 돌릴 수 있다.

땅뺏기는 마당에 적당한 원을 그려 놓고 두 사람이 대척점에서 차례로 자기 말을 튕겨서 상대방 말을 맞추면 자신의 땅에서 한 뼘으로 돌린 만큼 땅을 넓히는 놀이다. 말은 옹기 조각이나 사금파리를 갈아서 작은 원반처럼 만든다. 집에서 마당에 적당한 원을 그리고 연습을 해본다. 말을 튕길 때 손가락과 말이 닿는 방향을 잘 잡는 게 기술이다.

나는 이제 얼음에 가면 팽이를 칠 수 있고 남척이네 집에 가면 제기차기나 땅뺏기를 할 수 있다. 아이들이 가장 많이 하는 썰매 타기, 구슬치기, 딱지치기를 못하는 게 아쉽기는 하지만 온갖 궁리 끝에 조금 어울릴 수 있게 된다.

날씨가 특히 추운 날이 아니면 나는 한겨울에도 바지게를 지고 나무를 하려고 산으로 간다. 지게를 작대기로 받쳐 놓고 주변으로 다니면서 썩배기를 주워서 발채에 차곡차곡 담는다. 그런데 동장군이 기승을 부리는 혹한기일수록 바람은 심하다. 날씨가 추울수록 지게는 더 자주 앞이나 뒤로 넘어지고 담아 놓은 땔감은 쏟아진다. 특히 앞으로 쏟아질 때는 썩배기가 더 부서지고 더 멀리 흩어진다.

지게가 뒤로 넘어지는 건 바람이 앞에서 세게 분 탓이다. 그런데 앞으로 넘어지는 건 귀신이 곡할 노릇이다. 뒤에서 바람이 세게 불어도 앞에는 지겟작대기가 지게를 받치고 있는데 어떻게 앞으로 넘어질까. 나는 생각하다가 그 이유를 알았다. 지겟작대기가 잘못 만들어진 탓이다. 아버지가 지겟작대기를 만들 때 작대기 아귀를 너무 작게 만들었기 때문이다. 앞에서 바람이 약하게 불면 지게가 뒤로 조금 밀렸다가 다시 제자리로 돌아온다. 이때 작대기의 작은 아귀는 이미 세장을 벗어나 위로 올라가버렸다. 받쳐주는 게 없는 지게는 앞으로 넘어진다.

나는 한겨울에도 장갑이 없어 낄 수 없다. 손등이 트고 잔금이 죽죽 가서 찬바람에 늘 시리고 따끔거린다. 덜덜 떨면서 손을 비빈다. 발에는 고무신과 해어진 면양말을 신었으나 양말의 바닥은 닳아 없어지고, 발뒤축의 각질층은 깊은 균열이 점점 커지며 쓰리다.

살을 에는 찬바람이 부는 한겨울 고비를 넘기면 명절이 다가온다. 명절이 다가오면 즐거우면서도 부담스럽다. 명절에 마음 놓고 놀려면 그만큼 나무를 모아두어야 한다.

정월 초하루는 설날이고 보름날은 정월대보름이다. 또 이월 초하루는 영등 날이다. 명절에는 여러 가지 세시풍속이 많지만 공통적인 건 노는 날이 많은 것이다. 설날과 대보름에는 5일씩 놀고, 영등 날에는 7일을 논다. 또 명절마다 차이는 있지만 새로운 먹거리가 푸짐하다.

설날 아침에는 차례를 지낸다. 차례 상에는 쌀밥, 탕국, 산적, 어물, 나물, 포, 과일 등을 올린다. 내가 평소에 볼 수 없는 게 많다. 산적이나 탕국은 쇠고기나 돼지고기 또는 고래 고기나 상어고기다. 쇠고기나 돼지고기는 아주 맛이 있다. 하지만 나는 그걸 많이 먹어 보거나 자주 먹어 보는 게 아니다. 그래서 시간이 지나고 나면 곧 그 맛의 차이를 잊어버린다. 사과나 배는 한 조각씩 맛만 보는 정도다. 사과는 과육이 아삭하고 으깨지면서 향긋한 맛이 난다. 배는 달콤한 맛이 입에 흠뻑 찬다. 차례를 지낼 때도 우리 집 가족뿐이다. 차례를 지낼 때 우리 집에 오는 사람도 우리가 가야 할 집도 없다.

설빔은 검정고무신과 면양말을 새로 사고, 한복도 한 벌 짓는다. 그래도 고무신은 때우거나 기운 것보다 좋고, 양말은 바닥이 있는 새것이다. 산에 갈 때 고무신은 그루터기에 걸려 찢어지기 쉬우므로 새것은 아끼고 깁거나 때운 헌 걸 신고 간다. 양말도 다음 명절에 신도록 아낀다. 나는 새로 만든 한복을 입기는 하지만 마음이 썩 내키지 않아 심드렁하다. 다른 아이들이 새 양복을 입는 게 자꾸 생각나서 나만 혼자 바지저고리를 입는 게 멋쩍게 느껴진다.

　설날에는 또래 아이들이 몇 명씩 모여 동네 어른들에게 세배를 다닌다. 50세 정도 이상 되는 어른들이 있는 집에는 모두 다니는데 30여 호 중 절반이 넘는다. 세배를 하면 쌀, 깨, 콩 등으로 만든 강정과 엿, 떡과 과일 등을 쟁반에 담은 상을 세찬으로 내 놓는다. 강정과 엿, 떡은 우리 집에는 없어 아주 맛깔스러운 별미로 먹을 수 있다. 가끔은 약밥을 내 놓는 집도 있다. 약밥은 찹쌀 고두밥에 꿀이나 사카린, 진간장, 참기름, 대추, 밤, 곶감, 잣 등을 섞어 시루에 쪄서 두어 번 베어 먹을 수 있도록 자른 음식이다. 입에 넣고 씹으면 쫀득하면서도 고소한 향기와 갖가지 단맛이 혀 끝을 감는다. 나는 약밥을 먹을수록 감칠맛이 더해진다. 그런 집에는 다른 것도 푸짐하지만 약밥이 식탐을 자극한다. 걸신들린 듯해서 체면을 구기지 않으려고 해도 약밥에 젓가락이 자주 간다. 배불리 먹어 점심 생각도 저녁 생각도 없다. 더도 말고 덜도 말고 설날만 같아라. 내가 세배하고 배불리 먹고 마음 놓고 노는 설날은 최고로 즐거운 날이다.

　설날 다음날부터 나는 오전에는 집에서 놀고 오후에는 제기와 땅뺏기 말을 가지고 남척이네 집으로 간다. 아이들이 모여 몇 명은 구슬치기를 하고, 몇 명은 제기차기나 땅뺏기를 한다. 나는 땅뺏기도 해보고, 제기차기도 해본다. 어떤 때는 모든 아이들이 숨바꼭질도 한다. 이렇게 해서 나흘이 지나가고 그 다음날부터 열흘 동안은 산으로 가서 나무를 한다. 정월대보름 때 안심하고 놀기 위해서다. 남들은 모두 노는 명절에 혹시라도 우리 집에 땔나무가 모자라면, 나 혼자 지게를 지고 나무를 하러 산으로 가는 게 엄청 쑥스럽고 창피할 것 같아서다.

정월대보름날 아침에는 찰밥을 먹는다. 대추도 간혹 섞여 있다. 찹쌀은 논의 한 쪽에 찰벼를 조금 심어 수확한 것이다. 어머니는 찹쌀을 갈무리 해 두셨다가 정월대보름날과 영등 날, 가족의 생일날에 찰기가 있는 별식으로 찰밥을 해주신다. 대보름에 오곡밥을 먹는다는 이야기를 들었으나 우리 집에는 찹쌀로만 밥을 해서 오곡밥이 어떤 건지 모른다. 나는 찰밥도 손꼽아 기다려지는 별미다.

낮에는 아이들이 연날리기를 한다. 아이들은 방패연이나 가오리 연을 날린다. 아이들은 얼레에서 줄을 풀어서 연을 멀리 날렸다가 줄을 감거나 꼬드겨 더 높이 올린다. 또 줄을 풀면서 연을 멀리 날리다가 다시 연줄을 꼬드겨 더 높이 날리는 재미에 흠뻑 빠진다. 나는 하늘 높이 오른 연이 균형을 잡고 무엇을 살피는지 머리를 천천히 흔들며 꼬리를 팔랑거리는 모습이 신기하다. 연이 균형을 잡고 하늘 높이 날도록 만드는 데는 무슨 기술이 있을 것 같다. 나도 연을 만들어서 날려보고 싶은 생각이 굴뚝같다.

나는 가진 것이 없으니 잃을 것도 없다. 본래부터 없으니 무엇이 없는지도 모른다. 여기까지는 좋을 수 있다. 문제는 눈에 있다. 눈이란 게 보고 싶은 것만 보고 마음속에 욕심을 키운다. 다른 아이들이 연을 날리면 나는 그게 없는 걸 알고, 썰매를 타면 내게 그게 없는 걸 안다. 다른 아이들이 대소쿠리로 물고기를 잡으면 내게 그게 없는 걸 알고, 내복을 입고 있는 걸 보면 내게 그게 없는 걸 안다. 내게 없는 걸 나열하면 가난의 백과사전이 될 거다.

정월대보름날 저녁에는 높은 곳으로 올라가서 달이 떠오르면 소원을 빌며 달맞이를 한다. 달이 뜨는 걸 먼저 보면 소원이 이루어진다고 하여 동네마다 큰 아이들은 일찍부터 높은 산으로 달맞이를 간다. 달이 뜰 때가 되자 높은 산에서부터 "달 봐라!"고 외치는 고함 소리가 동쪽 여기저기서 들려온다. 나도 달을 보고 싶다. 얼마 후 휘영청 밝은 보름달이 산 위로 떠오른다. 아이들이 달맞이를 하고 내려와서 깡통에 작은 구멍을 여러 개 뚫고 그 속에 불을 넣어 긴 철사 끈으로 매어 돌리거나 볏짚 단에 불을 붙여 들에서 휘두르는 쥐불놀이가 온 들에 번진다. 들판이 온통 불놀이로 장관을 이룬다. 쥐불놀이는 액운을 쫓고, 쥐와 잡충, 새삼을 제거한다고 한다. 나는 다른 아이들이 신나게 쥐불놀이를 하는 걸 먼발치에서 바라보는 게 아름답지만 쓸쓸하다. 나도 쥐불놀이를 할 수 있었으면 하는 생각이 간절하다.

이월 초하루 영등 날 아침에는 찰밥을 먹는다. 다른 집에서는 그 전날 어디에서 붉은 흙을 가져다가 대문 앞 양쪽에서부터 바깥쪽으로 띄엄띄엄 무더기를 지워서 뿌린다. 그건 마귀가 오지 못하게 막는 것이라고 한다. 다른 집에서는 영등 날 아침에 찰밥을 짚 꾸러미로 싸서 영등할머니가 먹고 가도록 부엌 한 곳에 두기도 한다. 나는 영등할머니가 하늘에서 며느리나 딸을 데리고 오는 신이라는 이야기를 들었을 때 집집마다 다니는 걸로 알았다. 그런데 우리 집에는 붉은 흙을 뿌리지도 않고, 짚 꾸러미로 찰밥을 싸 놓지도 않는다. 우리 집에 오는 영등할머니는 무엇을 먹고 갈까 하는 생각이 든다. 만약 영등할머니가 우리 집에 왔다가 먹을 게 없다고 화를 내면 어떻게 하나 싶어서 마음속으로 은근히 걱정을 한다.

영등 날에는 이월 초하룻날부터 7일을 논다. 영등 날이 지나면

농사일을 시작해서 바빠지고 더 놀 시간이 없다고 해서 설이나 정월대보름보다 이틀을 더 논다. 명절이 끝나서 날씨가 좀 풀리면 그때부터 나는 보리를 심은 논에 김을 매거나 산에 나무를 하러 다닌다. 명절이 다 지났으니 나무를 모아 두어야 하는 부담이 없어 한결 개운하다.

며칠 후 보리를 심은 논에 김을 매려고 외할머니가 우리 집으로 오셨다. 보리는 파릇파릇하게 보이고 보리를 심은 논에는 풀이 자랐다. 어머니는 다리가 아프고 어린 동생도 보아야 하니까 나는 외할머니와 같이 논에서 김을 맨다. 어느 날 김을 매다가 하늘을 쳐다보니 뿌옇게 보인다. 땅 위까지 흐릿하여 우리 동네도 희미하게 보인다. 나는 그게 왜 그런지 외할머니에게 물어본다. 외할머니는 그걸 "토우"라고 하신다. 그리고 그게 "흙먼지"라고 설명하신다. 나는 하늘이 구름을 만드는 건 당연하게 생각했지만 흙먼지를 만든다는 건 처음 듣는다. "아, 하늘이 흙도 만들 수 있구나. 하늘이 흙을 많이 만들면 산과 들도 더 높아지겠다"라고 마음속으로 생각한다. 논 세 마지기 중 못자리를 만들 자리만 남겨 둔 나머지를 매는 데 여러 날이 걸린다. 보리를 심은 논바닥은 단단하고 풀이 다닥다닥 많이 나고 땅속 깊이 뿌리를 내려 질기기 때문이다.

날씨가 풀리고 새싹이 움트는 파릇한 들에는 여기저기서 김을 매는 사람들이 보인다, 산에는 나무들이 겨우내 준비했던 겨울눈에서 연초록 싹을 내밀려고 하고, 꽃망울은 부풀어 오르고 있다. 산과 들에서 봄기운이 느껴진다. 추위는 좀 풀렸지만 땔나무를 하는 데는 겨울보다 나을 게 없다. 솔가리뿐만 아니라 상수리나무와 오리나무 잎 그리고 억새까지 베어 싹싹 긁어가고 맨땅만 훤하게 남았다. 아직 푸나무도 자라지 않아서 할 수 없다. 겨울보다 나무하기가 더 어렵지만 낮이 길어져 나무할 시간은 더 많아진다.

나는 날마다 바지게를 지고 서울재와 그 근방의 산언저리와 동네가 보이는 산 위를 맴돌면서 나무를 샅샅이 살펴 삭정이와 송린, 나뭇등걸과 관솔, 솔방울을 보이는 대로 주워온다. 어떤 때는 서울재 위로 올라가 계곡 안쪽을 바라보면서 저기에는 내가 할 수 있는 나무가 더 많이 있겠다는 생각만 하다가 가지 못하고 동네가 보이는 쪽에서 나무를 하고, 어떤 때는 계곡에서 나와서 제방과 도랑에 있는 마른 나무 조각도 줍는다. 나무가 없어 헤매기가 일쑤다. 어쩌다가 한 짐을 쉽게 하는 날은 기분이 좋다. 다음에는 또 어디로 가야 나무를 할 수 있을까 하는 걱정이 없으면 더 좋겠지.

3부

무서운 야수

3. 무서운 야수

　내가 바지게를 지고 동구 밖으로 나간다. 태규가 앞에서 나를 보고 서 있다. 태규는 우리가 곁방살이를 하던 집 이웃에 산다. 태규는 보통 체격에 얼굴은 유순하고 목소리는 조용해서 친근감이 느껴진다. 태규는 나보다 나이가 대여섯 살 더 많지만 학교에 다니지 않았고, 집이나 들에서 일을 하거나 산에 나무를 하러 다닌다. 또래 아이들과 어울려 놀지도 않고, 바지저고리를 입는다. 태규는 나와 비슷한 게 아주 많다.

　태규가 나를 보면서 말한다.

　"우리, 나무하러 같이 가자."

　"그래, 같이 가자. 어디로 갈까?"

　"어붕골로 가보자."

　나는 혼자 갈 곳도 마땅치 않은데 "같이 가자."는 말이 반갑다. 나는 잘되었다는 생각에 태규를 따라가면서 궁금한 걸 물어본다.

　"지금 네가 살고 있는 집은 친척집이냐?"

　"응, 내 고향은 영천인데 우리 아버지와 어머니는 모두 일찍 돌아가셨어. 그래서 나는 이 집으로 왔다. 이 집의 할머니는 우리 아버지의 고모야. 할머니가 화가 많이 나면 아주 무서워. 할머니가 스스로의 머리를 방아채에 받을 때도 있어. 그럴 땐 아무도 못 말려."

태규는 자신의 일상에 대해서 세세한 이야기를 한다. 태규는 날마다 쇠죽을 쑤어 구유에 담아 주거나 여물을 주고, 외양간을 치우고, 꼴을 베는 일과 농사일을 한다고 한다. 태규는 아마도 그런 이야기를 솔직하게 말 할 상대가 없었는데 나를 만나서 가슴속 깊은 곳에 담아둔 이야기를 풀어놓는 것 같다. 나는 태규의 이야기를 듣는 동안 태규가 궂은 일에 이골이 나서 사는 걸로 느껴지고, 태규의 마음속 저변에 부모와 고향, 그리고 어렸던 시절의 그리움이 서려있는 걸로 느껴진다. 나는 태규보다 작고 아버지와 어머니가 있다는 것, 태규는 일만 열심히 하면 배고프지 않게 먹는다는 게 나와 다른 거다. 나는 태규의 이야기를 들으면서 태규가 좀 애처롭게 느껴지기도 한다. 어쩌면 태규도 나를 만나서 비슷한 처지라고 생각해서 마음을 털어놓고 그런 이야기를 했을지도 모른다. 태규는 나를 위로하는 친구 같은 느낌이다.

우리가 어붕골 초입에 이르자 태규가 왼쪽 산을 가리키며 내게 알려 준다.

"저 산의 주인은 아주 무서워서 '땅벌'이라고 한다. 산주가 다른 동네에 사는데 멀리서 산에 누가 있는지 엿보고 있다가 나무하는 사람이 보이면 몰래 와서 지게를 부셔버리고 낫을 뺏어 간다."

나는 태규를 따라 가파른 바위너설과 계곡을 한참 지나 왼쪽 능선 된비알 길로 방향을 바꿔 올라간다. 숨이 차도록 올라 능선 안부에 이르자 둥글둥글하고 커다란 바위가 덩그러니 버티고 있다. 얼른 보아도 옹골찬 바위가 예사롭지 않다. 바위 둘레를 몇 바퀴 돌아본다. 둥그런 바위를 받치고 있던 흙은 오랜 세월을 지나면서 비와 바람에 많이 깎여나가고 가운데 부분만 남아 둥근 보름달이 산에서 떠오르는 모양과 흡사하다. 장구한 세월의 흐름이 절로 느껴진다. 내가 보기에는 바위 밑을 받치고 있는 흙이 계속 더 날려 가면 언젠가는 바위가 흔들릴 수 있을 것 같다. 얼른 보아도 다른 바위들과는 다르고 기이하게 보인다.

바위의 높이는 보통 어른들의 거의 두 길 정도 되어 보인다. 바위의 모양과 색깔은 주변 산에 본래부터 박혀 있는 바위들과 확연히 다르다. 산에 박혀 머리만 내밀고 있는 바위들은 흑갈색이고 모가 나 있어 투박하고 거칠다. 반면에 둥그렇게 있는 바위는 연한 회색빛이 돌고 윤곽은 매끈하고 단단해서 무게감이 느껴진다. 비유를 한다면 산에 박혀 있는 돌은 거친 산돌이고 둥그렇게 앉은 돌은 강에서 닳은 바윗돌 같다. 아무래도 옛날 어느 냇가에 있던 거대한 바위를 사람들이 이 능선까지 옮겨 놓은 걸로 생각된다.

태규는 바위에 얽혀 전해 오는 재미있는 전설을 들려준다.

"이 바위는 '장군짜게돌'이라고 한다. 이 돌은 옛날 장군들이 두 편으로 나누어 한 편은 저 건너 서울재 위에 있고, 다른 한 편은 여기에 서 있었단다. 여기서 이 돌을 던지면 저기서 받고, 저기서 이 돌을 받아 다시 던지면 여기서 받았단다. 그래서 '장군짜게돌'이라고 한단다."

'장군짜게돌'이란 시쳇말로 '장군의 공깃돌'이다. 나는 하도 신기해서 내가 던지기 알맞은 납작한 작은 돌을 주워 높이 보이는 서울재 쪽을 겨냥해 던진다. 돌은 공중을 높이 날아가는 듯 보이더니 수직으로 꺾이다가 오히려 당기면서 계곡의 절반도 가지 못하고 떨어진다. 다시 던져도 마찬가지다. 나는 마음속으로 태규의 말을 믿고, "바위 밑에 흙이 이렇게 깎이기 전 옛날 사람들은 과연 어떻게 생겼을까. 특히 장군은 기골이 장대하고 신체도 엄청 큰 거구에 초인적인 힘을 가지고 있었겠구나. 장군들이 이 돌을 받으면 그 충격은 엄청 컸을 텐데, 어떻게 거뜬히 이 돌을 받았을까. 그런데 많은 세월이 지나면서 사람들이 이렇게 작게 변한 것이로구나"라고 생각한다.

나는 태규를 따라 능선으로 올라가면서도 장군짜게돌이 하도 신기해서 몇 번이나 뒤를 돌아본다. 올라갈수록 능선의 경사는 점점 완만해지고 양쪽 계곡 바닥은 높아지면서 넓어진다. 오른쪽 어붕골에는 잔솔이 많고 진달래나무, 상수리나무, 떡갈나무, 오리나무, 싸리나무가 섞여 있다. 왼쪽 '손골'에는 잔솔과 오리나무가 많다. 능선을 올라와 동서로 가로지르는 장두리 능선이 만나는 데까지 왔다. 왼쪽으로 손골 너머 '용바위골'까지 보인다. 사방이 탁 트였다. 시원한 봄바람이 산들산들 불어 몸을 간질인다. 태규가 일러 준다.

"앞에 보이는 계곡은 '장두리골'인데 고요한 날이면 저 너머 멀리 포항정거장에서 울리는 기차의 기적 소리가 여기까지 들린다."

영일만 푸른 바다가 멀리 보인다. 뒤를 돌아보면 신광들이 내려다보이고 비학산이 양쪽 날개를 활짝 펴 너울거리며 날아오를 것 같은 모습이 더 뚜렷하다. 오른쪽 서울재 산마루 쪽에는 토성동에서 나무하러 오는 사람들도 보인다. 산속을 깊이 들어왔으나. 높은 산마루는 넓고 훤해서 앞뒤가 막힌 계곡의 초입보다 오히려 덜 무섭다.

땅은 돌이 거의 없는 푹신한 흙이다. 나는 능선 위에서 나무를 하고 태규는 장두리골로 내려간다. 나는 다니기도 좋고, 나무의 종류도 많아서 계곡의 초입보다 더 쉽게 좋은 나무를 할 수 있어 마음이 흐뭇하다. 태규는 도끼를 가지고 다녀서 도끼뿔로는 땅을 파고 도끼날로는 웬만한 그루터기나 나무뿌리는 자를 수 있다. 태규도 한 짐을 하고 나도 한 짐을 해서 올라오던 길로 다시 내려온다. 장군짜게돌 옆에서 쉰다. 큰 바위를 몇 바퀴 돌면서 만져 보고 자세히 살핀 후 서울재 위를 본다. 돌팔매질을 다시 해 보았지만 던져지는 거리는 올 때나 마찬가지다. 오후에도 같이 가기로 약속하고 집으로 와서 짐을 부린다.

나는 점심을 거른다. 그러니 짐을 부리자마자 바로 나갈 수도 있다. 하지만 그렇게 나가면 내가 점심을 먹지 않고 나가는 걸 남들이 금방 알아챌 수 있을 것 같아서 일부러 밥을 먹는 시간만큼 쉰 후 시간을 맞추어서 나간다. 이건 누가 가르쳐 준 것이 아니고 내 마음이 내게 시킨 것이다. 나는 점심을 굶는 데는 자신이 있어도 남들이 내가 점심을 먹지 못하는 것을 아는 건 싫다. 어째서 그런지는 몰라도 남들이 점심을 먹을 때 나는 그걸 먹지 못할지라도 다른 사람이 내가 밥을 먹은 걸로 알았으면 싶다.

작년 벼농사는 아버지가 시간이 없어 다른 사람에게 소작으로 주고 가을에 벼를 반씩 나눴는데 그것도 흉작이었다. 아버지는 부족한 식량을 보충하기 위해 다른 집에서 벼 두 가마니를 빌려 오셨다. 그건 올 가을에 벼 네 가마니를 갚는 곱장리다. 올해 농사가 잘된다고 해도 네 가마니를 갚고 나면 또 올해와 다를 게 없다.

아버지가 처음 벼 한 가마니를 지고 오시는 걸 보았을 때는 왠지 아버지도 기분이 좋아 보였고 나도 반가웠다. 아버지가 돈을 벌어 벼를 사 오시는 걸로 알고 나는 기뻐서 가슴이 뿌듯했다. 하지만 다음 두 번째 가마니를 지고 왔을 때 어머니는 "내년에 네 가마니를 갚아야 한다"고 내게 말씀하셨다. 나는 그 말씀을 듣자마자 기쁨은 온데간데 없이 사라지고 허전함이 밀려왔다.

남의 걸 빌리면 이익을 붙여서 갚아야 한다는 정도는 나도 알고 있다. 그런데 그런 내 생각이 혼란해진다. 어떤 집은 두 가마니를 빌려주고 가만히 있어도 1년만 지나면 네 가마니나 받게 되고, 우리 집은 두 가마니를 빌리고도 1년만 지나면 네 가마니나 갚아야 한다. 그러면 부자는 1년마다 갑절씩 더 부자가 되어 안락을 즐긴다. 그러나 그 이면에는 가난한 자의 고통이 있다. 우리 집같이 가난한 자는 해마다 더 가난해져 점점 더 궁지로 몰린다. 가난한 자가 쌀독을 긁어서 부자의 곳간을 채워주는 기막힐 노릇이 빚어지고 있다. 쌀독에서 긁은 쌀에는 부자의 힘과 빈자의 눈물이 섞여 있다. 부자들아, 가난한 자의 행복을 빨아들일 수 있다고 좋은 세상인 줄로만 알지 마라. 이 세상은 같이 살아가야 하지 않는가. 부디 부에만 목을 매지 말고 가난한 자들이 쌀독을 긁는 소리가 숨통이 짓눌리는 소리인 줄도 좀 알아라.

날 때부터 이미 운명은 정해지는가. 운이 좋아 은수저를 물고 태어나면 잘 먹고 잘 배운다. 어쩌다 우연히 가난한 집에서 태어나면 못 먹고 못 배운다. 누가 부모를 선택해서 태어나는가. 출발선부터 다른 걸 아무 생각도 하지 말고 그냥 받아들여야 하나. 나는 가난은 싫다. 그래도 우선 먹어야 사니까 살기 위해서는 곱장리를 피할 수 없다. 어머니는 얼마나 절박하실까. 아침밥에는 무채를 섞으시고, 저녁에는 죽을 쑤거나 수제비를 뜨신다. 점심은 거른 지 오래다.

점심시간이 지났을 것 같아 태규와 약속한 장소로 간다. 태규가 이미 나와 있다. 내가 집에서 기다리면서 건너뛴 점심시간이 좀 길어진 것이다. 내가 천연덕스러운 짓을 하려는 게 맞지 않았다. 나는 뭔가 쑥스러워 인사를 하지 못하자 태규가 먼저 인사를 한다.

"점심 먹었느냐?"

"그래, 너도 점심 먹었느냐? 오후에는 손골로 가보자."

"점심 먹었느냐?"는 말은 점심때를 지나고 만나면 누구나 의례적으로 하는 인사말이다. 하지만 나는 그게 의례와 다르게 진짜로 느껴진다. 점심을 먹지 않고도 먹은 척하자니 속으로 멋쩍고 쑥스럽다. 별것도 아닌 걸로 생각하려고 해도 내가 나를 속이는 것 같다. 그래도 나는 그걸 내색하지 못하고 아직 가보지 않은 손골과 용바위골을 알아볼 요량으로 얼른 '손골로 가보자'고 말한다.

손골은 양쪽 기슭이 어깨를 마주하듯 좁은 협곡이다. 계곡 바닥은 좁고 때로는 절벽으로 막혀 길이 없다. '손골'이라는 이름이 '솔다'는 의미라면 그럴만한 이름이다. 우리는 손골 초입 왼쪽 능선 끝자락 자드락길을 돌아 손골 왼쪽 기슭으로 들어선다. 계곡 안으로 들어가는 비탈길이 된비알에 겨우 걸려 있다. 길 왼쪽은 가파른 악산이고, 오른쪽은 벼랑이다. 삐끗하여 나가떨어지면 계곡 밑바닥에 내리박혀 만신창이가 될 것 같다.

비탈길을 따라 조금 들어가다가 왼쪽으로 돌아 능선 안부에 올라서자 오래되어 보이는 묘가 있다. 봉분에는 풀이라곤 한 포기도 없다. 봉분의 흙도 바람에 날리고 비에 씻겨 모래와 자갈만 남아 을씨년스럽다. 묘의 방향을 나타내는 면석은 흔적도 없고, 그 자리로부터 묘혈 쪽으로 웬만한 짐승이 드나들 수 있는 굴이 뚫려 있다. 굴의 끝은 어두워서 보이지 않는다. 이상한 예감이 와락 몸을 덮친다.

내가 앞서 가는 태규에게 물어 본다.

"이게 무슨 굴이야?"

"그건 여우굴이다."

나를 그렇게도 공포에 떨게 하던 여우. 그놈의 여우가 실제로 사는 굴을 보는 순간이다. 등골이 오싹해지면서 온갖 여우 이야기가 번쩍 머릿속으로 밀고 들어온다. 태규는 여우굴이란 말만 하고 더는 아무 말도 없이 앞서서 능선을 따라 성큼성큼 올라간다. 태규의 속내가 무엇인지 알 수 없다. 태규와 같이 가는 데야 무슨 일이 있겠느냐고 나는 안심하려고 애를 쓴다. 그래도 두려움이 마음에 떠다닌다. 나는 두근거리는 가슴을 안고 태규를 따라 올라간다.

여우는 요사한 동물이라 "캉캉"하는 울음소리만 들어도 재수가 없다고 한다. 밤이면 여우가 굴에서 나와 어슬렁거리며 배회하다가 무슨 요사스런 마법을 부려 요괴로 둔갑했을 것 같은 모습이 떠오른다.

언제나 태규와 같이 산에 올 수도 없는 일이고 그렇다고 나 혼자 산에 오지 않을 수도 없는 노릇이다. 나는 산에서 언제든지 여우와 맞닥뜨릴 수 있다. 내가 혼자 산에 왔을 때 이 굴속에서 나온 여우와 나 사이에 무슨 일이 벌어질 것 같은 상상이 떠올라 무서움에 휩싸인다. 여우가 둔갑을 해서 마법을 걸고 나의 영혼을 낚아채버리면 나는 어떻게 될까. 내가 나의 영혼을 찾으려면 어떻게 해야 할까. 최후의 발악으로 필사적인 대결을 해봐야지. 나는 요괴의 모습을 연상해 보고, 위험한 산비탈에서 여우와 대결하는 걸 상상해 보기도 한다. 마법에 걸리지 않으려고 정신을 차리고 눈을 바로 쏘아 보기도 한다. 그래도 여우를 제압할만한 묘안이 쉽게 생각나지 않는다.

마음을 가다듬고 다시 생각을 한다. 여우에 대한 이야기는 많지만 우리 동네 누구도 여우가 요괴로 변한 걸 직접 보았다고 하는 사람은 없다. 그러니 그놈이 그렇게 쉽게 요괴로 둔갑하는 건 아닌 것 같다. 대체 요괴의 정체는 무엇일까. 설사 여우가 요괴로 둔갑한다고 하더라도 그놈이 내 눈에 요괴처럼 보였을 뿐이지 허상의 속은 여전히 여우가 아니겠는가. 내가 나무를 하려면 산으로 와야 하고, 산에서는 여우를 피할 수 없다. 여우를 만나는 절체절명의 위기에는 내가 놈과 한바탕 싸워 이겨야 한다. 그게 내가 사는 길이다. 나는 마음속으로 싸움에서 이기는 걸 상상해본다. 그까짓 것 여우라는 게 기껏해야 개구멍 같은 데 드나든다면 한판 대결을 해볼 수밖에 없다. 요사스런 요괴가 호들갑을 떨고 내가 작대기를 연신 휘두르는 숙명의 대결을 할 거다.

내가 맹수와 싸워 이기려면 언재든지 좋은 무기를 가지고 있어야 한다. 지게를 지고 다닐 때는 작대기가 비상시에 무기가 될 것이고, 나무를 할 때는 괭이나 낫이 무기가 될 수 있다. 하지만 내가 가지고 있는 작대기는 너무 약하게 만들어졌다. 여우를 때리면 작대기가 맥없이 부러질 것 같다. 한 번만 잘못 휘둘러 여우를 두들긴다는 게 여우는 피하고 땅을 두들겨서 부러지면 나는 무장이 해제 되어 무방비 상태로 노출된다. 아버지가 나를 어리다고 작대기를 가늘게 만든 탓이다. 오늘 오전에 어붕골에서 박달나무를 보았는데 그 정도면 아주 튼튼한 작대기가 될 것이다. 내일이라도 낫을 가지고 와서 박달나무를 베면 튼튼한 작대기를 만들 수 있겠다. 그걸 가지고 다니다가 여우를 만나면 언제든지 한바탕 승부를 걸기로 단단히 작정한다.

나는 태규를 따라 동서로 뻗은 장두리 능선 위에 오른다. 오른쪽으로는 손골 너머로 오전에 왔던 어붕골 쪽 능선이 보이고, 장군짜게 돌도 보인다. 왼쪽 용바위골 안쪽은 매우 넓고, 옅은 주황색 흙이 있는 곳도 보인다. 거기에는 소나무보다 오리나무가 더 많고, 그 사이에 박달나무도 섞여 있다. 흙이 좀 많이 보이는 곳에는 오리나무와 싸리나무, 억새들이 줄을 이루고 있어 오래 전에 사방을 한 걸로 보인다. 용바위골은 넓고 경사가 완만하다. 풀도 있어 여름에 아이들이 소를 몰고 와서 방목을 하고 아이들은 계곡 초입이나 냇가에서 꼴을 베거나 어울려서 놀다가 저녁 무렵 소를 몰고 간다.

나는 올라가던 능선과 장두리 능선이 만나는 근처에서 나무를 하고, 태규는 장두리 능선을 좀 내려가 용바위골 쪽에서 나무를 한다. 모두 한 짐씩 해서 여우굴과 떨어진 용바위골로 내려오다가 계곡이 좁아지는 곳에서 쉰다. 쉬는 장소 계곡 가운데는 큰 바위가 있어 막혔다. 계곡물이 바위 위쪽 옆으로 흐르는데 그 낙차가 바위만큼 높아 어른의 두 길 정도는 된다.

태규가 바위와 나를 번갈아 쳐다보며 바위에 얽힌 이야기를 한다.

"이 바위는 '용바위'라고 한다. 바위 위에 둥그렇게 움푹 파여 물이 고인 곳은 용이 하늘로 날아오를 때 앉았던 자리다. 우리가

서 있는 이 길에서 돌을 던져 저 안에 얹히면 운이 좋아서 아들을 낳는다고 한단다. 저기 돌이 많이 얹혀 있지. 그게 모두 사람들이 운이 좋은지 알아보려고 던진 돌이야. 저 바위 옆 이쪽으로 땅과 닿은 데 굴이 뚫려 있지. 저건 너구리굴이다. 저 굴은 바위 밑까지 뚫어져 계곡으로 통한다. 사람들이 너구리를 잡으려고 바위 밑에 있는 굴에서 연기를 피우면 너구리가 도망을 가려고 이 위로 튀어 나온다. 그때 위를 지키고 있던 사람이 너구리를 잡는다. 저 밑을 봐라 그을음이 있지, 저게 너구리를 잡으려고 피운 연기에서 나온 그을음이야. 그런데 너구리가 항상 있는 건 아니야, 너구리가 없는 데 연기를 피우는 건 소용이 없어."

나는 사람들이 왜 너구리를 잡으려고 하는지 궁금하다.

"너구리는 어떻게 생겼고, 어디에 쓸 수 있느냐?"

"너구리는 좀 작은 개와 비슷한데 그 가죽과 털이 비싸단다."

나는 태규의 말을 듣고는 너구리를 잡고 싶어진다. 하지만 언제 너구리가 굴에 들어오는지는 묻지 않는다. 너구리가 굴에 들어가는 걸 보거나 굴속에서 너구리 기척이 들리면 너구리가 굴속에 있다는 걸 안다고 생각한다. 또 너구리가 굴속에 들어 있다고 하더라도 혼자서는 잡을 수 없을 것 같다. 밑에서 연기를 피우면서 거기서도 지켜야 하고, 연기가 나오는 위에서도 지켜야 하니 최소한 두 사람은 있어야 너구리를 잡을 수 있을 것이다. 태규와 같이 다니다 보면 언젠가 너구리를 잡을 수 있는 기회가 있을 성싶다.

다음날 나는 바지게에 낫을 챙겨 태규와 같이 어붕골로 들어간다. 장군짜게돌이 있는 능선 쪽으로 올라가지 않고 곧장 계곡으로 한참 들어간다. 오른쪽 벼랑 밑에 옹달샘이 있다. 바위 밑에서 맑은 물이 많이 솟아나와 넘쳐흐른다. 내가 보기에는 아주 맑은 물인데도 태규는 내게 낫을 달라고 하더니 낫을 물에 담가 놓고 엎드려서 물을 벌컥벌컥 들이킨다. 나는 낫을 담가 놓는 게 이상하다.

"그 맑은 물에 왜 낫을 담가 놓고 먹느냐?"

"물이 맑아 보여도 산에는 여러 가지 짐승과 벌레들이 많아서 그것들이 여기에 알을 낳아 두었을지 모른다. 그런데 낫을 물에 담가 놓으면 그런 것들이 몸에 들어와도 모두 죽는단다."

나는 태규의 말만 듣고 옹달샘에 낫을 담가 놓은 채 엎드려 입을 대고 물을 먹는다. 목도 좀 마른데 물도 깨끗하고 태규의 말대로 아무 탈이 없다니 마음이 한결 개운하다. 다음에 내가 옹달샘에서 물을 먹을 때는 그렇게 해야 하겠다고 생각한다.

태규는 나와 같이 가면서 "나는 지게대학을 다닌다."고 하고, 지겟작대기로 지겟다리를 두드려 장단을 맞추며 애창곡을 부른다.

"앞산아 뒷산아 왜 무너졌냐. 신작로 되려고 무너졌다. 신작로 안에는 택시가 놀고, 택시의 안에는 기생이 논다. 기생의 손목에는 금시계 찼고, 금시계 안에는 세월이 간다."

나는 태규를 따라 어붕골 안골에서 왼쪽 능선으로 올라가 어제 왔던 능선 위에 올랐다. 산마루에서 태규는 지겟작대기로 땅위에 글자를 쓰고 그게 자기 이름이라고 한다. 나는 그게 무슨 글자인지 아닌지도 모른다. 태규가 내게 말한다.

"너도 네 이름을 써봐라."

"나는 이름을 쓸 줄 모른다."

나는 그런걸 알아도 그만 몰라도 그만인 듯 대답한다. 그런데 가끔 들은 "낫 놓고 기역자도 모른다"는 말이 생각난다. 하지만 그 말의 뜻은 잘 모른다. 또 기역 자가 어떻게 생겼는지도 모른다. 낫을 들고 있으면 늘 일을 하는 농부이니까 기역 자가 생각이 나지 않지만, 낫을 놓으면 공부를 한 사람이라 기역 자를 아는지. 아니면 낫을 놓으면 머리가 더 좋아져 기역 자가 보이는지 알 수 없다. 나는 집 마당에서 낫을 들었다 놓았다 해 본 적이 있다. 그때 내 눈에는 낫만 보이고 기역자를 알 수도 없었고, 어떻게 생겼는지 보이지도 않았다.

오늘은 나도 태규를 따라 장두리골로 내려간다. 처음 가는 곳이다. 흙이 푸석푸석하고 가파른 기슭에 칡넝쿨이 있다. 태규가 혼자 다닐 때는 괭이가 없어 칡뿌리를 캘 수 없었던 것 같다. 태규가 칡뿌리 쪽과 그 주변을 살펴보고 내게 말한다.

"우리 칡뿌리 캐 먹자. 괭이 좀 주어라."

"칡뿌리가 맛이 있느냐?"

"칡뿌리가 얼마나 맛이 있는데, 가루도 있어, 흉년에는 그걸로 떡도 만들어 먹는단다."

나는 떡도 만들어 먹는다는 말에 맛있는 떡 생각이 난다. 칡뿌리가 과연 얼마나 맛이 있을까. 나는 태규가 칡뿌리를 캐는 걸 마치 땅속에서 떡을 캐는 것처럼 보고 있다. 비탈진 땅이라 처음에는 잘 파였으나 구덩이가 깊어질수록 파기가 더 어려워진다. 구덩이에서 뿌리의 곁가지가 보인다. 태규는 원뿌리에서 곁뿌리를 도끼로 자르고 손으로 곁뿌리를 잡아당긴다. 곁뿌리는 옆쪽 비탈로 뻗어 있어 푸석푸석한 흙이 갈라지며 큰 고구마보다 훨씬 길고 큰 뿌리가 땅 위로 뽑혀 나온다. 그 다음 태규는 도끼로 원뿌리의 밑동을 자른다.

태규가 낫으로 원뿌리에 흙이 묻은 부분을 잘라내고 껍질을 깎는다. 도끼로 노두를 잘라내고 그걸 다시 가운데로 쪼갠다. 나는 노란 빛이 연하게 도는 듯하고 하얀 가루가 섞여 있는 칡뿌리의 속살이 들어나는 걸 보면서 입맛이 당긴다. 태규가 한 조각을 주는 걸 받아 이빨로 뜯어 씹는다. 처음에는 쌉쌀하고 달콤한 향이 나면서 입안이 화해진다. 잘근잘근 씹을수록 쌉쌀한 맛은 점점 사라지고 화한 맛과 단맛만 남아 맛이 절묘하다. 단물을 꿀꺽 넘기고 또 씹어서 꿀꺽 넘긴다. 떡 맛보단 못하지만 그래도 처음 먹어보는 맛이 또 다른 별미다. 한참 씹어 단물을 넘기고 남은 실오라기 같은 섬유질은 뱉어낸다. 계속해서 다시 새것을 뜯어 먹는다. 곁뿌리도 몇 토막으로 잘라서 나누어 먹는다.

나는 나무를 하기 전에 낫을 가지고 박달나무를 베어 작대기를 새로 만든다. 작대기가 튼튼해야 여우나 늑대를 만났을 때 싸워 이길 수 있고, 아귀가 커야 지게가 앞으로 넘어지지 않는다. 하지만 작대기의 아귀를 만드는 게 내게는 어려운 일이다. 아귀가 너무 작으면 받쳐놓은 지게가 약한 바람에도 앞으로 쓰러지고 너무 커도 거추장스럽다.

작대기의 아귀를 다듬을 때는 왼손으로 작대기를 만들 나무를 거꾸로 잡고 오른손으로 낫을 높이 들어 단번에 내리찍는 힘으로 아귀가 될 가지를 알맞은 크기로 잘라야 한다. 나는 숫돌도 없고 낫을 갈 줄도 몰라 날이 무디기 때문에 더 그렇다. 거기에다 낫질도 서툴러 단번에 정확한 자리에 자를 만큼 익숙하지 못하다. 어쩌면 아귀가 작아지고 어쩌면 아귀가 너무 커서 다시 자르면 짧아진다. 그러면 나는 아까운 나무의 원줄기를 다시 찾아 하나를 더 베어야 한다.

내가 마음에 들도록 만든 작대기는 튼튼해서 기분이 좋고, 쓰이는 데가 많다. 지게를 받치고, 비탈길을 오르내릴 때 짚는 건 물론이고, 사나운 여우나 늑대를 만났을 때 쓸 수 있는 든든한 무기다. 작대기를 휘둘러 땅에다 두들겨본다. 조금 둔탁한 소리가 난다. 웬만한 개 정도는 결정타를 가하면 여지없이 너부러질 것 같다.

태규는 내게 매우 고마운 사람이다. 내가 나무를 하러 다닐 곳의 산세와 산주의 성격을 알려주고, 어디에 땔나무가 있다는 것도 알려주었다. 장군짜게돌과 돌팔매, 용바위와 너구리굴, 노루는 재미있지만 여우와 여우굴은 생각만 해도 공포에 질린다. 칡뿌리는 또 얼마나 맛이 있었던가. 이 모든 게 태규가 나를 위해서 특별한 시간이나 노력을 별도로 들인 건 아니지만 내게는 모두 소중한 것이다. 태규는 고마운 사람이지만 태규가 산에 가지 않을 땐 만날 수 없는 게 무척 아쉽다.

나도 태규에게 조금은 필요했을 것이다. 태규는 마음속에 깊이 숨겨 둔 이야기를 세상 누구에게도 속이 후련하도록 털어 놓을 상대가 없었다. 나는 태규에게 말벗이 되어주고, 그는 마음속 깊이 쌓였던 속내를 내게 풀어놓았다. 또 태규가 어차피 혼자 산으로 갈 바에야 그래도 나와 같이 가는 게 나았을 것이다. 나는 생각할수록 태규가 그립다.

어느덧 화창한 봄날이다. 계곡에는 풀과 나무 냄새, 갖가지 꽃에서 나오는 은은한 향기가 바람에 실려 계곡에 가득하다. 내 마음도 조금은 들뜬다. 용바위골 초입에서부터 계곡 쪽에는 조팝나무 군락에 꽃이 흐드러지게 피었다. 꽃대마다 꽃이 빽빽하게 둘러붙어 꽃방망이처럼 보인다. "조팝나무에 꽃이 피면 엄마 집도 가지 말라."는 말은 춘궁기에 보릿고개를 넘는 시절을 상징하는 말이다. 이 꽃말이 상징하는 건 어려운 시절을 의미하지만 그래도 나는 그걸 보면 봄의 향기가 물씬 느껴지고, 순백색이 백설처럼 맑고 청순해서 한껏 아름다워 보인다.

나는 너구리굴과 용바위가 있는 데서 왼쪽 능선 쪽으로 올라간다. 땔나무도 있을 듯하고 진달래꽃으로 온통 붉게 물들여진 산에 마음이 끌린 까닭이다. 진달래나무는 사람들이 여러 번 베어서 한 뿌리에서 여러 줄기가 다보록하게 나와 떨기를 이루고 있다. 사람들은 푸나무를 하려고 새 줄기까지 삭둑삭둑 베어가고, 진달래나무는 어떻게 해서라도 살아남으려고 뿌리에서 새싹이 돋고 가지를 뻗으려고 하다가 떨기가 된다. 그래도 떨기에서 핀 진달래꽃잎을 보면 더 밝고 아름답다.

벌들이 붕붕거리며 향연을 벌인다. 꽃술 속을 드나드는 벌들의 발에는 꽃가루가 동그랗게 묻었다. 나는 이리저리 다니며 큰 떨기의 진달래꽃을 훑어 먹는다. 배가 고픈 줄도 모르지만 자꾸 먹어도 배가 부른 줄도 모른다. 오히려 시간이 갈수록 봄볕을 받아 몸은 더 나른하다.

"푸드덕" 주위에서 꿩이 날아간다. 꿩이 날아간 장소 근처로 가서 혹시나 꿩알이 있는지 이리저리 살핀다. 알을 찾지 못하는데 건너 산에서 또 "꿩, 꿩"하는 소리가 들린다. "꿩알을 주우면 횡재한다."는 말이 있고, "운이 좋다"는 말도 있다. 산에 꿩이 있으니 야생의 닭도 있지 않을까. 그러면 달걀도 있지 않을까라는 생각이 머리를 스쳐간다. 나는 꿩알을 무척 줍고 싶다. 마음 같아서야 꿩

소리가 난 건너 산으로 가고 싶지만 거기에는 내가 할 나무가 없으니 그럴 수도 없다.

능선 안부에 지게를 받쳐놓고 동쪽 계곡을 내려다본다. 아름드리 장송들이 거대한 송림을 이루고 있으나 앞에는 깎아지른 듯 가파른 기슭이라 발붙일 틈이 없다. 서쪽 기슭으로 다니며 나무를 한다. 썩배기가 예상보다 많이 눈에 띈다. 이왕에 나무를 하려고 용바위골까지 온 사람들이 더 넓은 안골로 들어가고 이쪽으로 온 사람이 적었던 것 같다. 일찍 한 짐을 해서 집으로 오자 어머니가 나를 보시고는 "네 입술이 왜 그러냐?"고 하신다. 내가 거울을 들여다보니 내 입술이 푸르스름한 진분홍색이다. 진달래꽃을 많이 훑어먹어서 물든 까닭이다.

오후에 나무를 하러 갈 곳을 생각해 본다. 오전에 보았던 용바위골 동쪽에 장송들이 많이 있는 계곡이 머릿속에 들어온다. 아무래도 거기에는 사람들이 자주 다닌 곳으로 생각되고, 장송이 많은 곳으로 보아 산주가 무서울 것 같기도 하다. 더구나 그 옆으로는 넓고 크게 자리 잡은 공동묘지가 있어 밤이 되면 도깨비불이 춤을 춘다고 한다. 도깨비불은 사람이 다가가도 잡히지 않는다고 한다. 게다가 그 불을 보는 자체만으로도 보는 사람이 불길하다고 한다. 으스스한 기분이 든다. 아무리 낮이라도 그 옆 적막감이 감도는 깊은 숲속으로 혼자 들어갈 기분이 내키지 않는다.

얼마 전 태규와 어붕골로 들어가 장두리골 능선 위에 올랐을 때 북쪽으로 얕고 평평한 계곡을 보았다. 잔솔도 많이 보였다. 그 곳이 오늘 오전에 본 계곡과 비슷하고 사람의 왕래가 드물어 땔나무가 좀 남아 있을 것 같다. 거기에 가고 싶다.

어붕골 초입을 지나고, 장군짜게돌 쪽으로 올라가는 갈림길을 지나, 옹달샘에 괭이를 담그고 시원한 물을 들이켜 목을 축인다. 장두리 능선을 향해 계속 올라가다가 능선을 조금 못 미쳐 그 옆 아래쪽으로 내려간다. 왼쪽으로 잔솔밭이 보이고 진달래꽃도 보인다.

잔솔밭으로 조금 내려갈 때 앞에서 무엇이 "후닥닥"하고 소리가 난다. 내가 늑대나 여우인가 싶어 움찔하면서 놀라 소리 나는 쪽을 본다. 몇 발자국 떨어진 옆에서 놀란 산토끼가 줄행랑을 친다. 능선 왼쪽 잔솔밭 속에서 남쪽 높은 곳을 향해 깡충깡충 뛴다. 순간적으로 일어난 일이라 아무런 손을 쓰지 못했다. 산토끼가 뒷발을 쭉쭉 뻗으며 뛸 때마다 차인 흙이 먼지를 일으킨다. 귀와 머리가 높아졌다 낮아졌다 하면서 깡충깡충 뛰는 모습이 귀엽다. 산토끼가 뛰며 점점 멀어져 간다. 나는 사라지는 산토끼를 멀거니 바라본다.

산토끼가 뛰어나간 자리를 찾아본다. 산비탈이 완만한 경사를 이룬다. 비탈 한 군데는 비바람에 흘러내리던 흙이 풀과 나무뿌리에 걸려 쌓였다. 그 밑에 있는 흙은 바람에 깎여서 옆으로 길게 파였다. 산토끼가 그 속에 들어가면 비를 맞지 않을 정도다. 그놈이 여기서 보금자리를 만들어 놓고 쉬거나 낮잠을 달게 자다가 내가 오는 기척에 놀라서 달아난 걸로 생각된다. 그 주변 계곡 쪽으로는 산토끼의 배설물이 흩어져 있다. 사람의 왕래가 드문 곳이라 산토끼가 자주 오는 곳이 틀림없다. 내일은 조심조심 살그머니 다가가서 산토끼가 낮잠을 자는지 보아야지. 그러면 나는 산토끼를 산 채로 안을 수도 있을 것 같다.

나는 그 자리에 지게를 받쳐놓고 소쿠리에 괭이를 담아 들고 진달래꽃을 훑어 먹으며 나무를 한다. 그런데 능선 위쪽 솔밭의 솔가리는 누군가가 일찍 초벌을 긁어가고 그 후 새로 떨어진 솔가리가 제법 많이 있다. 아래로 내려갈수록 아직까지 초벌도 긁어가지 않은 노란 솔가리가 고스란히 쌓여 있다. 내가 항상 원하며 보고 싶던 게 내 눈 앞에 현실로 나타났다. 내일부터 솔가리를 하러 와야지. 며칠 동안은 솔가리를 할 수 있을 만큼 많다. 마음이 들뜨면서 신이 난다. 토끼를 잡을 희망은 덤이다.

잔솔밭 가운데 얕은 계곡 쪽으로는 몇 포기의 칡넝쿨이 여러 갈래로 깔려 있다. 흙이 단단하지 않아 칡뿌리도 캘 수 있고, 넝쿨은 솔가리 짐을 동이는 데 쓸 수 있도록 길다. 괭이로 칡뿌리를 파다가 곁뿌리 하나만 캐고 원뿌리는 그대로 둔다. 나는 칡뿌리를 먹고 소쿠리를 들고, 솔가리가 얼마나 많이 있는지 확인하려고 잔솔밭 사이와 그 바깥까지 한 바퀴 돈다. 다닥다닥 붙어 있는 잔솔 밑에 고스란히 쌓여 있는 노란 솔가리를 볼 때 가슴이 벅차도록 감격이 차오른다.

잔솔밭 맨 아래 쪽과 어붕골 계곡 사이에는 너설로 된 벼랑이다. 사람이 다니기에는 매우 위험한 곳이다. 그래서 그런지 오래된 그루터기와 송린, 삭정이와 나무 조각이 많이 보인다. 볼수록 탐이 난다. 나는 보고만 있을 수 없다. 소쿠리조차 들고 내려가기 어려운 너설이라 소쿠리를 위에 둔다. 나는 괭이를 위의 나무에 걸어 붙잡거나 흙을 긁어 발 디딜 틈을 만들고 조심조심 너설 사이로 다니며 나무를 주워 위로 던진다. 위험하기는 하지만 그래도 금방 금방 아주 좋은 나무를 한 소쿠리씩 할 수 있다.

상당히 좋은 썩배기를 한 짐 가득 해서 어붕골을 나와 집으로 온다. 오는 내내 잔솔밭에 넓게 쌓여 있는 노란 솔가리가 눈앞에서 어른거린다. 칡뿌리와 진달래꽃도 눈에 선하고, 산토끼가 뛰는 모습도 새록새록 떠오른다. 어서 내일이 되어야 솔가리를 하러 갈텐데. 그건 내일 해가 동쪽에서 뜨기만 하면 확실하게 이루어질 희망이다. 내가 나무를 하면서 내일이 그렇게 기다려진 건 처음이다. 좋은 나무를 쉽게 하고, 칡뿌리도 캐서 먹고, 잘되면 토끼까지 손에 들어 올 수 있다.

다음날 아침 낫을 꽂은 지게를 지고 갈퀴를 들고 어붕골로 향한다. 거기에 무슨 보물이라도 두고 온 것처럼 마음은 벌써 어제 보았던 잔솔밭에 가 있다. 옹달샘에서 낫을 담가 놓고 시원한 물을 몇 모금 들이킨다. 계곡을 지나 오르막길을 지나 잔솔밭 근처까지 간다.

어제 산토끼가 있었던 자리에 그놈이 다시 와 잠들어 있을 수도 있다. 나는 멀리서부터 숨을 죽이고 갈퀴를 들고 덮칠 자세로 살금살금   다가간다. 가까이 가도 조용하다. 아마도 산토끼는 내가 가까이 가는 걸 모르는 것 같다. 끝까지 간다. 그래도 산토끼는 보이지 않는다. 아마도 어제 그놈이 크게 놀라서 오늘은 오지 않은 걸로 생각된다.

평평한 자리에 지게를 조용히 눕혀 놓고 지게꼬리를 펼친다. 조금 더 내려가서 칡넝쿨을 들어 자르려 하는 순간 "후닥닥"하는 소리에 나는 놀란다. 동시에 놀란 토끼도 잔솔밭 아래쪽에서 뛰기 시작한다. 어제 도망가던 길과 비슷한 쪽으로 뛴다. 깡충깡충 뛰는 모습도, 사라져 가는 모습도, 내가 무연히 바라보는 모습도 어제 그때 그대로다. 토끼가 어제 그 자리에서 잠을 잔 게 아니고 밑으로 내려와 식사를 하고 있었다. 내가 그걸 미리 알았다면 무슨 좋은 수가 생길 수도 있었을 텐데. 참으로 아쉽다.

지금 달아난 놈이 어제 그놈인지 아닌지는 표시를 해 놓지 않았지만 크기도 뛰는 모습도 비슷하고 도망가는 길까지도 비슷하다. 같은 놈이 틀림없다. 내가 어제 그놈을 놀라게 했는데 오늘은 내가 놈에게 도로 놀랐다. 내가 나무를 하려고 온 것이지 산토끼를 잡으려고 온 것도 아닌데 어쩐지 마음이 허전해진다. 마음속에서 또 무슨 생각이 나서 산토끼에 대한 생각을 떨쳐버릴 수가 없다. 산토끼를 잡을 궁리를 하다가 생각 끝에 혼자서 토끼몰이를 하는 묘한 방법이 떠오른다. 좋다. 바로 그거야. 내일 그렇게 한다면 산토끼는 꼼짝없이 내 손에 들어온다.

나는 솔가리를 하기 전에 칡넝쿨을 들어서 솔가리 짐을 동여맬 수 있는 길이만큼 두 개를 자른다. 그걸 가지고 지게가 있는 데로 와서 지게꼬리를 펴고 지겟가지 양쪽으로 나란히 깔아 놓는다. 다음에 솔가리 짐이 흩어지지 않도록 하기 위해 오리나무 가지를 좀 잘라 지겟가지 위에서부터 지게꼬리 쪽으로 좌우의 칡넝쿨에 걸쳐 깔아 놓는다.

갈퀴를 들고 잔솔밭 위쪽에서 낮은 쪽으로 솔가리를 그러모은다. 얕은 계곡으로 모은 솔가리는 금방 한 아름씩 된다. 그때마다 솔가리를 갈퀴로 쳐서 덩이를 만들고 그 앞과 뒤에 오리나무 가지를 붙여 들어서 지겟가지 위에 쌓는다. 그렇게 하기를 몇 번 되풀이해서 솔가리 짐이 점점 커져 한 짐 가득하다. 오리나무나 떡갈나무 등 잡목의 잎이 섞이지 않고 풀잎도 섞이지 않은 오직 소나무 잎으로만 된 솔가리다. 솔가리에서 솔솔 나는 솔잎 향기가 코

끝을 스친다. 나무를 하면서 이렇게 신나는 일은 처음이다.

지게꼬리로 솔가리를 묶고 양쪽은 칡넝쿨로 동여맨다. 다시 한 번 더 지게꼬리를 조여 맨 다음 뒤에서 짐을 들어 지게를 일으켜 세워서 갈퀴로 받쳐놓는다. 짐의 높이는 지게뿔보다 약간 올라가고, 좌우의 길이는 솔가리 동의 높이보다 더 길다. 솔가리의 동이 멋있어 보이고 내 몸보다 클 것 같다. 짐을 지고 갈 수 있을지 우선 한 번 져본다. 밀삐를 양 어깨에 걸고, 오른쪽 무릎을 꿇어 정강이를 땅에 붙이고 왼쪽 다리는 꾸부려 발로 땅을 밟는다. 오른쪽 손으로 갈퀴 자루의 가운데를 잡고 왼쪽 손으로 자루 끝의 갈퀴를 잡는다. 허리에 힘을 주는 동시에 왼쪽 발과 갈퀴 자루로 땅을 누르고, 오른쪽 다리를 펴며 일어선다. 솔가리가 말라서인지 짐이 생각만큼 무겁지 않다. 봄이라 바람도 심하게 불지 않으니 지고 갈 수 있을 성싶다. 지게를 내려서 다시 받쳐놓는다.

새순이 올라와 물을 잔뜩 머금은 송기가 먹음직스럽게 보인다. 곁가지를 낫으로 베어 겉껍질을 벗기고 이빨로 송기를 긁어 먹는다. 부드러운 속살은 달착지근한 맛을 내며 꿀꺽 넘어간다. 송기가 맛이 있어 몇 개를 더 베어 먹는다. 송기를 많이 먹으면 점심때가 되어도 시장기가 느껴지지 않는다.

세워놓은 지게를 지고 어붕골로 나온다. 솔가리를 한 짐 가득했으니 짐은 무거워 몸은 좀 힘들지만 마음은 오히려 가볍다. 자주자주 쉬면서 집으로 온다. 집에 와서 짐을 부려놓고 솔가리 동을 보니 대견스럽다는 생각이 든다. 솔가리의 양도 많아 보이고, 솔가리는 불땀도 좋아서 어쩌면 하루를 때고도 남을 것 같다.

조금 쉰 후 다시 산으로 간다. 오전에 지게를 놓았던 데보다 조금 아래쪽에 지게를 놓고 솔가리를 그러모은다. 금방 한 짐을 한다. 지게를 일으켜 세워놓고 진달래꽃을 훑어 먹고 송기를 몇 개 꺾어 먹는다. 오전에는 나무를 해놓고 송기로 점심을 먹었고, 지금은 새참을 먹는 셈이다. 일을 많이 했으니 자주 먹어야 한다. 솔가리를 지고 와서 오전에 부려놓은 솔가리 위에 포개서 짐을 부린다. 솔가리 두 동이 유난히 풍성해 보인다.

사흘째 되던 날 아침에도 그 산으로 간다. 어제 오전에 달아난 산토끼가 또 왔으리라. 오늘은 달아나도 몇 발도 못 가리라는 희망에 부풀어 발걸음이 가볍다. 그놈이 도망가던 길목에 지게를 내려놓고 멀리 던질 수 있는 작은 돌과 가까이 던져서 맞으면 잡을 수 있는 조금 큰 돌까지 주워 모은다. 놈이 도망 오면 덮칠 갈퀴도 옆에 놓는다.

어제 내가 생각해 놓은 방법으로 혼자서 토끼몰이를 하기 시작한다. 잔솔밭 위쪽에서부터 연달아 돌팔매질을 해서 조금씩 아래쪽으로 내리훑는다. 산토끼가 놀라면 위쪽에서는 돌이 계속해서 날아오니 올라갈 수 없다. 그렇다고 아래쪽으로 뛰자니 앞다리가 짧아서 잘 뛰지 못할 뿐 아니라 마지막은 절벽이라 갈 수 있는 곳도 못 된다. 그러면 놈이 늘 도망가던 길로 뛸 수밖에 없다. 그 길목에는 내가 갈퀴와 큰 돌을 준비해서 기다리고 있다. 그야말로 볶은 토끼다.

생각했던 대로 연속해서 돌을 던진다. 잔솔밭 끝까지 돌팔매질을 계속한다. 그래도 돌이 떨어지는 소리만 들릴 뿐 산속은 고요하고 토끼가 움직이는 기척도 없다. 내게 두 번 놀라 도망친 놈이 세 번까지는 오지 않았다. 놈이 한 번 더 왔더라면 오늘은 달아나는 길목에서 맞닥뜨려 산토끼를 내 손에 넣을 수도 있었을 터인데. 놈이 나의 꾀를 짐작했을까. 그 앙증맞은 놈이 나를 도로 놀렸다. 조금은 허전하고 섭섭하지만 놈이 제 발로 다시 오지 않는 데야 내가 무슨 수로 오도록 할 수도 없다. 결국 놈은 나를 실컷 조롱한 셈이다. 온갖 궁리를 하고 돌을 던지고 했지만 남은 게 없다. 그래도 며칠 동안 그놈을 잡을 수도 있다는 희망은 있었다. 그놈이야 엄청나게 운이 좋았지만 나는 순간의 즐거움이 모두 지나가 버린 것 같아 아쉬움이 남는다.

내가 산에 온 건 산토끼를 잡으려는 게 아니라 나무를 하려고 온 것이다. 나는 마음을 털어버리고 솔가리를 그러모은다. 한 짐을 해놓고는 송기를 꺾어서 긁어 먹고, 진달래꽃도 훑어 먹는다. 짐을 지고 집에 와서 부려놓고 오후에도 한 짐을 해 온다.

다음날에도 산으로 간다. 나머지 솔가리를 모두 그러모아 한 짐을 한다. 이제 남은 솔가리는 없다. 사냥을 한다는 희망과 솔가리가 많다고 좋아하던 즐거움이 머릿속을 맴돈다. 이런 재미를 오래오래 가지고 가고 싶다. 잔솔밭을 바라보니 노란 솔가리가 수북한 환영에 젖어든다. 다음은 또 어디로 가야 좋은 나무를 많이 만날까. 한동안 잊었던 걱정이 머릿속으로 슬며시 들어온다. 그래도 좋은 생각을 하면 다른 생각이 없어진다. 하다보면 좋은 나무를 또 많이 만날 수도 있겠지. 운이 좋으면 꿩알을 주울 수도 있고, 토끼를 잡을 수도 있겠지.

며칠 전에 괭이로 파놓았던 칡뿌리의 밑동을 낫으로 자른다. 껍질을 깎고 노두를 잘라내고 뿌리를 뜯어 씹는다. 쌉쌀한 맛이 향기와 달착지근한 맛으로 변한 국물이 목으로 넘어갈 때의 맛은 언제나 좋다.

 나는 산에서 보이는 걸로 먹을 수 있는 것이면 일단 먹고 본다. 뿌리를 캐고, 가지를 꺾고, 꽃잎을 훑어서 먹는다. 열을 가하지 않은 날것 그대로다. 잘근잘근 씹는 칡뿌리는 쌉쌀한 향이 입속을 화하게 채운다. 물을 잔뜩 머금은 송기를 긁어도 단물이 꿀꺽 넘어간다. 한 움큼씩 훑은 진달래꽃을 시간 가는 줄 모르고 씹어 삼킨다. 나는 왜 먹는 것에 이렇게 연연하는 걸까. 대자연 속에서 노니는 천진한 아이의 본능적 습성일까. 일상의 점심을 거른 아이가 허기진 배를 채우려고 밥 대신 밥 먹듯 하는 걸까. 그 둘이 절묘하게 아우러진 조화일까. 나는 아무 생각 없이 맛이 좋아 먹었다. 먹는 게 재밌고 즐거웠다.

 올해 봄 처음으로 푸나무를 하려고 지게를 지고 집을 나선다. 아직 푸나무가 충분히 자라지 않아서 어디로 가야 할지 망설여진다. 그러다가 자주 가보지 않은 손골로 가기로 한다.

 좁은 비탈길을 지나서 왼쪽 능선 가파른 길로 방향을 틀어 가쁜 숨을 몰아쉬며 올라간다. 능선 안부에서 한숨을 돌린다. 산이 사방을 에워싸 하늘만 보이고 사람이라곤 나 혼자뿐이라 적막감이 감돈다. 여우굴까지 간다. 묘 속으로 뚫려 있는 여우굴 옆길로 가까이 지나가면서 여느 때처럼 굴 입구를 슬쩍 본다. 맙소사 이게 무슨 날벼락인가. 굴 입구에 무엇이 얼씬한다. 나는 화들짝 놀라 발걸음을 멈칫한다. 굴 입구까지 나오도록 내밀었던 개의 앞발 같은 두 개의 발목이 쏜살같이 안으로 끌려들어간다. 약간의 먼지가 일어난 흙에는 날카로운 발톱에 긁힌 자국이 선명하게 남았다. 올것이 온 거다. 이건 내가 이미 예기하고 있던 일이다. 대비도 단단히 하고 있었다. 하지만 그게 지금 올 줄은 몰랐다. 생사를 넘나드는 긴박한 순간이다.

온몸이 두려움에 휩싸인다. 머리카락이 곤두서고 무서움이 온몸에 확 번지면서 피가 머리 쪽으로 밀고 올라오는 느낌이다. 너무 놀라서 비명을 지를 뻔했다. 아무도 없는 산에서 비명을 지른다고 해도 모두 허공으로 사라질 것이다. 갑자기 닥친 위기의 순간이라 정신이 혼미해지고 생각할 겨를이 없다. 불안과 공포, 그에 대한 최후의 발악으로 반항적 행동이 한꺼번에 나타난다. 신속한 행동이 필요하다. 이 순간에 믿을 수 있는 건 지겟작대기 뿐이다.

나는 엉겁결에 여우굴 앞으로 몇 발자국 다가선다. 두 손으로 지겟작대기를 움켜잡고 다리에 힘을 주어 땅을 단단히 밟은 공격 자세다. 머리로 생각할 틈이 없고 언제라도 내가 여우와 마주치면 살아남기 위해 대결한다는 생각이 몸에 녹아들어 순간적으로 나온 자세다. 놈이 나오려고 주둥이를 내밀기만 하면 작대기로 휘둘러쳐서 단박에 콧잔등과 눈두덩을 박살낼 각오다. 이어 등마루를 내려치면 까무러치고 너부러져서 다시는 내 앞에 나타나지 못하게 할 작정이다. 이렇게만 하면 두려움이 사라질 수도 있는 기회다. 나는 머리를 약간 숙여 굴 입구를 살짝 들여다본다. 내부가 어두워서 잘 보이지 않는다. 더 자세히 들여다보다가 여우의 번쩍거리는 눈과 마주치면 내가 겁을 더 먹을 것 같다. 이 상황에서 그놈이 스스로 나온다면 그건 나에 대한 공격의 시작이니 그땐 젖 먹은 힘까지 다 내어 후려 갈기겠다는 각오다. 그놈이 다시 나와서 요괴로 둔갑해서 내게 마법을 부릴 수도 있을 것이라는 생각에 휩싸인다. 신경이 곤두선다. 팽팽한 긴장감이 감돈다. 나는 공격 자세로 입구를 계속 지킨다.

그런데 놈이 나를 보고 덤비지 않고 숨는 건 대담하기보다 겁이 더 많아 금방 나올 것 같지는 않다는 생각도 든다. 그래도 내가 겁을 먹고 도망을 간다면 그놈이 다시 나와서 사나운 야생의 본능을 들어내거나 요괴로 돌변해서 마법을 부릴 수도 있다는 생각이 떠오른다. 시간이 계속 흐른다. 얼마나 기다려야 할지 도무지 알 수 없다. '이 교활한 놈아, 굴속에서 둔갑을 해서 무엇이 되든지 어서 나와서 내 작대기로 몽둥이찜질을 받아라.' 차라리 그놈이 굴 밖으로 어서 나오면 단박에 내려 갈겨 끝장을 내고 싶다. 하지만 내게 놀라 굴속으로 들어간 놈이 나오도록 마냥 기다리기만 할 수도 없는 노릇이다. 지루함이 느껴진다. 이 순간을 어떻게 해야 하나. 큰마음 먹고 작대기로 굴을 쑤셔버릴까. 굴속으로 돌을 던져버릴까. 굴의 입구를 돌로 막아 나오지 못하게 할까하는 생각이 머리를 스친다. 하지만 그러다가 놈이 반발하면 공연히 화를 더 부를 것 같아 몸이 움직이지 않는다. 그냥 물러서자니 그것도 불안하다. 그래도 방법이 없다. 나는 속으로는 겁이 잔뜩 나서 몸이 웅크러지면서도 겉으로는 겁먹은 티를 내지 않으려고 짐짓 태연한 척 허세를 부린다. 손으로 지겟작대기를 단단히 잡고 호흡을 가다듬으며 슬금슬금 뒤로 물러서 천천히 그리고 당당하게 능선을 따라 올라가기 시작한다. 긴장을 늦출 수 없어 신경을 곤두세워 귀를 기울인다. 뒤에서 무슨 소리라도 나기만 하면 휙 돌아서 작대기를 휘둘러 공격을 할 작정이다. 능선을 다 올라갈 때까지 아무런 기척이 없다.

나는 긴장한 상태에서 산마루까지 올라와서 장두리골을 내려다

본다. 그때 갑자기 계곡 쪽에서 후닥닥하는 소리가 크게 들린다. 여우가 나타나는 걸로 생각해서 또 한 번 흠칫 놀란다. 자라보고 놀란 가슴 솥뚜껑 보고 놀란 격이다. 자세히 보니 송아지만한 몸집에 머리는 좀 길쭉하고 귀는 쫑긋하게 솟은 놈이 건너 편 능선 쪽으로 풀쩍풀쩍 뛰고 있다. 사람의 기척에 놀라 도망을 가는 놈은 언젠가 태규와 같이 봤던 노루다. "야호! 야호!" 나는 소리를 계속 지른다. 놈이 멈칫 서서 잠시 두리번거리며 주변을 몇 번 살피고는 다시 능선 쪽으로 뛴다. 나는 여우보다 더 큰 놈을 다시 만났으니 하마터면 더 크게 놀랄 뻔했다. 태규가 노루를 알려 준 덕택이다. "야호! 야호!" 소리를 지르지만 노루는 서지 않고 계속 뛰어서 능선을 넘어 사라진다.

4부

꼬마 농부

4. 꼬마 농부

아버지는 객지로 다니며 목수 일을 하시다가 농번기에 집으로 잠시 돌아와 중요한 농사일만 챙기는 반농이다. 어머니는 장애로 농사일을 못하신다. 아버지와 어머니 대신에 내가 가정 내외의 일을 맡는다. 산에서 땔나무를 해 오는 일은 오로지 내 몫이고 농사일의 많은 부분도 내 손을 기다린다. 텃밭에서 곡식과 채소를 가꾸는 일뿐 아니라 흙담 안팎에 호박 심는 일까지도 내 손이 가야 한다. 나는 어리지만 맏이로 태어나 가장 아닌 가장 노릇을 한다.

봄이 깊어졌다. 아버지가 못자리를 준비하시려고 집에 오셔서 못자리를 할 논을 갈아 물을 잡으신다. 어머니와 같이 볍씨도 독에 담아 소금물에 담가 놓으신다. 볍씨를 소금물에 담그면 소독이 된다. 며칠 동안 소금물을 갈면 쭉정이는 떠오르고 볍씨에 싹이 튼다. 다른 집에서는 여름부터 퇴비를 만들어 가을에 보리를 심을 때 쓰고 남겨 두었다가 못자리에 쓴다. 소가 있는 집에서는 겨울 동안 외양간에서 많은 퇴비가 나와서 쓰는데 우리 집에는 그런 게 없다.

아버지는 다시 일하러 가시면서 내게 말씀하신다.

"못자리에는 쓴녀삼과 할미꽃 뿌리, 땅버들가지가 좋은 거름이 된다. 그걸 해다가 물을 잡아 놓은 못자리에 넣어 밟아 놓아라."

나는 못자리에 넣을 풀을 하려고 지게에 발채를 얹어 바지게를 차린다. 나는 소쿠리에 괭이와 낫을 담아 발채에 넣은 지게를 지고 작년 봄에 쓴너삼과 할미꽃이 많이 있던 둔치로 간다. 우리 논은 둔치에서 그리 멀지 않은 거리에 있다. 햇볕이 내리는 둔치에는 아지랑이가 아물거리고, 하늘에는 종달새가 높이 날아올라 넓은 둔치를 내려다보고 지저귄다. 종달새가 마치 둔치 어디쯤에 알을 낳아 놓고 나를 보면서 안달하는 것 같다. 자갈밭이 햇볕에 달아 이글거리던 자리, 미루나무 그늘에서 더위를 식히던 자리가 보인다. 작년 봄에 처음으로 지게를 지고 비수리를 하려 왔던 자리에 오니 그때 생각이 스쳐간다.

작년에 비수리를 벴던 자리에 새싹이 자란다. 작년에 내가 비수리에게 짓궂은 짓을 많이 했다는 생각이 난다. 작년엔 나 때문에 자라다가 베어져서, 잎도 꽃도 다 못 피고 열매도 못 맺었지. 올해는 잘 자라서 꽃 피고 열매 맺어도 베지 않으련다. 안심하고 잘 자라라. 나는 싸리나무를 하러 산으로 갈 테니까.

나는 드문드문 있는 쓴너삼을 베고, 땅버들 군락에서 연녹색 가지를 베어 바지게에 담는다. 할미꽃은 활짝 피어 꽃술이 깃털처럼 날 준비를 하는 것도 있고, 아직 꽃을 피우는 것도 있다. 자갈밭을 파서 할미꽃을 있는 대로 캐어도 생각만큼 많이 붙지 않는다. 찔레 순을 꺾어 먹으며 할미꽃을 캐어 한 짐을 해서 논으로 간다. 물을 잡아 놓은 논에 짐을 부려 뿌리고 흙에 풀이 묻히도록 밟는다. 찬물에 발이 시리고 발목도 저릿하다. 땅버들은 베인 가지라도 흙에 완전히 묻히지 않으면 살아나기 때문에 더 단단히 밟는다. 다음날부터 며칠 동안 할미꽃과 쓴너삼, 땅버들가지를 하루에 두 짐씩 해서 못자리를 할 자리에 고르게 뿌려서 밟는다. 아버지가 올해에 논을 소작으로 주지 않고 직접 농사를 지으려는 건 아마도 내게 농사일을 많이 맡길 작정일 성싶다.

외할머니와 김을 맸던 보리는 잘 자라서 포기마다 쑥쑥 자라 줄기 속에서 이삭이 배기 시작한다. 싱그러운 봄바람이 불면 들녘에서 보리가 물결처럼 일렁거린다. 어서 굵은 이삭이 패어 탈 없이 잘 영글어 주어야 할 텐데.

아버지가 못자리를 하려고 집에 오신다. 내가 풀을 베어 넣어 놓은 논에 써레질을 하여 고르신다. 다음에는 모판 사이에 새끼줄을 쳐놓으시고 그 사이의 흙으로 모판에 상토를 하고 거기에 볍씨를 뿌리신다. 못자리를 다 마치면서 아버지는 내게 또 말씀을 하신다.

"볍씨의 싹이 어느 정도 자라기 전에 못자리에 물이 없으면 참새들이 와서 볍씨를 먹어버린다. 그러니 모가 어느 정도 자랄 때까지 논에 자주 가서 물이 마르지 않도록 대어라. 그리고 볍씨가 조금 자라면 그때부터 피를 뽑아야 한다. 피의 싹과 벼의 싹은 모양이 아주 비슷해서 구별하기 어렵지만 자세히 보면 벼의 싹은 파란색인데 피의 싹은 그보다 조금 노란색을 띠고 있다. 논에 자주 가서 피를 가려 뽑아라."

나는 "예"라고 일단 대답을 한다. 낮에는 산에 가서 나무를 하고, 못자리에 물을 대는 건 이른 아침과 저녁 무렵에 논에 가서 할 수 있다. 하지만 벼의 싹과 피의 싹을 구별하는 건 아버지의 말씀만 듣고 그렇게 할 자신이 없다. 나는 어린 벼의 싹과 피의 싹을 구별해 본 적이 없는데 모양이 그렇게 비슷한 걸 과연 구별할 수 있을까. 다른 사람들로부터도 벼 싹과 피 싹을 구별하기 어렵다는 이야기를 들은 적이 있다. 그렇다고 피 뽑기를 하지 않을 수도 없다. 그 구별이 미심쩍어 마음이 무척 무겁다.

궁리를 하다가 기발한 생각이 불현듯 머릿속에 떠오른다. '옳거니, 알았다. 바로 그것이로구나.' 벼와 피는 싹에도 차이가 있겠지만 무엇보다도 근본적인 차이는 씨에서 비롯된다. 벼 싹은 볍씨에서 나고 피 싹은 피 씨에서 난다. 그렇다. 일찍부터 싹의 색깔에 약간의 차이라도 있는 걸 뽑아서 뿌리에 볍씨가 붙었는지 피 씨가 붙었는지를 보면, 확인을 할 수 있겠다. 나는 고민하던 벼 싹과 피 싹의 차이를 확인하는 방법을 스스로 찾은 게 대단한 걸 알아낸 것 같아 통쾌다.

산에는 신록이 짙어져간다. 나는 낫을 꽂은 지게를 지고 이산저산으로 다니며 푸나무를 한다. 푸나무감으로는 싸리나무가 으뜸이다. 싸리나무는 어떤 나무보다 가볍고 잘 마르고 말라도 잎이 거의 그대로 붙어 있다. 탈 때 연기도 나지 않고 불땀도 좋다. 또한 산주가 "땅벌"처럼 무섭지 않으면 싸리나무를 못하게 하지 않는다. 그러니 싸리나무는 싹둑싹둑 베어져서 크게 자라지 못한다. 어쩌다 사람의 손길이 닿지 않는 절벽이나 너설 또는 다른 나무들 사이에 혼자 숨어 있는 경우에 좀 큰 게 있을 뿐이다. 싸리나무는 내가 날마다 찾는 나무다. 나는 싸리나무를 생각만 해도 예쁘고, 그걸 만날 때마다 반갑다.

싸리나무 떨기에서 햇순을 벨 때는 조심해야 한다. 그루터기에 낫이 걸려 튀면 손가락을 베이기 때문이다. 나는 손가락을 베이면 싸리나무 껍질을 벗겨서 손가락을 감싸 매곤 한다. 손가락은 억새에도 베인다. 억새 잎은 바람에 날려 유연한 것 같으면서도 잎의 가장자리마다 잔 톱니가 붙어 있어 양날의 칼처럼 날카롭다. 억새 근처에서 이따금 나도 모르게 손이 무엇에 스치는 느낌이 들면 이미 면도날처럼 예리한 억새 잎이 손가락 속살을 깊숙이 지나간 긴 자국을 남겨놓는다. 조심스럽게 상처를 본다. 속살의 깊은 단면이 보인다. 내 자신의 속살을 내가 들여다 본다고 생각하면 더 끔찍하다. 곧 상처에서 붉은 피가 나오면서 쓰라리다. 억새는 보기만 해도 찌릿한 아픔을 느끼고 소름이 돋는다. 어른들은 장갑을 끼고 억새도 푸나무로 한다. 장갑이 없는 나는 억새를 푸나무로 벨 생각도 못한다. 그 근처에 있는 싸리나무를 베는 데도 손이 베어질 것 같아 몸이 웅그려진다.

싸리나무 다음으로는 진달래나무도 푸나무로 한다. 진달래나무는 싸리나무보다 좀 무겁고 오래 말리는 중에 잎이 떨어지기도 하고 불땀도 그보다 조금 못하다. 그래도 산주가 만류하지 않아 자주 베어가고 크게 자라지 못하여 남은 게 떨기인 건 싸리나무와 마찬가지다.

푸나무를 하러 갈 때마다 어디로 가야할지 늘 걱정거리다. 아직 푸나무가 충분히 자라지 않았기 때문이다. 어쩌다 좀 큰 싸리나무를 해서 짊어지고 오는 날에는 짐 옆으로 나온 긴 싸리나무 가지가 걸을 때마다 너울거리는 만큼 내 어깨도 덩달아 우쭐거리는 것 같다.

모가 어느 정도 자랄 때까지는 새벽이나 저녁 무렵 못자리에 물을 대기 위해 부지런히 다닌다. 벼 싹이 물 위로 올라올 때부터는 비가 오거나 올 것 같은 날에 못자리에 피를 뽑으려 간다. 비가 오는 날에는 짚으로 엮은 도롱이를 몸에 걸쳐 두르고 머리에는 삿

갓을 쓴다.

도롱이는 짚으로 엮어 만들어 사람의 몸에 닿는 안쪽은 조금 매끈하고 비를 막는 바깥쪽은 깃털처럼 붙은 짚이 아래로 향해 있다. 도롱이는 비를 막을 수 있을 뿐 아니라 몸을 매우 따뜻하게 한다. 하지만 비가 오는 날 맨발로 찬물에 들어가면 말목이 저릿하고 시리다.

벼 싹이 물 위로 약간 자랐을 때 위에서 바로 내려다보니 벼 싹과 피 싹이 구별이 전혀 되지 않는다. 그래서 머리를 더 숙여 이쪽저쪽으로 살핀다. 잎의 색깔이 조금 더 노란 듯하고 약간 투명해 보이는 게 있다. 그걸 씨가 떨어지지 않도록 조심조심 뽑아서 뿌리를 본다. 뿌리에 까맣고 동글하고 작은 피 씨가 붙어 있다. 피씨가 그렇게 반가울 수가 없다. 벼 싹과 피 싹을 첫 번째 구별에 성공한다. 두 번째, 세 번째도 성공이다. 나는 이제 피가 자라 피씨가 없더라도 피를 가려 뽑는 데 자신감이 생긴다. 피를 뽑을 때마다 재미가 쏠쏠하다.

못자리에 피를 뽑고 나서 돌아서 보면 피가 또 있다. 며칠 되지도 않아서 다시 피를 뽑으려 간다. 나는 작년까지 어느 도랑에서나 피가 무성하게 자라고 가을이면 커다란 피 이삭에 무수히 많은 열매를 맺는 걸 보았다. 못자리에 물을 대는 긴 도랑에서도 피는 해마다 많이 자랐을 것이다. 못자리에 물이 들어올 때마다 도랑에 떨어진 수많은 피 씨들이 계속 떠내려 왔으니 피가 많을 수밖에 없다. 피는 벼보다 생육이 강한 잡초라 벼와 같이 심어지면 벼에 피해가 크다. 또 피는 자라면 많은 씨를 퍼뜨려 다음 해에는 피해가 더 커진다. 피를 계속 뽑는 건 부지런해야 하고 힘들기는 하지만 피를 하나하나 뽑을 때마다 벼가 불어나는 일 같아서 가슴이 뿌듯하다.

나는 도롱이를 두르고 삿갓을 썼으니 멀리서 보면 영락없는 농부의 모습으로 보일 것이다. 하지만 들녘을 사방으로 둘러봐도 나만큼 어린 것이 농사일을 하는 사람은 없다. 나의 이런 모습을 가까이서 보는 사람이 있다면 기특해 할까, 측은해 할까. 나는 농사일에 약간의 자부심을 가지고 있다고 할지라도 그건 내 마음속에서 그럴 뿐이고, 어쩐지 이런 내 모습을 남에게 보여주고 싶지 않다.

봄비가 내리는 날 나는 피를 뽑다가 문득 태규 생각이 난다. 우리 집은 논이 적으니까 벼가 잘 됐으면 하는 생각이 더 간절하고 곱장리도 갚아야 한다. 하지만 태규네 집에는 벼 수확을 하면 마당에 짚으로 엮은 커다란 뒤주를 만든다. 높이는 어른의 키만큼이나 되고 둘레는 어른들 여럿이 팔을 펴야 닿을 것이다. 그런 뒤주는 피로 인한 손실이 좀 있다고 하더라도 크기는 똑같다. 나는 커다란 뒤주가 부럽다.

들녘에서 파랗던 보리이삭들이 누런빛으로 익어간다. 나는 피를 뽑으려 논으로 갈 때마다 우리 논의 보리가 얼마나 잘 익어가고 있는지 살핀다. 우리 보리도 다른 집 보리와 같이 탐스럽게 익었다. 피를 뽑고 집으로 오자 어머니가 말씀하신다.

"우리 보리도 다른 집 보리만큼 익었으면 내일은 잘 익은 쪽부터 한 짐 베어 오너라."

"예, 우리 보리도 다른 집 보리만큼 익었어요."

다음날 아침 일찍 나는 논으로 가서 보리를 한 짐 벤다. 논에서 보리를 베면서 벤 자리를 자꾸 본다. 벤 자리가 생각보다 넓어 보인다. 남은 보리가 그만큼 줄어든다. 나는 보리를 지고 집으로 온다. 어머니는 마당에 멍석을 깔고 그 위에 내가 베어 온 보리를 한 단씩 놓고 두 발로 보리이삭을 비벼서 낟알을 떨구신다. 보리를 멍석에 얇게 널어 며칠 동안 부지런히 뒤집으며 햇볕에 말리신다.

말린 보리는 이웃집으로 가서 디딜방아로 찧는다. 어머니는 다리가 아프고 동생도 업었으니 내가 방아를 찧으려고 방아다리를 밟아본다. 방아는 꿈쩍도 하지 않는다. 작대기로 방앗간 천장을 미니까 움직이기는 하지만 오래 버티기는 어렵다. 내가 지게는 잘 지니 바지게에 자갈을 한 짐 담아 짊어지고 찧으면 될 것 같다. 하지만 볼썽사나울 것 같아 차마 그렇게까지 할 수도 없다. 어쩔 수 없이 어머니가 보리에 물을 조금 쳐서 동생을 업은 채 방아 밟기를 하신다. 나는 쇠로 된 방아공이가 내리 찧을 때 방아확에서 튀어나오는 보리를 빗자루로 다시 쓸어 담는다. 보리를 어느 정도 찧어서 겉껍질이 벗겨졌을 때 어머니는 키질을 해 겉겨를 골라서 모아두신다. 겉껍질이 벗겨진 보리를 방아확에 넣고 다시 찧으신다. 그걸 또 키질을 해서 속겨를 따로 모으신다. 이렇게 곱삶이 보리쌀이 찧어진다. 그때부터 수확하는 보리는 어머니와 내가 디딜방아로 지겹도록 찧는다. 옆 동네에 정미소가 있어 내가 거기까지 짊어지고 가면 되지만 양이 너무 작고, 방앗삯도 내야 하기 때문에 그걸 아끼는 방법이다.

보릿고개는 태산보다 높다는 말이 있는데 그래도 다른 사람들은 그 정상에 오르면 햇보리를 먹게 되고 보릿고개를 넘게 된다. 하지만 우리 집은 보리를 수확해도 양식이 부족하기 때문에 햇보리를 먹기 시작한다고 해서 고개를 다 넘는 게 아니다. 우리만 넘어야 할 고개는 높고 멀어 끝이 보이지 않는다. 일만 열심히 하면 배불리 먹을 수 있는 세상에 산다면 얼마나 좋을까.

보리쌀만으로 식량이 부족해서 보리의 속겨도 먹는다. 어머니는 보릿겨로 반죽을 해서 얄팍하고 둥글넓적하게 만들어 보리밥을 할 때 얹어서 찌신다. 어머니는 반죽을 할 때 개떡이 딱딱하게 굳지 않고 부풀게 하려고 소다를 넣으신다. 또 단맛을 내려고 사카린을 넣기도 하신다. 이렇게 정성을 들여 만든 개떡은 과연 먹을 만할까? 개떡은 이름만 떡이지 개떡 맛은 역시 개떡 같다. 오죽하면 맛이 없거나 마음에 들지 않는 걸 빗대어 "개떡 같다."고 할까.

농번기가 됐다. 이때는 보리 베기와 모내기가 겹쳐서 농촌에 일손이 모두 동원되는 바쁜 시기다. 아버지도 농사일을 하시려고 집으로 오신다. 우선 논에서 누렇게 익은 보리부터 베어낸다. 나도 아버지를 따라 논에서 보리를 베고 타작하기에 적당한 양만큼씩 다발을 지어 짚으로 묶는다. 논에서 베어낸 보릿단을 지게에 지고 집으로 날라 가리를 만든다. 보리 수염 까끄라기가 땀에 섞여 얼굴과 목에 붙어 깔끄럽다. 까끄라기를 물로 씻어내도 그 자리는 자꾸 귀찮게 까치작거린다.

보리를 베어낸 논에 모내기 준비를 한다. 다른 집에서 모내기를 할 때는 대부분 품앗이를 해서 순번으로 돌아가며 한다. 하지만 우리 집에서는 아버지가 멀리 나다녀서 품앗이도 할 수 없다. 품삯을 주고 일꾼을 사는 것도 어려워 여자 한 사람을 구했다. 모내기를 할 사람은 아버지와 나 그리고 놉 한 사람으로 모두 세 사람이다. 아버지는 모내기를 하기 이틀 전부터 소를 빌려서 논을 갈아 물을 잡고, 써레질을 해서 논을 고르신다. 나는 먼저 애벌 논둑을 만든다. 물을 잡은 논바닥에서 그러모은 애벌 논둑의 흙은 물러서 높게 쌓이지 않고 넓게 퍼진다. 논 전체에 애벌 논둑을 만드는 걸 마치면 맨 처음 만들었던 애벌 논둑은 물이 좀 빠져서 구덕구덕해진다. 나는 다시 삽으로 흙을 더 걷어 올려 논둑을 완성한다.

내가 못자리에서 모를 찐다. 내일 아버지가 논에 써레질을 마치시기 전에 모를 다 쪄야 못자리에도 써레질을 할 수 있다. 나는 아버지가 가르쳐 주신 자세로 오른쪽 다리를 굽혀서 정강이를 못자리판에 대고 왼쪽 다리는 새우고 넓적다리를 가슴에 붙인다. 오른쪽 손으로 모를 쪄서 왼쪽 손에 옮겨 모아 다발을 지어 한 춤씩 짚으로 묶는다.

무논에는 거머리가 피 냄새를 맡으며 굼실굼실 유영하는 게 자주 보인다. 나는 모를 찌다가 유영하는 거머리를 보거나 다리가 따끔하여 아픈 데를 보면 거머리가 붙어 있곤 한다. 거머리는 내가 산에서 나무를 하다가 상처가 생긴 데를 용하게 찾아서 빨판을 착 붙이고 피를 빨고 있다. 놈은 이미 피를 잔뜩 빨아 몸 전체가 막대풍선 모양으로 부풀었다. 나는 거머리가 징그러워 만질 수 없다. 손으로 놈을 힘껏 치면 떨어진다. 거머리가 떨어진 다리의 상처에서 피가 주르르 흐른다. 거머리는 언제 왔는지 피가 마르기도 전에 그 자리에 또 붙어 있다.

나는 모를 찌는 걸 쉽게 생각하고 덤벼들었다. 그런데 모를 얼마 찌지도 않았는데 허리가 아프기 시작한다. 참고 더 찌다가 허리를 좀 펴려고 겨우 일어섰으나 허리가 끊어질 듯 아프고 다리에는 아직도 피가 주르르 흐른다. 그래도 고통을 참고 정신력으로 버티며 모를 계속해서 찐다. 어른들은 허리가 이렇게 아픈 일을 어떻게 할까. 어른들은 막걸리를 한 사발 들이키면 얼큰해서 허리에 통증이 다 가실까. 내가 어른이 되어도 허리가 이렇게 아프다면 나는 과연 이런 일을 할 수 있을까. 지금 아픈 것도 견디기 어렵지만 앞으로의 삶의 무게가 나를 더 짓누르는 것 같다.

아버지가 논을 갈고 써레질을 끝내시기 전에 내가 모를 모두 쪄야 못자리에도 써레질을 할 수 있다. 그렇게 되지 않으면 소를 하루 더 빌려야 한다. 마음이 안달한다. 나는 모를 찌는 걸 내가 혼자 아버지의 일에 맞추어야 하는 걸로 생각하고 애를 썼지만 그 예상이 보기 좋게 빗나간다. 오후 늦게 아버지는 나와 같이 모를 찌시고 다음날 아침에도 모를 쪄서 전체 일을 맞추신다. 내가 짐작을 잘못해서 내 몸은 파김치가 되고 마음은 조급했다. 아버지가 모를 쪄 주시는 게 그렇게 반가울 수 없다.

여러 사람이 모여 모내기를 할 때는 못줄을 대는 사람이 따로 있어 한 줄 한 줄 심을 때마다 못줄을 옮겨서 심는다. 하지만 우리 집은 세 사람이 모를 심고 못줄만 대는 사람이 따로 없다. 양쪽 논두렁 쪽에 있는 사람은 못줄을 옮긴 다음 논두렁 쪽에서 가운데 쪽으로 모를 심어 가면 가운데 사람과 만난다. 거기서 앞에 심어 놓은 포기에 눈어림으로 맞추어서 논두렁 쪽으로 심어 나오면 못줄 말뚝에 이른다. 이때 양쪽에서 못줄을 옮긴다. 못줄을 한 번 옮겨서 두 줄을 심는다.

나는 모를 내는데 허리가 무척 아프다. 내 허리는 어떻게 되어 이렇게 아플까. 내 허리에 무슨 큰 병이라도 있는 게 아닌지 은근히 걱정이 된다. 농사일 중에서 내가 제대로 할 수 있는 일은 풀을 베어 못자리에 넣는 일과 못자리에 물을 대고 피를 뽑는 일, 물을 잡은 논에 논둑을 만드는 일밖에 할 수 없다.

들녘에서 모내기하는 사람들이 많이 보인다. 어느 쪽에서 "어~이"하는 소리가 들리면 그 맞은편 논두렁에서 곧 "어~이"하는 소리가 들린다. 그 소리는 그쪽에서 못줄을 옮길 때가 됐다는 소리다. 양쪽에서 모두 그 소리가 나면 못줄을 옮긴다. 못줄을 대는 사람들은 나보다 훨씬 더 큰 아이들이고, 노인들도 가끔 보인다. 내가 온전한 농부의 아들이었다면 모내기는 하지 않고 구경만 했을 거다. 그랬으면 어린 내가 이렇게 허리가 아프지 않았을 걸.

여러 사람이 모여 같이 모내기를 하는 논에서 농요를 부른다. 농요가락에 흥이 실려 들녘으로 울려 퍼진다. 한 사람이 사설을 선창으로 부르면 여러 사람이 후렴을 합창한다.

"청사초롱 불 밝혀라. 쾌지나칭칭 나내.

잊었던 낭군이 다시 온다. 쾌지나칭칭 나내.

공수래공수거 하니. 쾌지나칭칭 나내.

아니나 놀지는 못하리라. 쾌지나칭칭 나내.

벌 나비는 이리저리 훨훨. 쾌지나칭칭 나내.

꽃을 찾아서 날아든다. 쾌지나칭칭 나내. "

선창은 무슨 소리인지 알기 어려울 때도 있으나 후렴은 늘 같은 소리다. 노래를 하는 사람들이 흥이 나는 것 같고 듣는 나도 흥이 절로 난다. 여럿이 모여 모를 내는 사람들은 노래를 같이 부르면 신이 나서 일이 힘든 걸 조금은 잊을 수 있을 것이다. 그리고 저 집 주인도 즐거움을 느낄 것이고 넓은 논에서 가을에 많은 수확을 하면 결실의 기쁨이 가득할 것이다.

점심때가 되기 전에 모를 심던 사람들이 논가에 모여 새참을 먹는다. 우리도 어머니가 가지고 온 새참으로 국수를 먹는다. 지나가는 낯선 사람에게도 같이 먹자고 권한다. 정겨운 농촌 인심이 들녘까지 넘친다. 아낙네들이 머리에 수건을 덮어 쓰고 함지박이나 대야를 이고 좁은 논두렁길을 분주하게 오간다. 얼른 가서 또 점심을 준비해서 왔다가 오후에도 새참을 가지고 와야 하기 때문이다.

모를 잘 심는 사람은 한 사람이 하루에 한 마지기를 심을 수 있는데 우리는 그런 솜씨가 없어 세 사람이 세 마지기를 이틀 동안 심기에도 바쁘다. 모내기를 마치니 마음이 시원하면서도 해마다 허리가 아파야 할 생각을 떨쳐버릴 수 없다.

날씨가 맑은 날 보리타작을 한다. 아버지는 개상을 만드신다. 마당에 버팀목과 돌을 놓으시고 그 위에 넓적한 돌을 비스듬히 기대어 놓으신다. 그러는 동안에 어머니와 나는 개상 옆으로 보릿단을 날라 가리를 만든다. 아버지는 단단한 새끼줄을 만들어 보릿단을 감아서 둘러메고 개상에 내리치신다. 보리 낟알이 좌르르 떨어진다. 새끼줄을 굴러서 보릿단의 면을 바꿔 가면서 태질을 하신다. 낟알이 대부분 떨어진다. 아버지는 비지땀을 뻘뻘 흘리시며 보릿단에서 낟알이 보이지 않을 때까지 계속해서 한 단씩 태질을 하신다.

태질을 할 때 낟알로 떨어지지 않고 이삭 째로 떨어진 것도 더러 있고, 보리 베기를 할 때 이삭이 구부러져서 보릿단 속으로 들어가 있는 것도 있다. 어머니는 태질을 한 보릿단을 풀어 마당에 펼치시고 이삭 째로 개상 앞에 떨어진 것도 갈퀴로 그러내신다. 나는 도리깨질을 해서 그런 이삭들을 마저 떤다. 어머니는 보리 낟알을 모두 떨어낸 보릿짚은 별도로 모으신다.

보릿짚은 좋은 퇴비가 된다. 다른 집에서는 풀을 베어 보릿짚에 섞거나, 외양간에서 나온 퇴비를 같이 섞고, 냇가에 쌓인 보드라운 토사를 가져다가 섞어서 퇴비를 만든다. 하지만 우리 집에서는 보릿짚 외에는 퇴비에 보탤 게 거의 없다. 푸나무가 부족하면 보릿짚 마저 땔감으로 써야 한다. 그래서 우리 집에서는 적은 보릿짚마저 퇴비로 쓸 수 있는 건 더 적다. 푸나무를 땔 때 나오는 재가 좋은 퇴비의 한 몫을 하지만 그것도 많지 않다.

어머니는 바람이 부는 앞길에 멍석을 깔고 탈곡한 보리를 바가지에 담아 바람에 드리는 알곡 가리기를 하신다. 그러면 알곡은 무거워서 바로 멍석으로 떨어지고, 가벼운 까끄라기와 쭉정이, 보릿짚 조각과 먼지는 가벼워서 바람에 날려 멀리 떨어진다. 알곡은 가마니에 담고, 까끄라기는 여름에 모깃불을 피울 때 쓰도록 퇴비장 옆에 놓는다.

보리타작을 한 다음에 밀을 타작한다. 밀은 보리보다 훨씬 적지만 타작을 하는 방법이나 절차는 보리타작과 같다. 보리타작을 하는 동안 까끄라기가 얼굴과 목에 붙고 옷 속까지 들어가 땀과 범벅이 된다.

보리타작을 마쳐도 개떡 생각은 남아 있다. 맛이 없는 개떡을 얼마나 더 먹어야 할 것인가. 나는 이미 그걸 먹는 데 물렸다. 그래도 나는 개떡을 배고플 때 먹는 보약으로 생각하고 억지로 먹는다. 개떡을 면하려면 그걸 많이 먹고 아버지가 번 돈을 잘 모아서 논밭을 늘려야 하고, 집도 단칸방이니 늘려 지어야 한다.

밀은 디딜방아로 빻아서 국수를 만들거나 수제비를 만들어 먹는다. 그것도 밀기울이 섞인 불그무레한 가루와 하얗게 고운 속가루를 따로 하지 않고 한데 섞인 통밀가루가 되어 불그스름하게 된다. 그러면 한 번도 맛이 있는 걸 먹어 볼 수 없다.

또 얼마만큼의 밀은 좀 거칠게 빻아서 누룩을 만든다. 농촌에서는 농사일을 할 때 농주를 먹고 힘든 몸을 취기로 달랜다. 모내기를 하고 논을 매거나, 벼 베기를 하고 벼 타작을 하거나, 보리 베기를 하고 보리 타작을 할 때 누룩으로 직접 술을 빚어서 먹는다. 농촌에서는 그때마다 양조장에 가서 막걸리를 사 와서 먹는 건 돈이 많이 들어 매우 어려운 일이다. 그러니 집집마다 누룩을 만들고, 농사철에는 밀주로 막걸리를 빚어 먹는다. 막걸리를 만들 때는 먼저 솥에서 쌀을 쪄서 만든 술밥에 누룩 가루를 고루 버무려 독에 담는다. 그리고 알맞게 물을 부어 술을 앉히고, 이불이나 천으로 독을 덮어 아랫목에 둔다. 시간이 지나면서 독 안에서 보글보글 거품을 내며 술이 익는다. 익은 술을 체로 걸러 국물을 받으면 하얀 막걸리가 된다. 이를 '밀주'라고도 하는데 나는 그 말을 밀로 만든 술이라는 뜻인 줄 안다. 체에 남은 술찌끼를 내가 먹어 보기도 한다. 그러면 어리바리해져 많이 먹지 못한다.

때때로 세무서에서 밀주 조사원들이 오면, 온 동네가 들썩거리며 입소문이 금방 퍼진다. "누구네 집은 누룩을 들켰단다"며 사람들은 "쯧쯧" 혀를 차며 안타까워하고, "누구네 집은 술독을 들고 대숲 속으로 숨었단다"며 불안해서 수군거린다. 밀주를 들키면 "그 집 아이들의 호적에 주홍글씨가 쓰인다"는 말도 돈다. 동네는 난리가 난 것처럼 집집마다 겁이 나서 누룩과 술독을 숨긴다. 조사원들이 떠났다는 소리를 들을 때까지 사람들은 두려움에 떤다.

밀주 조사원들이 동네에 왔다는 말을 들으면 나도 덩달아 가슴이 두근거린다. 나는 조사원들이 동네를 떠났다는 소리를 들으면 한시름 놓기는 하지만 그래도 무슨 죄인 같은 생각이 든다. 실제로는 모두가 똑같은데 재수 없으면 들키고 벌을 받는다. 농촌에 사는 사람들은 비록 조사에 들키지 않았다고 하더라도 잡히면 모두 벌을 받을 아슬아슬한 외줄 타기를 하며 사는 것 같다.

나는 내 나름의 양심이 허용하는 순리대로 살려고 하고, 그렇게 하면 죄를 짓지 않고 마음 편히 살 수 있을 걸로 생각했다. 하지만 밀주 조사를 경험하면서 깊은 고민과 혼란의 소용돌이 속으로 빠진다. 지금까지 내가 착각을 하고 있었다는 생각이다. 농촌에서 열심히 일하면서 힘들 때 막걸리 한 사발 들이켜서 지친 몸을 취기로 달래는 게 왜 그렇게 큰 죄가 될까. 큰 부자라면 막걸리가 필요할 때마다 일일이 양조장에 가서 사 올 수도 있겠지만 그런 부자가 된다는 게 그렇게 쉬운 일도 아니다.

무엇이 선이고, 무엇이 악인가. 선악의 구별이 모호하다. 밀주 조사원이 우리 집에 왔다면 나는 누룩이 없다고 해야 하는가, 숨겨놓았다고 해야 하는가. 어느 것이 옳고 그른지 생각할 것도 없다. 내게 이익이 되는 것부터 하면 된다. 벌을 받지 않는 사람은 약삭빠르게 잘 숨기고 시치미를 잘 뗀 사람이다. 벌을 받는 사람은 잘 숨기지 못한 사람이다. 죄를 짓지 않을게 아니라 잘 숨겨야 한다. 그리고 얼굴에는 두꺼운 가면을 쓰고, 영혼일랑 작은 속삭임도 내지 못하게 가슴속 깊숙이 가라앉아 숨어 있도록 모셔 두어야 한다. 영혼이 슬며시 고개를 내밀지 않도록 가슴속에서 서걱거려야 한다. "세상은 그다지 정의롭지도 않고, 공정하지도 못합니다. 가난하면 올곧게 살기 어렵고, 범죄를 일으키고 정신도 황폐하게 됩니다. 사람에게 영혼이 있어도 될 때가 오면 제가 나오라고 할 테니 그때까지 숨죽여서 모른 채 하며 밖으로 나오지 말고 계십시오. 그래도 본성만은 잃지 말고 계서야 합니다. 영혼이 시키는 대로 정직하면 바보가 되고 벌을 받습니다"라고 말이다.

또 조사원들이 마음만 먹으면 언제든지 죄를 숨기기 전에 누구라도 잡을 수 있을 것 같다. 법을 지키지 않은 사람들은 농촌에 사는 가난한 사람들이다. 모두가 죄인으로 벌을 받을 위험을 안고 산다. 가난하면 밀주를 빚어 먹으며 농사를 지어야 하고, 남의 산에 가서 땔나무도 해야 한다. 이걸 못하게 하는 건 가난한 자는 먹지도 말라는 것과 다를 게 없다.

아버지는 타작을 마치고 일하러 가시기 전에 내게 말씀하신다.

"논에 심어 놓은 벼가 잘못 심어져서 물에 뜨는 게 있다. 논에 가서 잘 살펴보고 바로 심어라. 또 바람이 불면 물에 떠 있던 검불이 논의 한쪽으로 몰리게 되는데 그러면 거기에는 물이 차가워서 벼가 잘 자라지 못하니 그것도 건져 내어라."

타작을 마친 다음날 나는 논으로 간다. 논두렁 쪽에는 심다가 남은 모가 군데군데 한 줌씩 뿌리가 물에 잠겨 있다. 나는 그 모를 왼쪽 손에 들고 논에 들어가 차례차례 다니면서 심어져 있는 벼를 살핀다. 물에 뜬 건 다시 심고, 한 포기에 너무 여러 개가 심어진 건 떼어 내고, 너무 적은 건 몇 개를 붙여 심는다.

벼 포기가 완전히 물속에 잠겨 있거나 떠 있는 건 뿌리 쪽으로 흙을 모아 다시 심는다. 다른 집에서 모내기를 할 때는 한 사람이 써레질을 해 나가고 흙이 가라앉아 다져지기 전에 뒤따라서 모를 내는 게 보통이다 그러면 흙이 물러서 모내기를 하기 좋고 모를 심는 사람의 발자국도 금방 메워져 좋다. 하지만 우리는 품삯을 아끼려고 모내기를 하기 하루 전에 써레질을 해 놓고 모를 심었다. 그러니 그 동안 흙이 굳어져서 모를 심기도 어려웠고, 모내기 할 때 생긴 발자국도 그대로 있어 거기에 심은 모는 물에 잠기거나 떴다. 나는 잘못 심어진 모를 모두 바로 심은 다음 논 한쪽으로 바람에 밀려 온 검불도 많이 걷어낸다. 주로 보릿짚 조각이 많다. 아버지 말씀대로 검불 밑에 있던 물은 더 차다.

다음날 나는 어머니와 같이 논두렁에 콩을 심으려 논으로 간다. 어제 검불을 걷어낸 자리에 또 검불이 몰려 있다. 우선 그것부터 걷어 낸다. 다음에 나는 지겟작대기로 논두렁에 적당한 간격으로 얕은 구멍을 내고 어머니는 콩을 심으신다. 논배미가 아홉 개여서 콩을 심는 데 시간은 걸리지만 그만큼 콩은 많이 심어진다.

나는 지게를 지고 산으로 가며 들길을 지나간다. 길섶으로 보이는 벼들이 자라는 걸 본다. 농번기가 한고비를 넘기면서 들녘에는 모내기가 대부분 끝났다. 보리를 심지 않아서 일찍 모내기를 한 논에서는 누르스름하던 벼가 뿌리를 내리고 새끼를 쳐서 자란다. 벼가 싱싱한 초록색으로 잘 어울려 물밑이 어둑하다. 크게 자라는 벼가 바람에 일렁거리는 모습이 평화롭다. 올해는 비가 적당하게 와서 논에 물도 많다.

나는 혼자서 어붕골로 들어가서 장군짜게돌이 있는 능선을 따라 올라가 장두리골이 보이는 데까지 간다. 녹음이 우거진 산을 스쳐 부는 바람이 싱그럽다. 여름 햇볕을 받은 나뭇잎들이 바람에 너울거린다. 푸나무가 많아서 한시름 놓는다. 아직 농번기가 다 지나지 않아서 새로 자란 나무들이 사람의 손을 타지 않아 그대로 자라고 있다.

나는 싸리나무만 골라 벤다. 나무를 하면서 살피면 잔대가 더러 눈에 띈다. 잔대는 잎과 뿌리의 모양이나 크기가 도라지와 비슷한 데 그 뿌리를 캐서 껍질을 벗기고 잘근잘근 씹어 먹으면 단 듯하며 쌉쌀한 맛이 난다. 맛이 좋기보다 먹을 수 있고 먹는 게 좋아서 먹는다. 봄에 먹는 송기도 칡뿌리도 이제는 먹을 수 없고, 진달래꽃도 다 떨어졌다.

싸리나무를 한 짐 해서 오다가 산언저리에 쉬면서 솜양지 꽃 뿌리를 캐 먹는다. 솜양지는 모양이나 크기가 냉이를 닮았으나 잎의 뒷면이 더 뽀얗고 솜 같은 털이 뽀송뽀송 난다. 뿌리는 작지만 맛은 아주 달콤하다. 봄이 되면 산언저리 잔디밭에는 솜양지가 지천으로 있어서 시간만 있으면 언제든지 여러 개를 캐 먹을 수 있다.

용바위골 초입에서 조금 들어가면 오른쪽 기슭에 산딸기가 조금 있다. 빨갛게 익은 산딸기를 골라서 따먹으면 새콤달콤한 맛이 난다. 설익은 건 다음에 따기 위해 남겨둔다. 동네 아이들은 소를 몰고 용바위골로 들어와서 고삐를 뿔에 칭칭 감아 소가 풀을 뜯도록 놓아둔다. 아이들은 냇가에서 어울려 놀거나 꼴을 한 망태씩 벤다. 해가 서산으로 기울면 계곡에 깊은 그늘이 드리워진다. 아이들은 각자의 소를 찾아 뿔에 감은 고삐를 풀어 소를 몰고 망태를 메고 집으로 온다. 나는 용바위골 안에서 혼자 푸나무를 해서 아이들과 같이 집으로 오곤 한다.

나는 집으로 올 때 아이들과 어울릴 수 있는 즐거운 시간이다. 나는 그러던 어느 날 그들끼리 "너 학교에 가서 보자"라고 하는 말을 듣는다. 그전에도 같은 말을 들은 적이 있다. 나는 낮에 아이들에게 무슨 일이 있었는지 모르지만 이상하다. 싸울 일이 있으면 그 일이 생겼을 때에 싸우든지 화해를 하든지 해서 해결해야 할 일이지, 그걸 미루어서 굳이 학교에까지 가서 싸우려고 할까. 학교는 공부하는 장소인데 거기에도 싸움하기 좋은 곳이 있는가. 학교에서는 아무데서나 항상 싸움이 일어나고 있는가. 나는 학교에 다니는 아이들은 항상 싸움을 하니 싸움도 아주 잘하겠다는 생각이 든다.

여름이 되면 나는 더 바빠진다. 아침 일찍부터 논에 가서 물을 보고 물꼬를 트거나 막는다. 논둑에 잡초가 자라면 여러 번 베고, 논에서 피도 뽑는다. 논바닥에 잡초가 자라면 아버지와 같이 논을 맨다. 아버지는 밀짚모자를 쓰지만 나는 맨머리로 논을 매면 벼 잎에 쓸린 목덜미가 우툴두툴 부어오르고 생채기가 생겨 쓰라림이 며칠씩 간다.

벼농사를 지으려면 뱀이 무섭다. 논둑에 잡초를 베다가 앞에서 갑자기 '쇄'하면서 무엇이 꿈틀거리는 소리에 깜짝 놀란다. 섬뜩해서 등골이 오싹해지면서 뒷걸음을 친다. 손을 뱀에 물릴뻔할 때도 있다. 징그럽게 생긴 뱀이 내게 놀랐는지 똬리를 풀고 논바닥으로 빠르게 들어간다. 나는 뱀을 볼 때마다 놀란다. 산에서 혀를 날름거리고 있는 뱀을 갑자기 마주칠 때도 두근거리는 가슴을 쓸어내린다. 논에서도 뱀을 자주 보면, 논 어디에 뱀이 또 있을 것 같아 놀란 가슴이 진정되지 않는다. 논으로 들어간 놈이 어디에서 또다시 나타날지도 모를 일이다. 논둑으로 다니는 것도 겁이 난다. 논을 맬 때도 벼 포기에 걸쳐 지나가는 뱀을 본다. 이번에는 다행히 이렇게 피했지만 언제 또 뱀을 맞닥뜨려 물릴 것 같아 겁이 난다.

뱀은 왜 이렇게 자주 보이는지 볼 때마다 무서워 가슴이 철렁하며 소름이 끼친다.

비가 오지 않는 날이면 나는 날마다 나무를 하러 산을 맴돈다. 더운 날 한낮에 나무를 해서 도로를 지나올 때는 거의 수직으로 내리쬐는 뙤약볕을 받은 도로 바닥에서 더운 기운이 훅훅 솟는다. 그늘도 짧다. 미루나무 가로수의 그림자도 무척 짧아서 그늘을 지나도 시원한 느낌은 없다. 내 그림자도 무척 짧으니 작은 키가 더 작은 것 같다. 나뭇짐은 아주 작은 것 같으면서도 더 무겁다. 들판에 곧게 뻗은 도로는 가도 가도 아득하게 보인다. 계속 걷고 걸어도 도로는 멀고 지루하다. 얼굴과 등줄기에 땀방울이 주르르 흐르고 온몸은 땀에 흠뻑 젖는다.

저녁에는 마당에 멍석을 깔아 자리를 만든다. 마당 귀퉁이에 보리 까끄라기를 놓고 그 위에 길섶에서 베어 온 풀을 얹어 모깃불을 놓고 저녁을 먹는다. 그리고 다음날 산에서 나무를 할 곳을 생각한다.

여름의 막바지에 나는 어머니가 시키는 대로 텃밭에 삽질을 해서 김장용 무와 배추를 심는다. 삽으로 밭에 망을 만들고 망 위에 푸나무를 땔 때 나오는 재를 뿌려 부드러운 흙과 섞어 평평하고 곱게 다듬는다. 몇 망에는 무씨를, 다른 몇 망에는 배추씨를 뿌리고 갈퀴로 흙을 덮고 풀을 베어 그 위에 덮는다. 풀은 흙 속에 있는 수분의 증발을 막아 씨가 싹트게 해주고 비가 올 때 빗발에 어린 싹이 넘어지거나 뿌리에 흙이 파이는 걸 막아준다. 싹이 어느 정도 자랐을 때 풀을 걷으면 무와 배추 싹은 뿌리를 내려 자리를 잡고 자란다. 배추가 자랄 때 벌레를 잡아준다. 벌레는 잡고 또 잡아도 어디에서 오는지 자꾸 생긴다.

무와 배추는 모양은 다르지만 가꾸는 방법이나 반찬으로 쓰는 방법은 비슷한 게 많다. 그런데 무와 배추를 심으면서 예상도 못 했던 다른 걸 하나 더 알게 된다. 무씨는 어머니가 집에서 받은 걸 심는데 배추씨는 시장에 가서 사온 걸 심는다. 무는 봄에 심어서 뽑지 않고 두면 무의 가운데서 장다리가 나와서 열매를 맺는다. 장다리는 줄기가 자라면 연보라 색 꽃이 곱게 피어서 나비와 벌들이 날아든다. 열매가 여물면 장다리를 베어서 말리고 떨어서 씨를 받는다.

배추도 무와 비슷하지만 배추 고갱이에서 장다리가 나오는 걸 보지 못했다. 봄배추에서도 장다리가 나오면 씨를 받을 건데, 장다리가 나오지 않으니 시장에서 돈을 주고 씨를 사야 한다. 시장에서 배추씨를 파는 사람들은 장다리도 없는 배추에서 어떻게 씨를 받을까. 우리도 배추씨를 받을 수 있다면 돈을 주고 씨를 사지 않아도 될 텐데.

나는 배추씨를 받는 걸 알고 싶어 어머니에게 물어본다. 어머니로부터 그걸 모르신다는 대답이 돌아온다. 내가 아는 사람들 중에도 그걸 아는 사람은 없다. 나는 배추 씨를 받고 싶어 여기저기 물어보다가 많은 시간이 지난 후에야 가을에 배추를 뿌리째로 겨울 동안 저장했다가 봄에 심으면 장다리가 나온다는 걸 알게 된다. 결국, 배추는 일 년을 묵어야 장다리가 나온다. 하지만 나는 겨울 동안 배추를 뿌리째로 갈무리하는 방법을 모르니 씨를 받을 수 없다.

무가 자라는 걸 보면 우리 집의 무와 다른 집의 무가 다르다.

어머니는 우리 집의 무는 "조선무"고, 다른 집의 무는 "왜무"라고 하신다. 조선무는 뿌리가 왜무보다 땅 위로 올라온 부분이 적고, 아랫부분이 굵은 재래종이다. 왜무는 흰 뿌리 부분이 굵고 땅 위로 많이 올라와 있고 뿌리도 연하고 탐스럽게 보인다. 다른 집에서는 무씨도 시장에서 사온 것이다.

저녁에 제법 서늘한 바람이 불기 시작한다. 더위는 한풀 꺾이고 들에는 벼이삭이 팬다. 참새가 떼를 지어 날아다닌다. 참새 떼가 벼에 피해를 가장 많이 주는 시기는 벼이삭이 나와 막 여물기 시작할 무렵이다. 이때는 참새가 벼이삭을 쪼면 뿌연 물이 나오는데 이건 참새들에게 맛은 아주 좋겠지만 그걸로 놈들의 배를 채우려면 수많은 낟알을 닥치는 대로 쪼아 먹어야 한다. 만약 참새 떼가 한 번 앉으면 그 자리는 벼 이삭이 모조리 쪼아져서 검은 쭉정이로 변해버린다. 그래서 들녘에서는 이른 새벽부터 저녁까지 사람과 참새 떼 사이에 쫓고 쫓기는 소동이 벌어진다.

들녘 여기저기에 허수아비가 새워진다. 허수아비의 모양은 가지가지다. 헌옷을 입고 밀짚모자를 쓰고 있어 제법 사람의 모양새를 갖춘 것이 많다. 반면에 볏짚 단을 작대기 위에 거꾸로 끼워 세우고 거칠게 얼굴 모양을 만들고, 코와 입이 비뚤어진 것도 간혹 있다. 보기만 해도 사람의 모양은 아니고 볏짚 단 같아서 우스꽝스럽다. 영리한 참새라면 허수아비 꼭대기에 앉아서 주변을 살펴 망을 본 후 벼를 더 쪼아 먹을 것 같다. 논에 줄을 치고 깡통을 달아 흔들기도 한다. 줄 가운데 바람받이 판을 매달아 바람이 살랑 불기만 해도 그 판이 새떼를 따라 갈 듯 세차게 높이 솟았다 내려 앉기를 반복하여 새떼를 놀라게 한다. 또 이른 아침부터 할머니나 아이들까지 나와서 "후여, 후여"하고 큰 소리를 지르고 장대를 휘두르기도 한다. 참새 떼는 이리 쫓기고 저리 쫓겨서 날다가 새를 쫓지 않는 어느 논에 앉으면 그 자리에는 까만 쭉정이만 생기고 그 논은 헛농사다.

들녘에서 파대 소리도 자주 들린다. 파대는 짚을 땋은 끝을 꼬아서 줄을 만들고 맨 끝에 삼이나 싸리나무 껍질을 꼬아서 가늘게 만든다. 파대를 힘껏 휘두르다가 급히 반대 방향으로 돌려 치면 끝이 휘감겼다 펴지면서 총소리와 같은 소리가 난다. 나는 허수아비나 깡통을 단 줄은 없이 파대만 만든다. 하늘에 참새 떼가 나는 게 보이거나 이웃 논에서 '후여'라는 소리가 들리기만 하면 파대를 휘둘러 친다. 그러면 하늘을 날거나 이웃 논에서 쫓긴 참새 떼들은 놀라서 우리 논에 앉지 못하고 멀리 날아간다. 가끔은 내가 못 본 사이에 혹시나 참새 떼가 왔는지 몰라 논을 한 바퀴씩 돌면서 파대를 친다.

나는 참새 떼를 쫓으면서도 벼농사가 불안하다는 생각이 든다. 벼이삭이 나와서 여물어질 때까지는 참새 떼가 큰 피해를 줄 수 있다. 이때는 비도 오지 않아야 한다. "처서에 비가 오면 독 안에 든 곡식이 줄어든다"는 말은 이즈음에 하는 말이다. 이건 다 지어 놓은 농사에 수확이 줄어든다는 말이다. 이때는 바람이 심하거나 태풍이 불면 벼 포기가 쓰러지거나 이삭이 비틀려서 하얀 쭉정이로 변한다. 농사란 사람이 씨 뿌려 정성껏 키우는 노동만으로는 부족하다. 비가 필요할 때는 와주고, 필요 하지 않을 때는 오지 않아야 한다. 이건 하늘이 도와주어야 하는 일이다. 벼가 자랄 때는 병충해도 걸리지 않아야 한다. 다 자란 벼에도 벼멸구가 생기면 벼 포기가 말라버린다. 나는 논이 적을수록 벼농사가 더 불안한 것 같다. 논이 많으면 피해가 없거나 적은 곳도 많을 것이니 느긋할 성싶다. 우리도 논이 많았으면 아버지가 품앗이를 해서 모를 찌고 모내기를 해서 나는 그렇게 고통스럽게 허리가 아프지도 않았을 것이다. 대신 나는 못줄을 대며 흥겨운 농요를 들었을 것이다.

한편 나는 벼농사가 좀 불안한 것 같으면서도 벼가 자라면서 열매를 맺는 걸 보면 신기하면서도 안정적이라는 생각도 든다. 사람이 씨를 뿌려 모내기하고, 거름하고 김매 주면 계속해서 노동을 하지 않아도 된다. 벼는 시간이 지나면 스스로 자라서 열매를 맺고 여물어 고개를 숙인다. 나무를 하러 다니면서 들녘을 지날 때마다 벼가 자라고 이삭이 여물어가는 걸 보면서 내가 나무를 하는 것과 비교해 본다.

내가 나무를 하는 건 지게를 지고 나무가 있는 산으로 찾아가고, 산에서 이리저리 다니며 나무를 하고, 그걸 짊어지고 집으로 걸어와야 한다. 모두 내 손과 발, 온몸을 직접 부리는 육체적 노동을 해야 한다. 나무를 할 때는 내가 움직인 만큼만 할 수 있고 나무를 옮기는 것도 내가 움직인 만큼만 옮길 수 있다. 내가 정지하고 있거나 잠을 자고 있는 동안 내게 들어오는 건 아무것도 없다. 아버지가 하시는 일도 노동을 멈추는 순간 들어오는 것도 멈춘다.

하지만 농사는 다르다. 들녘을 보면, 벼는 사람이 없을 때도 언제 자랐는지 무럭무럭 잘도 자란다. 드넓은 들녘에 그 많은 벼가 밤낮없이 자란다. 낮에는 햇볕에서 바람에 일렁거리거나 비를 맞으면서도 자라고, 달 밝은 밤이면 달빛을 머금고, 별이 빛나는 밤이면 별빛을 품으며 스스로 자란다. 가을이 되면 벼이삭이 스스로 나오고 노랗게 익어 고개를 숙인다. 논이 많으면 노동 이상으로 저절로 되는 풍요가 많다. 논이 없으면 노동 이상으로 저절로 되는 건 하나도 없다.

믿을 건 토지다. 토지는 사람이 먹고 사는 근본 토대이며 참으로 정직하여 가난한 사람이 꿈을 일구는 대상이다. 토지가 많으면 소도 있고, 머슴도 있고, 많은 벼가 자라면 수확도 많다. 수확이 많으면 곱장리도 놓는다. 토지가 적으면 자라는 벼가 적어서 수확도 적다. 토지는 또 부지런하고 지혜로운 사람을 용하게 찾아 주인으로 삼는다.

나의 고조할머니는 그렇게 열심히 길쌈을 하셨으니 토지가 많았고, 증조할아버지는 화승총을 잘 쏘시는 포수로 사냥을 좋아하시고, 인심이 좋아 나그네와 도부장사들에게 무료 숙식을 제공하며 놀기 좋아하시는 한량이었으니 토지는 빠져나가고, 살림은 거덜 났다. 당신의 아들은 돈을 번다고 외국으로 가서 소식이 없고, 며느리는 토지가 많은 재력가에게 개가해 버렸다. 유일하게 남은 자손인 당신의 손자는 조손 가정에서 철부지로 자라 자기중심적 세계에 갇혀 자신밖에 모른다. 그래서 세상물정을 모르고 덤벙거리고 있으니 빠져나간 토지는 돌아올 기미가 보이지 않는다. 차라리 토지가 좀 덜 정직했으면 좋겠다.

5부

옛날 이야기

5. 옛날이야기

비가 오거나 너무 추운 날에는 나는 일을 할 수 없다. 이런 날이면 나는 아이들이 잘 모이는 남척이네 집에 가끔 놀러 간다. 남척이네 집에 아이들이 대여섯 명 모이면 방에 둘러 앉아 도란도란 옛날이야기를 한다. 아이들은 몇 번씩 했던 이야기보따리를 하나씩 풀어 놓는다. 먼 옛날 호랑이 담배 피우던 시절 이야기는 흥미롭다.

팥죽 할머니와 호랑이 이야기는 빠지지 않는 단골이다. 이야기를 하는 아이는 이미 이야기에 익숙해져 호랑이가 팥죽 할머니 앞에 나타 날 때는 "으흥"하고 무섭게 포효하는 흉내를 내고, 할머니는 겁에 질렸으면서도 "이 팥이 자라면 맛있는 팥죽을 해 주지"라고 어린아이처럼 애교를 부린다. 팥죽을 다 얻어먹은 호랑이가 할머니까지 잡아먹으려고 하지만 결국은 알밤, 자라, 쇠똥, 송곳, 절구, 멍석 등 힘 없는 약자들이 지혜를 모아 힘센 호랑이를 물리치는 반전이 통쾌하다.

여우 이야기가 나온다. 여우는 둔갑을 해서 요사스러운 마법을 쓰고 사람을 유혹한다. 늑대 이야기도 나온다. 늑대는 사나워서 사람을 해친다. 이런 이야기들에서는 맹수를 만난 사람이 공포와 두려움에 떨고 있다. 이때 어디선가 백발의 도사가 홀연히 나타나 신통한 요술방망이를 곤경에 처한 사람에게 준다. 맹수를 만난 사람은 요술방망이를 얻어 맹수를 물리친다. 위기를 모면한 사람은 요술방망이로 자신의 소원을 이룬다. "쌀 나와라, 뚝딱." 땅을 치면 쌀이 좌르르 쏟아지고, "금 나와라, 뚝딱." 땅을 치면 금이 좌르르 쏟아진다.

아이들이 재미에 빠져 옛날이야기가 두어 순배 돌고 나면 어느새 항간에 나도는 무시무시한 괴담들이 등장한다.

"여우가 '재미산'에서 애기 무덤을 팠단다. 밤에는 거기서 '컁컁' 하는 여우의 울음소리가 들렸단다. 늑대가 어느 동네에 나타나서 업고 있는 아이를 빼앗아 물고 갔단다. 어디에서는 문둥이가 보리밭에 숨어 있다가 어린아이를 붙잡아 간을 내어 먹었단다. 공동묘지에서 유령이 나타나고 도깨비불이 날마다 왔다 갔다 하며 춤을 춘단다."

나는 이야기를 들을 때 요술방망이에는 호기심이 생기면서도 여우나 늑대는 무서워서 생각도 하기 싫다. 날이 어두워지기만 하면 나는 옛날이야기와 떠도는 괴담이 생각나 두려움에 휩싸이고, 맹수들과 귀신이 무서워서 밤에 들에 나가거나 놀러 다니려면 무척 겁이 난다.

아이들마다 나름대로 옛날이야기를 잘한다. 나는 아이들로부터 옛날이야기를 재미있게 들었으나 내가 그들에게 들려 줄만한 이야깃거리가 없다. 나는 옛날이야기가 먼 옛날에는 혹시 있었는지도 모를 일이라는 생각이 들고, 항간의 괴담들은 지금도 일어나고 있다고 생각한다.

나는 옛날이야기를 듣는 데 흥미를 갖게 되면서 어머니가 고대소설을 읽는 데도 관심을 가진다. 어머니는 소설을 운율에 맞추어

청승스러우면서 구성진 목소리로 천천히 읽으시며 소설 속으로 빠져드신다. 어머니는 지금까지 소설책을 자주 읽으셨지만 나는 늘 건성으로 듣거나 부분적으로 들었기 때문에 전체적인 내용은 잘 모른다.

내가 옛날이야기에 관심이 많아져 어머니에게 소설 이야기를 해달라고 한다. 어머니는 심청전 이야기를 하신다. 어머니는 심청전 전체를 알 수 있을 정도로 이야기의 줄기를 말씀하신다. 심청의 출생과 심청의 어머니의 사망, 심 봉사가 동네에서 동냥젖으로 심청을 키우는 과정이 나온다. 이어 심청의 성장과정과 효행, 공양미 삼백 석에 제물로 팔려 가는 과정, 재생과 아버지와 만남에 대한 이야기다. 어머니는 그걸 상세하게 이야기하시느라고 며칠 저녁이 걸린다. 나는 이야기를 재미있게 들으면서 전체 이야기의 줄거리를 알게 된다. 어머니는 심청전 이야기를 모두 사실로 믿으시는 것 같다. 나는 어떤 건 그럴 듯하고 어떤 건 신기하지만 믿기 어려운 데도 있다.

어머니는 "심청은 아버지에게 효도했고, 공양미 삼백 석으로 아버지의 눈을 뜨게 하기 위해 인당수에 몸을 던졌지만 살아서 아버지를 다시 만났다"고 하신다. 어머니는 "이런 게 효행의 결과"라고도 말씀하신다. 이 외에도 효를 강조하기 위해서 "부모의 목숨은 자식의 목숨보다 귀하다. 부모는 죽으면 다시 볼 수 없지만 자식은 죽으면 다시 낳으면 된다는 말이 있다"고 하신다. 하지만 나는 잘 믿어지지 않는다.

심청전 이야기가 끝난 다음날부터 어머니는 심청전을 운율을 붙여 읽으시고 나는 그 소리를 들으며 이야기 속으로 빠져든다.

전체의 내용을 알고 들으니 훨씬 재미가 있고 내용이 머리에 그려진다. 심청전을 들으면서 어떤 때는 심청이 너무 가엾다. 심청이 공양미 삼백 석에 몸이 팔려 아버지를 하직하기 전에 자신의 신세를 한탄하는 장면과 심청이 떠나려는 장면에서는 심청이 너무 가련해서 가슴이 미어지는 것 같다. 심청이 선인들을 따라갈 때는 애처롭기 그지없다. 심청이 인당수에서 몸을 던져야 할 때 나는 가슴이 답답해진다.

어머니가 이야기로 들려주시고 읽어 주신 심청전. 어머니가 강조한 이야기와 읽은 이야기는 내가 곱씹어 볼 게 많다. 우선 어머니는 모든 가치가 효 속으로 푹 빠져 거기에 집착하신다. 그다음 효와 윤회설이 어우러져 효를 잘하면 다음 세상에 복을 받고 태어난다고 하신다.

나는 효를 당연한 걸로 생각한다. 하지만 효에 좋은 의미가 있다고 하더라도 그 방법에 대해서는 도저히 심청만큼 할 자신이 없다. 부모의 눈을 뜨도록 하기 위해서 자식이 목숨을 판다? 이건 계산 없는 심 봉사가 딸을 죽게 한 것이다. 부처님에 대한 이야기를 자주 들었지만 공양미로 눈을 뜰 수 있다는 게 쉽게 믿어지지 않는다. 더구나 제물로 인당수에 빠진 사람이 연꽃을 타고 살아난다는 건 아무리해도 믿어지지 않는다. 윤회설에 따른 다음 세상이란 것도 긴가민가하다.

부모의 목숨이 자식의 목숨보다 귀하다고? 자식에겐 자신의 목숨이 가장 귀한 것이지, 자식은 새로 낳으면 된다고? 나는 자식인 동시에 '나'라고 느껴진다. 목숨을 별도로 가진 자식들의 입장에선 현실적인 자신의 목숨보다 더 귀한 게 어디 있단 말인가. 평상시에 어머니는 "자식이 부모보다 먼저 죽는 것은 불효다."라고 하시지 않으셨는가.

심 봉사의 삶은 어떤가. 심청이 수양어머니 댁에 갔다가 집에 오는 게 늦어지자 심 봉사가 심청을 찾아 나섰다가 개천 물에 빠진다. 그때 화주승이 심 봉사를 건져 주면서 공양미 삼백 석을 시주하면 눈을 뜰 수 있다고 한다. 심 봉사는 그 많은 공양미를 어떻게 구할 것인지에 대해서는 아무런 계산도 없이 시주하겠다고 덜컥 승낙부터 해버린다.

세상 사람들은 현실의 잇속에 예민하고 미래를 철저히 재지 않는가. 어머니는 그렇지 않는 아버지를 계산 없이 덤벙덤벙 사신다고 얼마나 원망하셨는가. 그런데 어머니는 심 봉사가 아무런 계산 없이 감당할 수도 없는 공양미를 약속해 자식을 죽게 하는 건 왜 보시지도 않고 심청의 효만 보시는가. 남경장사 선인들은 또 어떤 사람들인가. 인당수가 무서우면 피해 갈 일이지, 돈으로 사람을 사서 제물로 바친다고? 아니 세상에, 이런 일이 있을 수 있는가.

심 봉사는 눈을 뜰 수 있다는 데만 정신이 팔려 다른 건 생각할 틈이 없다. 어머니는 뒤틀린 가정생활의 상처를 자식에게 보상 받으려고 다른 것은 보이지 않고 오직 자식의 효만 머리에 꽉 찼다.

어머니는 심청전 이야기를 마치고 춘향전 이야기를 시작하신다. 어머니는 "춘향전은 뜻이 되다"고 하시고 책을 읽기보다 주로 이야기로 하신다.

오월단옷날 춘향이 광한루에서 그네를 뛴다. 남원 부사의 아들인 이몽룡이 춘향을 보고 아름다운 모습에 매혹되어 춘향을 만난다. 그때부터 이몽룡과 춘향은 서로 좋아하게 된다. 하지만 곧 이몽룡의 아버지가 임기를 마치고 서울로 떠나게 되자 이몽룡도 서울로 가야 한다. 이몽룡은 춘향의 어머니 집을 찾아가 백년가약을 하고 서울로 떠난다. 춘향은 떠나는 이몽룡을 따라가서 산마루에서 전송하면서 후일 다시 만나기로 하고 혼자 남게 된다.

남원에 남은 춘향은 이몽룡이 돌아오기를 기다린다. 하지만 그 후 남원부사로 부임한 변학도는 기생의 딸로 용모가 뛰어난 춘향에 관한 이야기를 듣고 춘향을 불러 자신의 옆에서 시중을 들라고 강요한다. 춘향을 설득하고 위협을 해봐도 춘향은 한사코 거부한다. 연약한 여자의 몸에 호된 곤장을 내리친다. 춘향의 몸은 곤죽이 된다. 그래도 이몽룡을 향한 일편단심은 변하지 않는다. 춘향은 모진 고초를 당하고 옥에 갇히게 된다.

한편 이몽룡은 과거에 급제하고 어사가 되어 남원으로 돌아온다. 이몽룡은 남원에서 농부들로부터 변학도와 춘향의 소식을 듣고 춘향 어머니의 마음을 떠보기 위해 거지 행색을 하고 춘향 어머니의 집에 들인다. 하지만 이몽룡은 찬밥 취급을 받고 춘향 어머니는 이몽룡의 행색을 보고 원망을 하고 춘향이 죽게 됐다고 한탄한다.

이어 이몽룡은 춘향의 마음을 떠보기 위해 거지행색 그대로 춘향이 갇혀 있는 감옥으로 가서 춘향을 만난다. 춘향은 이몽룡의 거지행색과는 관계없이 만남 그 자체를 반가워하고, 내일 변학도의 생일날에 죽게 되었다며 죽은 후를 부탁한다.

다음날은 탐관오리 변학도의 생일날이다. 남원부 관하 각 관아의 관리들이 모이고, 음식을 진수성찬으로 차려 놓고 생일잔치가 한창이다. 이때 이몽룡이 거지행색으로 나타나서 박대를 받아 한 구석에 자리를 얻었으나 음식의 대가로 시를 한 수 지으라고 한다. 이몽룡은 주는 붓과 종이로 시를 지어 준다. 그 내용은 생일잔치를 풍자한 시다. 변학도와 주빈들이 그 시를 보자 잔치 분위기가 서늘해지고 어수선해진다.

이때 이몽룡의 신호에 따라 사방에서 "어사 출도요!"라고 외치는 소리와 함께 역졸들이 들이닥치는 순간 잔치 장소는 난장판으로 변한다. 변학도는 징벌을 받아 파직되고, 춘향은 출옥된다. 출옥된 춘향은 상황을 모르고 머리를 숙여 죽을 걸 각오하고 "어서 벌을 내리라"고 한다. 그러던 중 "고개를 들라"는 소리에 고개를 들고 보니 앞에 이몽룡이 앉아 있다.

결말은 탐관오리 변학도는 징벌을 받고, 춘향은 정절을 지켜 기생의 딸에서 어사 이몽룡의 정실부인이 되어 백년해로를 한다는 이야기다. 이는 어머니가 강조하는 권선징악이나 인과응보사상에 딱 맞아떨어지는 이야기다.

나는 춘향전 이야기를 재미있게 듣고 다시 생각한다. 춘향전은 앞의 이야기가 자연스럽게 뒤의 이야기를 생각나게 해서 아슬아슬한 상황을 통쾌한 국면으로 이끌어 간다. 이야기를 기억하는 데 별로 어려움은 없다.

하지만 차근차근 생각하니 아리송하고 혼란스러운 데가 있다. 춘향이 사또의 시중을 들지 않는 게 죽을죄가 되는지, 또 천민인 춘향이 양반인 이몽룡의 정실부인이 되 수 있는지 이상하다.

우리 동네와 외갓집 동네에는 '동사지기'라는 사람들이 있다. 동사지기는 동네에서 공동으로 소유하는 집에서 산다. 남자는 동네에 알려야 할 일이 있으면 동네 앞으로 나와서 동네 전체에 잘 들리도록 큰 소리로 여러 번 외쳐서 알린다. 외치는 때마다 큰 소리 다음에는 후렴처럼 무슨 말을 중얼거리는 듯했다. 하지만 나는 그 말을 잘 알아들을 수 없고 욕설 같기도 했다. 또 여자는 동네에 큰일이 있을 때마다 나와서 궂은일을 도맡아 한다. 그런데 동네 어른들은 물론이고 아이들까지도 나이가 많은 동사지기에게 높임말을 하지 않고 아랫사람에게 말하는 것처럼 낮춤말을 한다. 그래도 동사지기는 그걸 오히려 공손하게 받아들인다. 나는 그게 이상해서 어머니에게 물어 본 적이 있다.

"동사지기가 나이가 많은데 왜 아이들이 낮춤말을 하지."

"그들은 동네 하인이다. 하인은 천민이기 때문에 그들에게 높임말을 하는 사람은 없단다."

나는 동사지기가 하는 일이 궂은일일 뿐 아니라 사람들이 어린이를 대하듯 말까지을 낮추어 하대하니 동사지기를 할 사람이 좀처럼 없을 것 같다.

"그럼 동사지기가 나이가 아주 많아 일을 할 수 없으면 다음에 누가 동사지기를 하지?"

"다음에는 동사지기의 자손들이 또 동사지기를 하는 거다. 그들의 자손은 또 천민이 되는 거다. 천민은 천민들끼리 결혼을 한다. 만약 천민이 양반인 사람과 결혼해서 자식이 나면 그 자식도 천민이 된다. 그러니 양반인 사람은 천민과 결혼을 하지 않는단다."

나는 그 이야기를 들었을 때 그런 걸로 믿었다. 하지만 춘향전에서 춘향의 어머니는 기생이다. 그러니 기생의 딸인 춘향도 천민이다. 반면에 이몽룡은 양반의 아들이다. 그렇다면 이몽룡이 춘향과 결혼을 해도 그들의 자손은 천민이 된다. 나는 어느 것이 맞는지 혼란스럽다.

또 양반이면 모두 과거에 급제가 보장되는지도 의심스럽다. 양반은 많고 그들의 자손은 더 많을 텐데, 양반의 자손이라고 모두 과거에 급제를 한다면 그 많은 급제자가 무슨 의미가 있을까. 일부만 급제하는 것이라면 이몽룡의 급제를 확신할 수 없을 것임에도 춘향은 마치 이몽룡의 급제를 확신하는 것 같고, 모진 고초를 당하면서 죽음을 각오하는 건 무슨 의미인가. 더구나 춘향은 이몽룡과 백년가약을 맺었다고 하더라도 춘향이 천민계급을 면할 수도 없지 않은가.

어머니는 춘향전 이야기를 마치자 옥단춘전을 읽으신다. 어머니는 전에도 옥단춘전을 자주 읽으셨고 나도 자주 들었다. 내가 들을 때는 전체 이야기는 몰랐지만 듣는 부분에 따라 의리가 없어 야속함을 느끼거나 반전이 될 때는 매우 통쾌하다고 느끼기도 했다.

이혈룡과 김진희의 아버지들은 모두 정승인데 둘 다 비상한 태몽을 꾸고 얻은 아들이 동갑내기다. 둘은 수년을 같이 공부했고 그들의 아버지들도 각별한 관계다. 자연스럽게 이혈룡과 김진희는 대대로 정의가 이어져 두 사람은 누가 먼저 귀하게 되더라도 서로 도와주기로 언약하고 계속 의좋게 지낸다.

그런데 우연히 두 정승이 같이 병을 얻어 죽는다. 그 후 김진희는 소년등과를 해 평안감사에 부임하여 가세가 번창한다. 반면에 이혈룡은 가세가 점점 기울어 곤궁하고, 노모와 처자를 데리고 살기가 막막한 몰락 양반이 된다.

한편 평양에 옥단춘은 비록 기생이나 행실이 곧고 정결하여 글 공부에 전념한다. 이때 김진희는 옥단춘을 불러 자신의 옆에서 시중을 들라고 하고 정사에는 마음이 없이 풍악과 주색에 빠진다.

몰락한 양반 이혈룡은 생활이 곤궁해 노자도 겨우 마련해서 김진희의 도움을 청하려 평양으로 간다. 어렵게 평양에 간 이혈룡은 김진희의 박대를 받아 김진희를 만날 수도 없게 되자 노모와 처자 생각에 상심하며 세월이 흐른다. 그러다가 대동강 변 연광정에서 김진희가 주최하는 잔치가 한창일 때 이혈룡이 들어가서 말한다.

"평안감사 김진희야. 이혈룡을 모르느냐?"

이 대목에서 어머니의 목소리는 다른 부분과 운율이 다르고 직접 이혈룡이 된 것처럼 격앙된 어조로 말씀하신다.

이혈룡은 이어서 자신의 처지와 친구간의 정의를 구구절절이 이야기 한다. 하지만 이혈룡은 도움을 받기는커녕 나졸들로부터 뺨을 맞고 상투를 잡아끌리며 갖은 모욕과 고초를 당한다. 더 나아가 김진희는 사공을 시켜 이혈룡을 대동강 물에 던져 죽이라고 한다.

이때 다행히 옥단춘이 이혈룡의 사람됨을 알아차리고 이혈용을 살리려고 잔치 장소를 빠져나온다. 옥단춘은 사공을 불러 사례를 후하게 할 테니 이혈룡을 죽이지 말고 죽인 듯이 모래를 덮어 숨겨 두라고 부탁한다. 사공들이 옥단춘을 믿고 약속한다.

사공들은 이혈룡을 배에 싣고 대동강 깊은 물을 향해 떠난다. 이혈 룡은 죽는 줄로만 알고 천지신명에게 자신을 살려 달라고 빌고, 노모와 처자를 걱정한다. 이혈룡은 자신의 신세를 한탄하자 사공들이 위로하고 물가에 내려주며 모래 속에 몸을 숨기고 있다가 날이 어두워지면 멀리 도망가라고 한다. 이혈룡은 사공들에게 절을 여러 번 하고 은혜에 감사한다.

이혈룡은 사공의 말대로 모래 속에 몸을 숨기고 어둡기를 기다린다. 이때 어떤 사람이 모래를 파헤치면서 일어나라고 한다. 이혈룡은 겁이 나서 죽은 듯이 있었으나 달래며 안심시키는 말에 정신을 차리고 일어난다. 이혈룡이 눈을 뜨고 바라보니 어떤 아름다운 여인이 미음을 한 그릇 들고 권한다. 이혈룡은 미음을 받아 마시고 허기를 면한다. 그리고 그 여인에게 감사의 뜻을 표하고 신분을 묻는다.

그 여인은 자신이 평양에 사는 옥단춘이라는 기생인데 당신이 죽게 된 걸 보고 사공들에게 부탁을 해서 이곳에 살려 두라고 해놓고 왔다면서 자신의 집으로 가자고 권한다. 이혈룡은 평양으로 가면 김진희에게 다시 발각될 걸 염려했으나 결국 옥단춘의 집으로 간다.

이혈룡이 옥단춘의 집에서 이럭저럭 지내던 중 옥단춘이 과거가 있다는 소식을 전하고 서울로 가서 과거를 볼 걸 권한다. 옥단춘이 행장을 챙겨 주면서 서울로 가서 이섬부댁을 먼저 찾아가라고 한다. 이혈룡이 이섬부댁을 찾아가니 뜻밖에도 그 집은 모친과 처자가 살고 있는 집이다. 그 집은 세간도 전답도 많았다. 모친과 처자는 그게 평안감사 김진희가 보내준 걸로 알고 있다. 이혈룡은 그게 옥단춘이 마련해 준 것임을 깨닫고 평양에서 겪은 일의 자초지종을 털어 놓는다.

이혈룡은 과거에 장원급제해서 한림을 제수 받는다. 그는 평안

감사 김진희의 학정을 기록해 임금께 올린다. 임금은 그 글을 보고 봉서 세 개를 주면서 첫째 봉서는 새문 밖에서 뜯어보고, 둘째 봉서는 평양에 가서 뜯어보고, 셋째 봉서는 그 후에 뜯어보라고 한다.

이혈룡은 새문 밖에서 첫째 봉서를 뜯어본다. "평안도 암행어사 이혈룡"이라는 사령장과 마패가 들어 있다. 이혈룡은 수를 놓은 옷을 내어 입고 평양으로 향한다. 이혈룡이 평양에 당도해서 둘째 봉서를 뜯어본다. "암행어사는 평안감영에 출도해서 감사를 봉고파직 하라"는 지령이 들어 있다.

옥단춘이 이혈룡을 생각하며 거문고를 타고 있는데 이혈룡은 걸인행색을 하고 옥단춘의 마음을 시험하여 보려고 한밤중에 찾아간다. 이혈룡은 자기의 행색을 거짓으로 둘러댔으나 옥단춘의 너그러운 마음은 변함이 없다.

다음날 옥단춘은 평안 감사가 연광정에서 잔치를 하는데 가야하니 집에 있으면 다녀 오리다고 하며 나간다. 그 뒤 이혈룡도 집을 나와서 비밀리에 역졸을 모아 역할을 단단히 일러 놓고 연광정으로 간다. 이혈룡은 잔치 분위기가 한창 무르익었을 때 거지행색으로 연광정 대상으로 다가가려 했으나 나졸들의 제지를 받는다. 이때 이혈룡은 "네 이놈 김진희야, 나 이혈룡을 모른단 말이야?" 하고 호통을 친다. 이 장면에서 어머니는 역시 자신이 호통을 치듯 힘 있는 어조로 말씀하신다.

김진희는 나졸들을 시켜 이혈룡을 잡아들이라고 명한다. 나졸들은 이혈룡을 잡아들인다. 하지만 이혈룡도 이번에는 당당하게 맞서며 지난번 강물에 빠져 죽은 이혈룡의 귀신이 원수를 갚으려 왔다고 한다. 이에 놀란 김진희는 사공을 문초해서 이혈룡이 살아나게 된 경위를 알고 이혈룡과 옥단춘을 대동강 물에 던져 죽이라고한다. 두 사람이 배에 실려가 죽음이 임박했을 때 이혈룡이 연광정을 건너다보면서 "어사 출도요!"라고 외치자 역졸들이 복창하며일시에 상황이 역전된다. 이혈룡의 지시에 사공들은 뱃머리를 돌려 연광정 밑에 닿는다.

이혈룡이 연광정에 좌정해서 김진희를 잡아 놓고 옛날 친구 시절의 맹세와 그간의 사연을 애기한다. 이에 김진희는 지난닐의 잘못에 대한 구차한 장광설을 늘어놓고, 목숨만은 살려 주라고 애걸복걸한다. 이혈룡은 김진희를 자신처럼 배에 싣고 대동강 깊은 물에 던져 버리라고 한다. 그래도 그는 다시 옛정과 윗대의 의리를생각해서 김진희를 물에 넣기는 하되 살려서 돌아오라고 나졸을보낸다. 하지만 나졸이 달려가는 순간에 김진희는 벼락을 맞아 죽는다.

이혈룡이 셋째 봉서를 뜯어본다. "암행어사 겸 평안감사 이혈룡"이라는 사령장이 들어 있다. 이후 이혈룡은 선정을 해서 우의정에오르고, 옥단춘은 정덕부인이 된다.

옥단춘전은 등장인물이나 전개 과정이 춘향전과 유사한 데가 많아서 이해하기 쉽고, 다른 데에서는 새로운 재미가 있다. 옥단춘전에서는 이 정승과 김 정승은 같은 정승이면서 절친하고 같은 시기에 병사한다. 그들의 아들인 이혈룡과 김진희는 동갑내기이고 대를 이은 친구로 후일에도 서로 도와주기로 언약한다.

한데 문제는 이와 같이 대대로 친구이며 서로 도와주기로 한 두친구 중 김진희는 소년등과 해서 평안 감사가 되고, 이혈룡은 가세가 기울어 궁색하기 이를 데 없는 데서 발단된다. 나는 이 상황에서 일어난 일을 얼른 이해하기 어렵다. 이혈룡이 궁핍해서 공부는 하지 못하고 갖은 고난을 겪으면서도 곧 장원급제를 하는데 그전에는 왜 급제도 하지 못했을까. 운이라는 게 있기는 있는 것 같다. 그래도 아무에게나 쉽게 오는 건 아니다. 열심히 찾거나 만드는 사람에게 오는 것이다. 요술방망이처럼 뚝딱하면 된다고 믿을 수는 없다.

천운이라는 것도 믿기 어렵다. 그걸 믿을 수 있다면 수년을 같이 공부하고 선하고 실력 있고 선정을 할 이혈룡이 소년등과를 하고 김진희는 급제를 하지도 못해야 할 게 아닌가. 그래야 평안도 백성들도 그런 악정에 시달리는 고통을 받지 않았을 테고, 이혈룡도 그런 고난을 당하지 않았을 게 아닌가. 또 김진희가 벼락을 맞으려면 늦어도 이혈룡을 처음에 박대할 때 맞거나 그 이전에 맞아야 할 일이지 않겠는가. 그래도 늦게나마 벼락을 맞은 건 악정으로 재산을 축적한 친구에게 의리 때문에 용서하려는 걸 끊은 의미는 있는 듯하다.

날씨가 점점 더워지면서 방이 더워서 방안의 호롱불 밑에서 소설을 읽고 이야기를 하기 어렵다. 나는 뜨거웠던 해가 지면 마당에 멍석을 펴서 자리를 만든다. 그 옆에 모깃불을 피운다.

저녁 식사로 국수나 수제비를 먹고 나는 밤하늘에 쏟아지는 별을 쳐다보다가 우주의 신비로움에 빠져든다. "무엇이든 시작이 있으면 끝이 있다. 저 하늘의 끝은 어디일까. 가고 또 가면 끝이 있겠지. 그럼 그 끝에는 무엇이 있을까. 또 무엇인가 계속되겠지. 그게 계속되면 또 끝이 있어야 하고, 그래도 또… 세상은 어떻게 만들어지고 하늘나라는 어디쯤 있을까. …" 한없이 넓은 세상에서 나는 아주 미미한 것 같으면서도 내 마음속에는 우주만큼이나 광활한 생각을 한다.

한여름 저녁 어머니가 에밀레종 이야기를 하신다.

"옛날에 한 임금이 어느 절에 큰 종을 만들라고 했단다. 임금의 명을 받은 그 절의 스님들은 종을 만들기 위한 시주를 다녔는데 한 스님이 가난한 농가에 이르러 딸아이를 데리고 있는 어머니에게 시주할 걸 권했다. 아이 어머니는 '시주할 게 어디 있어야지요. 시주할 거라고는 이 아이밖에 없어요.'라고 했다. 그래서 스님은 무안해서 돌아갔단다.

그런데 그 후 종이 만들어져서 쳐보았으나 어찌된 일인지 종이 깨지고 말았단다. 스님들은 아무래도 부정한 일이 있어 부처님이 노한 걸로 생각하고 모여서 시주 받은 가운데 부정한 일이 있었는지 알아보았단다. 그 결과 딸을 시주하겠다는 어머니가 있었다는 걸 알게 됐지. 그걸 부정한 일로 생각한 스님들은 그 아이를 시주받기로 했단다.

스님 여러 명이 그 집으로 찾아가서 부처님께 거짓말을 할 수 없으니 아이를 시주해 달라고 했단다. 그러자 아이의 어머니는 '스님의 뜻은 알겠습니다만 내 속으로 낳은 자식을 어떻게 뜨거운 쇳물에 넣을 수 있겠어요?'라고 하며, 눈물을 흘리며 애통해 했단다. 하지만 결국 아이를 뺏기듯 내주고 말았단다. 그렇게 해서 다시 만들어진 종을 쳐보니, 맑고 웅장한 소리가 끊어질 듯 끊어질 듯 이어지며 '에밀레~에밀레~'하고 멀리 퍼져나갔단다. 그 소리가 마치 아이가 엄마를 애타게 부르는 소리처럼 들려 사람들은 그 종을 에밀레종이라고 한단다."

나는 아이 어머니가 원망스럽다. 가난이 아무리 괴롭다고 하더라도 남에게 말을 함부로 하는 걸로 화풀이가 되거나 가슴이 후련할 수 있을까. 듣는 사람은 생각하지 않고 자기 마음대로 말을 함부로 하는 사람은 아차하고 후회해도 말은 이미 입을 떠났다. 입을 떠난 말은 말하는 사람의 의도와는 달리 듣는 사람의 마음속에 깊이 박히는 가시가 될 수도 있고, 독이 될 수 도 있다. 시주를 받으러 다니는 스님에게 가난해서 시주할 게 없어 미안하다고 하면 될 말을 아이 어머니는 굳이 "시주할 거라고는 이 아이밖에 없다"고 했다. 아이 어머니가 아무 생각 없이 던진 말이 스님의 가슴에 비수를 꽂았다.

아이 어머니가 한 말은 진실한 말도, 필요한 말도 아니었다. 친절한 말은 더욱 아니었다. 그런 말이 엄청난 화를 불렀다. 아이 어머니는 아마도 "나는 아주 가난해서 시주할 게 아무것도 없어요. 그래도 내게는 매우 귀한 게 이 아이지요."라는 속내를 그렇게 표현했을 성싶다. 그게 그녀의 속내와는 엄청 다른 결과를 초래했다. 뒤늦게 아이를 시주할 수밖에 없게 되자 눈물을 흘리며 애원을 했으나 한 번 내뱉은 말은 이미 엎질러진 물처럼 주워 담을 수 없었다.

그런데 나는 부처님이 더 노할 일이 있는 것 같다. 종을 만드는 쇳물에 아이를 넣는 건 자비로운 부처님에게 더 끔찍하고 부정한 일이다. 그래서 종소리가 '애밀레~ 애밀레~'하는 게 아닌가.

이 외에도 어머니가 혼자 읽으신 소설은 아주 많다. 어머니는 유충렬전, 숙향전, 능라도를 읽으셨고 나는 그걸 부분적으로 들었다. 내가 제목은 잘 모르지만 어머니는 일본의 상야공원을 배경으로 한 소설도 읽으셨다.

유충렬전은 여러 번 읽으시는 것을 들었다. 유충렬이 옥황상제로부터 점지 받은 초인적이고 비범한 인물이라 아슬아슬한 위기를 모면해나가는데 마음을 놓을 수 없었다. 그래도 그 배경이 낯설고 이야기를 부분적으로 들어 내가 전체를 이해하지는 못한다. 하지만 유충렬과 그의 어머니가 간신배들에게 쫓겨 도망을 가다가 어머니가 죽을 위기에 처해 아들은 살리고 자신이 죽게 됐을 때 유충렬의 어머니가 아들에게 하는 이야기는 너무도 애절했다.

"부디부디 잘 있어라. 내가 천상에 가서 맛있는 천도복숭아 많이많이 따서 올게."

나는 이 대목에서 유충렬의 어머니가 정말로 천상에 갔다 올 수 있는지 믿기 어려워 더욱 애처로웠다. 나는 또 천상에 있는 천도복숭아는 세상에서 가장 맛이 있는 걸로 생각하고, 천도복숭아가 어떻게 생겼는지 그 맛이 어떤지 자꾸 상상해본다.

능라도는 평양 대동강에 있는 섬을 배경으로 하는 이야기인데 주인공의 아름다운 모습과 시 그리고 능라도의 봄 풍광이 아주 잘 어우러지게 묘사돼 내가 상상할 수 있는 지상의 낙원 같은 느낌이다. 주인공 남매 중 오빠는 살인의 누명을 쓰고 끝없는 추격을 당하고, 여동생은 오빠의 누명을 벗으려고 갖은 고생을 겪으며 파란만장한 사건이 전개된다. 마침내 여동생이 기지를 발휘해 살인당한 자의 눈동자에 최종 살인자의 잔영이 박혀있다고 해 눈동자에서 살인자의 잔영을 찾아서 사건은 해결된다. 나는 그게 매우 깊은 인상으로 머릿속에 남는다. 동시에 살인 사건에서는 그런 잔영이 눈에 남는 것으로 생각하게 된다. 그러면서 왜 그때까지 다른 사람들은 그걸 몰랐는지 이상한 생각이 머릿속에서 계속 떠돈다.

한여름은 해도 길고 산도 무덥다. 오전에는 가능하면 일찍 가서 나무를 하고, 오후에는 더위가 좀 식혀질 때까지 능선 자락의 마지막 봉우리 그늘에서 쉬다가 나무를 한다. 쉬는 동안 동네 아이들이 모이면 너더댓 명이 될 때도 있다. 동네 아이들은 나보다 나이가 여섯 살 안팎 정도 많다. 아이들은 모여서 쉬는 동안 생활 주변 이야기를 주로 하고 가끔은 옛날이야기도 하면서 더위를 피한다. 나는 동네 아이들에게 어울릴만한 이야깃거리가 마땅치 않아 아이들이 하는 이야기를 늘 듣기만 한다.

그렇게 며칠이 지나가는 동안 동네 아이들의 이야기를 들으면서 나도 옛날이야기를 해볼까 하는 생각을 하게 된다. 하지만 내가 할 수 있는 이야기는 아이들이 하는 이야기 보다 몇 곱절이나 더 길다. 어울리지 않을 것 같다. 나보다 나이가 훨씬 많은 아이들에게 이야기를 할 수 있을지 망설여진다. 나는 그러다가 결국 아이들의 의향을 물어본다.

"나도 이야기 한 자리 해도 되겠느냐?"

"그래 무슨 이야기냐? 한 자리 해봐라."

아이들은 나를 바라보며 이야기를 기다린다. 나는 심청전 이야기를 시작한다. 아이들이 심청전 이야기를 조금 알고 있을 걸로 생각해서 흥미를 더할 수 있는 부문의 묘사에 보다 중점을 둔다.

"옛날에 심학규라는 봉사와 곽 씨 부인이 살았는데 자식이 없어 불공을 드려 딸 심청을 낳는다. 하지만 곽 씨 부인이 심청을 낳고 7일 만에 죽는다. 심 봉사는 심청을 안고 지팡이로 더듬더듬 길을 찾아다니며 동네에 동냥젖으로 심청을 키운다. …"

심 봉사가 심청에게 젖을 얻어 먹이려고 지팡이에 의지하여 사람 소리가 나는 이집 저집을 찾아다닌다. 심 봉사가 구덩이에 빠지고, 돌부리에 걸려 넘어진다. 나는 내가 마치 옆에서 심 봉사와 심청의 불쌍하고 애처로운 모습을 보고 있는 것처럼 이야기한다.

나는 계속해서 내 이야기를 듣는 아이들의 반응도 살펴본다. 치음 들어 신기해하는 듯하다. 아이들은 내게 가까이 다가와 지겟가지를 낮은 쪽으로, 지게 다리를 높은 쪽으로 놓아 평평해진 등태 위에 앉아 귀를 기울이고 이야기에 쏠려있다. 그들이 열심히 들을수록 나는 신이 나서 이야기를 계속한다. 산그늘이 동쪽 계곡으로 깊어지고, 더위가 좀 누그러지면 나는 나머지 이야기는 다음에 하고 오늘은 나무를 하러 가자고 한다. 그들은 다음 이야기를 궁금해 하는 표정이다.

다음날도 그다음날도 같은 시간이면 아이들이 모여든다. 그렇게 해서 이야기는 계속되고 심청이 성장하여 길쌈과 바느질로 아버지를 극진히 봉양하여 심 봉사는 밥을 빌어먹는 신세를 면한다. 이 때 심청의 갸륵한 행실과 단아한 모습이 소문이 나서 장 승상 댁에 부름을 받아 가게 되고 거기서 사실상 수양딸이 된다.

심청의 귀가가 늦어지자 딸을 찾아 나선 심 봉사가 개천에 빠져 위험한 지경에서 스님의 도움으로 겨우 목숨을 건진다. 이때 스님이 공양미 삼백 석을 시주하면 눈을 뜰 수 있다고 한다. 심 봉사는 스님의 말에 귀가 번쩍 띄어 공양미 삼백 석을 시주하겠다고 덜컥 승낙부터 해버린다. 이 말을 들은 심청은 아버지를 위로하고 깊은 밤마다 정한수를 떠 놓고 자기 몸을 팔더라도 아버지의 눈을 뜨게 해주시라고 천지신명에게 빌기를 계속한다. 그러던 중 동네 사람들로부터 선인들이 열다섯 살 난 처녀를 사서 인당수에 제물로 바친다는 소문을 듣는다.

심청은 선인들을 만나 공양미 삼백 석에 몸을 팔기로 하고 삼백 석을 시주한다. 심청은 아버지에게 공양미 삼백 석을 시주했다고 알리면서 장 승상 댁이 쌀 삼백 석을 내주기에 수양딸로 팔리기로 했다고 우선 거짓말을 한다. 이 말을 들은 심 봉사는 내용도 모르고 매우 잘된 일이라고 크게 기뻐한다.

그 후 심청은 아버지의 의복과 의관을 지어 넣는 동안 떠날 날이 하룻밤만 남는다. 인당수로 가는 전날 밤이 깊어간다. 심청이 아버지의 버선을 마지막으로 지으려고 하니 울음이 복받친다. 아버지가 깰까봐 소리 내어 울지 못하고 얼굴도 대어보고 만져보며 자신이 죽은 후에 심 봉사가 거지 신세가 되어 천대받을 걸 생각하며 애달파한다.

이어 심청은 자신의 운명을 생각한다. 나서 칠일 만에 어머니를 잃고, 안맹한 아버지의 동냥젖으로 커서 열다섯 살에 인당수에서 죽어야 하는 자신의 운명을 한탄한다. 심청은 날이 밝지 않도록 해가 지는 곳에 빠져 있거나, 돋는 곳에 묶여 있기를 소원한다. 또 사후에 어머니를 만나자니 얼굴을 서로 어떻게 알아볼 것인가. 돌아가신 어머니는 황천으로 가 계시고 나는 죽게 되면 수궁으로 갈 것이니 어떻게 만날 수가 있겠는가. 수궁에서 황천까지 몇 만 리나 되는고?

이윽고 닭이 우니 심청은 마음속으로 말한다. "닭아, 닭아 울지 마라. 네가 울면 날이 새고, 날이 새면 나 죽는다. 죽기는 싫지 않아도 의지 할 곳 없는 우리 아버지 어찌 잊고 가단 말이냐?" 나는 이 장면에서 아이들의 관심을 끌어 심청의 원통하고 억울한 심정을 하소연하려고 한다. 아이들이 이야기 속으로 몰입해서 산마루가 조용하고 내 이야기 소리만 들린다.

어느덧 날이 밝아 심청이 아침밥을 지어 아버지께 드리려고 문을 나서니 선인들이 사립문 밖에서 나서기를 독촉한다. 이에 심청이 말한다.

"여보시오 선인 네들, 나도 오늘이 배 떠나는 날인 줄 이미 알고 있으나 내 몸 팔린 줄을 우리 아버지가 모르나이다. 만약 알게 되면 야단이 날 테니, 잠깐만 기다리면 아버지에게 진지 마지막으로 잡수시게 하고 말씀 여쭙고 떠나게 하리다."

심청이 아버지에게 마지막 밥상을 드리고 사당에 하직한 후 아버지 앞에서 두 손을 잡고 말한다.

"제가 못난 딸자식으로 아버지를 속였나이다. 공양미 삼백 석을 누가 제게 주겠어요. 남경장사 선인들에게 인당수 제물로 몸을 팔아 오늘이 떠나는 날입니다. 저를 마지막으로 보십시오."

심 봉사가 이 말을 듣고 통곡하며 만류한다. 이를 본 선인들은 심청이 사후에 심 봉사가 살 수 있도록 한 살림을 꾸려준다. 심 봉사가 따라나서자 심청은 동네 사람들에게 붙들게 하고 선인들을 따라간다.

심청이 뱃전에 이르러 배에 오르자 선인들은 북을 치고, 배는 바다로 향한다. 심청은 뱃전으로 펼쳐지는 풍광을 바라보고 자신의 운명을 시름없이 생각하는 동안 시간이 흘러 인당수에 이른다.

선인들이 각종 제물을 차리고 심청이도 제물 앞에 앉혀 놓고 고사를 지낸 후 심청에게 어서 물에 들라고 한다. 그 말을 들은 심청이 뱃전에 올랐으나 기절해서 배 안으로 넘어진다. 심청은 다시 일어서서 치마폭을 뒤집어쓰고 종종걸음으로 물러섰다가 다시 뱃전 바다 쪽으로 내달린다.

나는 여기서 이야기가 이렇게 끝났으면 어떨까 생각한다.

"심청의 효성이 이토록 지극하니 용왕의 화신이 나타나서 '내가 언제 사람을 제물로 바치라고 했느냐?'라고 선인들에게 호통치고, '어서 심청을 살려 보내라'고 해서 심청은 살 수 있었단다"라고 해서 속이 시원하게 끝을 맺고 싶다.

왜냐하면 여기서부터 이야기가 망상처럼 돌아가기 때문이다. 이야기는 이제 나의 일상 중에 중요한 부분이 된다. 낮이면 나무를 할 때 아이들이 내게로 모여들어 내가 이야기를 해준다. 저녁이면 식사를 마치고 마당에 누워 별이 총총한 하늘을 바라보며 이야기를 생각한다.

하지만 나는 생각이 깊어지면서 심청이 사람인 이상 인당수에 몸을 던져서 살아난다는 게 도저히 가능한 일이 아니라는 생각이 들었다. 심청이 인당수에 제물로 바쳐져야 할 이유도 이해할 수가 없었다.

나는 하늘을 바라보며 깊은 생각에 잠긴다. 세상의 조화는 정말로 불가사의하다. 심청이 이 세상에 와서 아버지의 눈을 뜨게 하기 위해 제물이 되어 바다에 뛰어들려고 하는 것만 해도 얼마나 갸륵한가. 이때 심청을 살려야 인과응보가 아닌가.

용왕은 정말로 선인들에게 사람을 제물로 바치라고 했을까. 용왕은 어떤 방법으로 말했을까. 용왕이 직접 말을 했을까. 누구의 입을 빌려 말을 했을까. 화주승이 말하는 부처님은 그렇게 영험이 있다고 했는데 시주를 하고 많은 시간이 지났는데도 아무런 영험이 없을까. 부처님은 모든 중생들이 고통에서 벗어나도록 구제하려고 하는데 왜 심청이 제물이 되도록 하는가.

심청이 바다에 뛰어들기 전에 용왕이나 부처님의 가호가 있어야 할 게 아닌가. 신은 모두 어디에서 무얼 하고 있는가. 나는 심청이 물에 빠지기 전에 살 수 있는 기적이 일어나야 한다고 생각한다. 하지만 나는 심청전 이야기를 그대로 따라간다.

치마폭을 뒤집어쓰고 바다 속으로 뛰어든 심청은 죽은 줄 알았는데 선녀들이 받아들어 가마에 올려 수궁으로 간다. 수궁으로 들어간 심청은 삼 년 동안 후한 대접을 받고, 그 중 하루는 어머니를 만나 아버지 이야기를 한다.

그 후 심청은 수궁에서 연꽃 속으로 들어가 인당수로 떠오른다. 마침 남경장사 선인들이 인당수를 지나가다가 연꽃을 발견하여 천자에게 바친다. 천자는 그 꽃 속에서 나온 심청을 황후로 맞는다. 황후가 된 심청은 아버지의 일이 걱정되어 전후사정을 천자에게 말해서 맹인 잔치를 한다. 맹인 잔치 소문을 들은 심 봉사는 맹인 잔치를 찾아가 심청을 만나서 눈을 뜨게 된다. 이렇게 심청전 이야기는 끝이 난다.

한여름 무더위는 계속되고, 아이들도 한낮의 더위를 피해서 그늘에 모여든다. 아이들은 또 내게 이야기를 한 자리 더 하라고 권한다.

나는 춘향전 이야기를 시작한다. 춘향전은 어머니가 책을 읽는 것을 듣기보다 주로 이야기로 들은 부문이 많아서 저녁이면 더 열심히 기억을 더듬고 간혹 생각이 잘 나지 않는 부분은 어머니에게 물어본다.

어머니에게 이야기를 들어도 왜 그렇게 이야기가 이어지는지 의문이 생기는 부분이 있다. 변학도가 춘향에게 옆에서 시중을 들라고 한 것 외에 또 무었을 얼마나 잘못 했기에 봉고파직을 하는지 그 이유를 분명히 이해할 수 없다. 변학도의 잘못을 더 알기 위해 변학도의 생일날 이몽룡이 지은 시를 어머니에게 읽어달라고 한다.

"동이의 향기로운 술은 천 사람의 피요, 소반의 좋은 안주는 만 백성의 기름이라.

촛불의 눈물 떨어질 때, 백성의 눈물 떨어지고.

노래 소리 높은 곳에 원성의 소리 높더라.

이 시의 뜻은 대체로 '화려한 잔칫상은 백성의 피와 땀이요. 상위의 초에서 떨어지는 촛농은 백성의 눈물이 떨어지는 것이고, 노래 소리가 높은 만큼 백성의 원한이 높다'는 거란다."

이는 분명 백성이 눈물을 흘렸다는 느낌인데 그래도 무엇 때문인지 구체적인 내용을 알 수 없다. 어쩐지 기분이 개운치 않다. 반면에 '어사출도요!'라고 할 때 사태가 반전되어 잔치장소가 혼비백산이 되는 모습은 재밌고 가슴이 후련하여 통쾌한 느낌이다.

나는 관리를 늘 무서워한다. 관리가 무서워서 소나무나 오리나무는 베지 않지만 솔가리를 할 때는 솔가지나 오리나무 가지를 베어야 솔가리가 흩어지지 않도록 감쌀 수 있다. 밀주를 빚었을 때도 관리가 무섭다. 솔가지와 밀주는 없는 집이 없다. 또 6.25전쟁 중이라 경찰이 징집 기피자를 붙잡으려고 다니는 걸 보는 것도 무섭다. 젊은 사람은 누구라도 잡아서 군대에 보낸다고 한다. 뿐만 아니라 공중위생을 위한다고 각 가정에 소제 검사도 한다. 나는 이런 것들은 관리가 스스로 조사할 동네와 집을 선택할 수 있다고 생각한다. 어른들 뿐 아니라 어린 아이들도 관리를 무서워한다. 관리가 얼마나 무서웠으면 울던 아이도 "순사 온다!"라고 하면 울음을 그친다.

내가 경험하지는 않았지만 어머니로부터 일제강점기 때에 대해서 들은 이야기도 있다. 일제가 공출이라고 해서 곡식을 강제로 거두어 가자 백성들은 식량이 모자라서 집집마다 곡식을 항아리에 담아 땅을 파서 감추었다고 하셨다. 일제는 대동아전쟁 때 청년들을 징병했고, 전쟁 무기를 만들기 위해 놋그릇도 거두어 갔다고 하셨다. 처녀들까지 징발해서 군수공장에 정신대나 전쟁터에 위안부로 보냈다고 하셨다. 처녀들은 위안부 징발을 피하기 위해 일찍 시집을 갔다고 하셨다. 그때 관리의 권력은 엄청 컸고 백성들은 살기가 매우 어려웠을 것 같다.

나는 관리가 되기만 하면 부자가 되는 것 같고 생일상을 그렇게 크게 차릴 수 있다는 게 쉽게 이해가 되지 않는다. 관리가 녹봉이 아주 많아서 곱장리를 놓아서 그런가. 그런 건 관리가 아니라도 부자들이 할 수 있는데 그런 게 봉고파직 할 것까지는 아닌 것 같다.

이몽룡은 "잔칫상을 백성의 피와 땀이라"고 했는데 그 부분을 확실히 이해할 수 없다. 어머니는 탐관오리라는 게 백성들에게 세곡을 많이 받아 착취한다는 걸 말씀하지 않으셨다. 결국 나는 변학도의 학정에 대해 구체적인 내용을 말 하지 못한 채 이야기를 계속하여 마친다.

여름의 끝 무렵 내가 우리 동네 고샅길을 지나가면 사람마다 나를 가리키며 "제가 이야기꾼이란다"라고 하는 소리가 들린다. 나는 그런 말을 들을 때마다 가슴이 약간 설레고 조금은 이상한 느낌이다. 우리 동네에서 나는 존재감이 없다고 생각했는데 동네 사람들이 나를 이야기꾼이라고 하는 건 그만큼 내가 그들의 관심의 대상이 된 것이다. 또 내 이야기를 들은 아이들이 재미가 있어서 동네 사람들에게 그렇게 말했을 것으로 생각하면 내가 외톨이에서 사람들 속으로 들어간 듯하다. 내가 책을 읽을 수 있으면 이야기를 훨씬 더 잘 할 것 같은 욕망이 꿈틀거린다.

사람들은 누구나 들은 이야기를 하고, 나도 들은 이야기를 했을 뿐이다. 그런데 사람들이 나를 이야기꾼이라고 하는 건 내게도 남들에 못지않은 무엇이 있을 성싶다. 나는 그것만으로도 쓸쓸하던 마음이 좀 가시는 듯하다. 불편하면서도 때로는 기쁠 때가 있다. 나는 점점 더 이야기에 흥미를 갖는다. 동네 어른들 중에는 삼국지를 내게 이야기해 주기도 한다.

비가 오면 나는 이웃에 있는 헌수네 집에 가서 헌수의 이야기를 듣곤 한다. 헌수는 나보다 나이가 약간 많고 학교에 다닌다. 헌수는 날마다 새벽이면 이웃 동네에 있는 서당에 가서 한문을 배운다. 헌수는 조용하고 성품이 너그럽고 따뜻한 친구다. 헌수를 보면 외모는 평범하여도 성현들을 존경하는 마음이 배어 있는 것 같다. 나는 헌수와 같이 있으면 마음이 편하고, 나는 헌수의 어진 심성에 매력을 느낀다.

내가 헌수에게 가면 헌수는 곧 명심보감을 꺼내서 내 앞에 가깝게 놓고 읽으며 설명을 해 주곤 한다. 그 책에는 내가 모르는 굵직한 한문 글자들이 가득하다. 헌수는 책장을 넘기며 여기저기서 한 문장씩 골라 토를 달아 천천히 읽고, 내가 알아듣도록 선인들의 마음공부와 지혜를 들려준다. 나는 헌수의 이야기를 열심히 듣다가 공감이 가면 맞장구를 치기도 하고, 좀 의심이 가면 질문도 한다.

헌수가 한 문장씩 읽고 설명을 한다.

"남의 외밭에서 신을 고쳐 신지 말고, 남의 오얏나무 밑에서 갓을 고쳐 쓰지 말라. 외밭에서 신을 고쳐 신으면 남의 외를 따는 것처럼 보이고, 오얏나무 밑에서 갓을 고쳐 쓰면 남의 오얏을 따는 것처럼 보인다. 남의 의심을 받을 일을 아예 하지 말라는 말이다."

"군자의 말이 참 적절하여 재미있다. 남의 외밭에는 아예 들어가지 말아야지. 오해받을 수 있으니까. 내 생각과 딱 맞는 말이다."

고개가 절로 끄덕여진다. 옳지, 나도 그렇게 해야지. 생각할수록 깊은 맛이 난다. 이런 명언은 명보감에 수두룩하다.

"귀로 남의 그릇됨을 듣지 말라. 눈으로 남의 단점을 보지 말라. 입으로 남의 허물을 말하지 말라. 그래야만 군자라고 할 수 있다. 사람은 누구나 다른 사람의 선악을 가르칠 정도로 위대하지 않고 불완전하니 남의 잘못을 듣거나 보고 말하지 말라는 뜻이다."

"그래, 그렇다. 좋은 걸 보고, 듣고, 행하는 것도 바쁜데 군자가 어찌 남의 잘못을 들출 시간이 있겠나."

스르륵 마음에 와 닿는다. 나는 그 말이 실천하기가 다소 어렵지만 할 수 있을 것 같고 올바르다는 생각에 맞장구를 친다.

헌수는 또 한 문장을 찾아 읽고 설명한다.

"선한 일은 작더라도 아니하지 말고, 악한 일은 작더라도 하지 말라. 이 말은 선한 일은 모두 하고, 악한 일은 아예 하지 말라는 말이다."

"그 말 참 군자다운 말이다. 선한 사람이 행할 좋은 말이다."

나는 헌수의 말을 듣고 우선 추임새를 넣는다. 하지만 내가 모두 그렇게 하기란 매우 어려울 것 같다. 마음속 깊은 곳에 와 닿지 않는다. 곧 나의 사정이 머릿속에서 떠올라 선악의 구별이 아리송해진다. 곱장리의 이식은 선인지 악인지, 밀로 막걸리를 빚어 먹는 게 왜 죄가 되는지, 선악을 구별하기 어렵다. 산주는 자기 산에서 나무를 할 수 있지만, 산이 없는 사람은 남의 산에서 나무를 해야 살 수 있다. 사람들이 솔가리를 할 때 솔가지나 오리나무 가지를 베는 것은 악이지만 그렇게 하지 않을 수 없다. 마음속에서 생각나는 선은 있지만 가난한 집에 사는 나는 어쩔 수 없이 크든 작든 악을 행하지 않을 수 없다.

헌수의 이야기는 계속 이어진다.

"사람의 의리는 가난에 따라 끊어지고, 세상의 인정은 돈 있는 집으로 쏠린다. 사람이란 가는 정이 없으면 오는 정도 없어지게 된다. 돈이 없으면 가는 정이 없으니 오는 정도 없다는 말이다."

"응 그건 틀림없는 말이야. '곳간에서 인심이 난다'고 했지."

나는 그 말에 고개를 끄덕이며 동조한다. 동시에 곧 우리 집 생각이 떠오른다. 우리 집에는 오는 사람이 없다. 가난하여 줄 게 없기 때문이다. 참 매정하고 각박한 세상에 사는 느낌이다. 선한 군자라면 가난하고 약한 자의 편에 서야 할 터인데. 내게는 군자가 보이지 않는다.

명심보감의 말에 나는 혼란해진다. 그 말을 모두 지키려면 하루도 견디기 어려울 것 같다. 하지만 내가 부잣집 아이로 태어나서 학교에 다닌다면 그걸 좀 더 지킬 수 있을 것 같다.

지금은 모두 자신의 이익과 편의를 찾는 사람으로 가득해서 군자가 발붙이기 어려운 세상이다. 보통 사람들이 군자의 도리를 찾아 이런 각박한 세상에 들어가려고 해도 끼어들 틈이 없을 것 같다. 나는 "군자란 악한 일은 작더라도 하지 않는다."는 말의 뜻이 모호해진다. 군자는 세상을 초월해서 살라는 말인가. 세상의 인심이 잘못된 것일까.

헌수는 한동안 생각하더니 책장을 이리저리 넘기며 한 문장을 찾아 이야기를 한다.

"소년은 늙기 쉽고 학문은 이루기 어렵나니, 순간의 세월이라도 가볍게 여기지 말라. 연못가의 봄풀이 꿈도 깨기 전에 계단 앞 오동나무 잎이 가을 소리를 낸다. 이 말은 사람이 배우지 않으면 어두운 밤길을 가는 것과 같다. 세월은 속절없이 흐르고 소년은 늙기 쉬우니 순간의 세월이라도 헛되이 지나지 말고 열심히 공부하라는 말이다. 공부를 하면 보다 넓은 세상을 볼 수 있다는 뜻이다."

"그래 세월이 빠른 건 맞다."

나는 정신이 번쩍 들며 내가 할 말이 떠오르지 않아 머뭇거리다가 겨우 나온 말이다. 그리고 속으로 깊은 생각에 잠긴다. 나는 어른이 되고 싶었다. 하지만 세월이 허무하게 **빠르다**는 어른들의 말도 가끔 들었다. 이 말은 빠르게 가는 세월을 아무도 붙잡아 둘 수 없고 누구에게도 주어진 시간은 정해져 있다는 걸로 생각하면 매우 공평한 것 같다. 하지만 열심히 공부할 수 있는 사람은 세월을 보람 있게 보낼 수 있지만 나처럼 공부를 할 수 없는 사람에게는 세월을 헛되게 보내고 만다. 공부를 하고 싶은데 돈이 없어 학교에 가지 못하는 게 나의 책임인가. 나는 할 말이 없어지고 가슴이 먹먹하다. 나는 아직까지 공부를 모르니 미래나 꿈은 모른다. 그저 세월 따라 어두운 밤길을 걸으며 돌부리에 차여 넘어질 것 같고 또래들은 밝은 세상을 향해 저마다 소중한 순간들을 열심히 산다. 나는 꿈을 갖고 싶다. 특별한 꿈이 아니다. 남들과 같이 어울려 살 수 있는 그런 꿈 말이다.

6부

무서운 폭력

6. 무서운 폭력

마음 놓고 아이들과 즐겁게 놀 수 있는 추석날이다. 들녘에서 황금빛 물결이 넘실거린다. 오후에 나는 아이들이 모여 노는 동네 옆 잔디밭으로 간다. 벌써 나보다 어린 아이들로부터 대여섯 살 더 많은 아이들까지 모여 또래들끼리 어울려 놀고 있다. 하지만 내 또래들은 한 사람도 보이는 데가 없다. 나는 어떻게 할까 생각하고 있는 중이다.

시간이 조금 지나자 나보다 대여섯 살 많은 아이들이 한 데 모여 무슨 일인지 쑥덕거리는 모습이 보인다. 아이들은 무슨 수작을 했는지 "가자!"고 하면서 어디론가 가려고 한다. 나는 그냥 있어도 어울릴 데가 마땅치 않을 것 같아 "나도 같이 갈까?"하고 그들에게 물어본다. 그들은 "그래, 같이 가자."고 한다. 그들은 나무하러 다니면서 내 이야기를 듣던 아이들이 많다. 그래서 나는 쉽게 그들에게 따라가자고 하고 멋모르고 아이들을 따라 나선다.

아이들은 내가 비수리를 하던 둔치로 가서 미루나무 그늘 밑에서 용바위골 옆쪽의 큰길을 바라보면서 기다리고 있다. 우리 동네 아이들은 곡강면 매산동 아이들이 나타날 때까지 매복을 하고 있는 셈이다.

우리 동네 아이들이 흥해나 포항으로 가려면 매산동을 지나가야한다. 그때 매산 동네 아이들의 눈에 띄면 신광면에 산다는 이유만으로 사정없이 얻어맞는다. 이런 이야기는 오래 전부터 우리 동네 아이들 사이에 파다하다. 그래서 우리 동네 아이들은 매산 동네 아이들을 무척 미워하고 무서워한다. 우리 동네 아이들이 매산 동네를 지나가려면 얻어맞을 각오를 단단히 하고 가야 한다. 나는 매산 동네를 지나다닐 일이 없어 맞은 적도 없고, 다른 아이들이 얼마나 맞았는지도 모르지만 맞았다는 이야기만 들어도 겁이 난다.

매산 동네 아이들은 흥해나 포항으로 가도 우리 동네를 지나갈 일이 없다. 그래서 우리 동네 아이들은 일방적으로 맞기만 하고 그걸 되갚을 기회는 없다. 매산 동네 아이들에게 맞은 우리 동네 아이들은 마음속에 분노와 억울함이 쌓여 있다. 다만, 오늘 같은 추석 때는 매산 동네 아이들이 신광에 있는 외갓집이나 친척집에 오려면 우리 동네 쪽을 지나가야 한다. 누가 운이 사나워서 덫에 걸릴지 모를 일이다.

우리 동네 아이들이 멀리 용바위골 옆쪽을 바라보며 매산 동네 아이들이 나타나기만 하면 그들에게 맞은 만큼 되갚겠다고 잔뜩 벼르고 있다. 우리 동네 아이들이 매산 동네 아이들을 만나면 무서운 폭력과 욕설이 난무할 것 같다.

시간이 흘러 미루나무 그늘도 동쪽으로 길게 늘어졌다. 바라보던 용바위골 옆쪽 큰길 위에 검은 양복을 입은 두 사람이 멀리서 걸어오는 모습이 눈에 들어온다. 우리 동네 아이들은 오고 있는 아이들이 매산동에 살고 있는지 아닌지 몰라 무척 궁금해 하고 있다. 두 사람은 무슨 이야기를 정답게 하는지 옆으로 나란히 걷는다. 걷는 모습이 매우 한가롭다. 오고 있는 아이들은 무자비한 폭력이 자신들의 앞에서 기다리고 있는 것도 모르고 앞쪽으로 거리를 점점 좁혀 오고 있다. 걸어오는 아이들을 가까이서 보니 깔끔한 양복 차림에 열대여섯 살쯤으로 우리 동네 아이들과 또래로 보인다. 우리 동네 한 아이가 오고 있는 아이들 쪽으로 다가가 호기를 부리며 부른다.

"너희들, 이리 와."

오던 아이들은 우리 동네 아이들 앞으로 온다. 둘 다 키가 크고 단정한 모습이다.

우리 동네 아이들 중 한 명이 그들에게 묻는다.

"너희들, 집이 어디에 있느냐?"

둘은 모두 불길한 예감을 느꼈는지 의기소침해서 겁을 먹고 낮은 목소리로 대답한다.

"매산동에 있다."

"그래, 그러면 어디에 있는 누구네 집으로 가는 길이냐?"

"나는 세미에 있는 외갓집으로 간다. 나는 구만에 있는 친척집으로 간다."

"그럼 그 집의 택호는 뭐냐?"

두 아이들이 가는 집의 택호를 말하자 우리 동네 아이들은 서로 쳐다보며 눈짓으로 우리 동네 누구의 친척 집인지 확인한다. 하지만 모두 머리를 좌우로 흔들어 누구의 친척 집도 아닌 게 금방 확인된다.

이때 우리 동네 한 아이가 그들의 두어 발 앞에 서서 말이 거칠어지고 위협적이다. 그건 집단적 폭력을 시작하는 신호인 셈이다.

"이놈들, 우리가 너희들 동네에서 맞은 만큼 너희들도 맞아 봐라."

분위기가 험악해지고 폭력의 광기가 폭발하기 시작한다. 매산 동네 아들은 갑자기 들이닥친 절박한 사태에 질겁한 표정으로 머리를 굽혀 두 손으로 빌면서 간절하게 말한다.

"한 번만 용서해 줘요, 한 번만 …"

우리 동네 한 아이가 빌고 있는 매산 동네 아이들의 왼쪽 뺨을 한 대씩 친다. 이어서 다른 아이가 주먹으로 고개를 숙인 아이들의 가슴을 또 한 대씩 친다. 주먹이 한 대씩 날아들자 아이들이 뒤로 한 발짝씩 물러서면서 맞는다. 날아오는 주먹의 충격을 줄이려는 반사적 몸짓이렷다. 폭력은 계속된다.

"한 번만 용서해 줘요, 한 번만 …"

맞는 아이들은 계속 용서를 빌지만 소용이 없다. 우리 동네 아이들이 차례로 나선다. 맞을 만큼 맞을 수밖에 없다.

나는 맞고 있는 아이들의 여남은 발 앞에 서 있다. 갑자기 내 양쪽 옆으로 바람이 이는가 싶더니 우리 동네 두 아이들이 매산동 아이들 쪽으로 세차게 달려가서 그들의 배에 발을 얹어 뻗는다. 그들은 차는 아이들의 발을 손으로 잡으며 뒤로 넘어진다. 동시에 차는 아이들도 발목이 잡혀 뒤로 넘어지며 엉덩방아를 찧는다. 찼던 아이들은 벌떡 일어나며 뒤를 돌아보고 엉덩이에 묻은 흙을 손으로 떤다. 차인 아이들은 일어나다가 꿇어앉아 '용서해 줘요'라며 두 손으로 빈다.

찼던 아이들은 큰 소리를 지른다.

"빨리 일어나지 못해!"

고함 소리가 들리자 맞은 아이들은 굼뜨게 일어난다. 아이들이 일어나자 깨끗했던 양복에 발이 닿았던 자리는 모래흙이 묻은 발자국이 남았다. 아이들의 배에 주먹이 연거푸 날아든다.

그때마다 아이들은 한 발짝씩 물러서며 맞는다. 그 후 우리 동네 아이들의 살벌하던 분위기는 조금씩 누그러진다. 시간이 지나면서 우리 동네 아이들이 두런거리더니 매산 동네 아이들을 보내준다. 우리 동네 아이들은 그들을 보내준 후 무슨 이야기를 하면서 용바위골 옆쪽 큰길을 바라본다. 또 누가 더 나타나는지 기다린다.

나는 맞고 가는 아이들이 안타까워 그들의 뒷모습을 계속 바라본다. 맞은 아이들은 우리와 어느 정도 거리가 멀어지자 옷에 묻는 모래와 먼지를 떨고 매무새를 다시 매만진다.

해가 서산으로 넘어갈 무렵까지 용바위골 옆쪽에서 아무도 나타나지 않는다. 우리 동네 아이들은 집으로 돌아온다.

나는 집으로 돌아오면서 난생 처음으로 본 집단적 폭력에 대한 생각이 자꾸만 머릿속에 떠오른다. 어이없는 폭력이 또 다른 폭력을 부른다. 누가 가해자이고 누가 피해자인지조차 엉키어 있어 갈피를 잡을 수 없다. 두려운 폭력의 광기는 언제부터 어디에서 비롯된 것일까?

나는 오늘 일어난 일의 원인과 치유에 대해 깊은 생각을 한다. 매산 동네 아이들이 오늘 당한 육체적 고통과 마음의 상처를 어떻게 할까. 돌아가서 자신들이 당한 이야기를 또래들에게 하고 몇 배의 복수를 하자고 한다면 폭력이 폭력을 부르는 악순환으로 치달을 수도 있다.

만약 오늘 맞은 아이들이 매산동에 살기는 하지만 그 동네 건달

들이거나 그들의 떨거지들도 아니고, 우리 동네 아이들이 지나다
닐 때 해코지도 하지 않았을 수도 있다. 그런데도 그렇게 맞은 복
수의 대상이 됐다면 얼마나 억울하겠는가. 동시에 우리 동네 아이
들은 엉뚱한 사람에게 폭력을 휘두르는 어처구니없는 일을 빚은
거다. 매산 동네 아이들이 우리 동네 아이들을 또 괴롭힌다면 더
이상 신광에 있는 외갓집이나 친척 집에 다닐 수 없을 것이다. 그
러니 그들은 또래들에게 "앞으로는 신광에서 우리 동네를 지나다
니는 아이들을 괴롭히지 말자"고 할 수도 있을 성싶다.

나는 아이들의 무서운 폭력을 생각하다가 2년 수개월 전 내가
겪은 6.25전쟁을 연상한다. 전쟁은 너무 처참하고, 누가 언제 죽을
지 모르는 비극 중의 비극이다.

나는 일곱 살도 채 되기 전에 내가 태어난 상옥에서 전쟁을 맞
았다. 1950년 8월 초순 어느 날. 집에서 조용하게 아침밥을 먹은
후 아버지는 한가롭게 마을로 나가셨다. 증조할머니와 어머니, 나
와 네 살 터울인 여동생과 생후 이십 여일 지난 갓난쟁이 남동생
은 집에 있다.

"탕, 탕, 따따따 탕, 탕, 탕, 따따따 …"

갑자기 난데없이 계속되는 총 소리가 귀청을 때린다. 날벼락이
떨어지는 것 같다. 6.25전쟁의 소용돌이 한복판이다. 빗발치는 총
알부터 피해야 한다. 들리는 것이라고는 총소리밖에 없다. 사방에
서 총소리가 요란하여 방향을 잡을 수도 없다.

어머니가 깜짝 놀라 말씀하신다.

"이게 뭐야? 난리 났다. 어서 피난 가자!"

어머니는 태어난 지 20여 일 된 갓난아이를 업으시고, 증조할머

니는 큰 동생을 겨우 없으신다. 다급하게 집을 나와 어디론가 허겁지겁 뛴다. 걸음아 날 살려라 숨 가쁘게 달린다. 나는 난생 처음 듣는 총소리지만 그저 사느냐 죽느냐의 문제로 생각하고 어머니의 뒤를 따라 달린다. 나는 증조할머니가 따라오시는지 때때로 뒤를 돌아본다.

총소리가 더 요란해진다. 급박하다. 뛰어봤자 별수 없다. 아직 동네 가운데다. 길옆에 어른들의 키보다 높게 자란 삼밭이 있다. 그 속으로 뛰어들어 삼밭 속 깊숙이 더 들어가 숨소리마저 죽여 가며 엎드린다. 총소리가 더 가까이서 들린다. 나는 누구라도 보이기만 하면 총을 쏘는 줄 알고 겁에 질려 사시나무 떨 듯 부들부들 떤다. 갓난아이가 울면 우리가 있는 자리가 알려질까 봐 마음이 조마조마하다.

총소리는 서너 시간 계속된 후 점점 남쪽으로 멀어지고 띄엄띄엄해지면서 수그러든다. 이윽고 총소리가 멎고 평상시처럼 조용해진다. 나는 이것으로 전쟁이 끝난 줄 알고 안도의 한숨을 내쉰다.

우리는 다시 집으로 돌아온다. 집은 얼른 보아도 아무런 일이 없었다. 증조할머니와 어머니는 마루에 앉아계시면서 아버지가 어디에 있는지 걱정을 하신다. 증조할머니는 걱정스러운 표정으로 나를 보시면서 말씀하신다.

"이 손아. 네 애비는 어디 가서 있는지. 왜 아직 오지 않느냐?"

"곧 오지요."

어머니는 근심어린 표정에 낮은 목소리다. 나는 말도 못하고 마음이 이상해진다. 삼밭에 엎드려 있을 때부터 아버지가 어떻게 계시는지 마음속으로 걱정했다. 우리가 집에서 한참 기다린 후에 아버지가 여유로운 모습으로 돌아오신다.

증조할머니는 아버지를 보자마자 반가워하며 물으신다.

"너는 지금까지 어디에서 있었느냐? 무슨 탈은 없었느냐?"

아버지는 마루 앞에서 손짓과 몸짓을 하시면서 이야기를 하신다.

"나는 동네 옆 저쪽 큰길에 있었는데 총소리를 듣자마자 옆 도랑에 엎드려 풀숲 속에 숨었다. 숨으면서 사방을 퍼뜩 살폈는데 북쪽에서는 군복을 입고 작업모를 쓰고 다발총으로 무장을 한 북한군들이 많이 보였다. 남쪽에서는 경찰복을 입고 위가 동그랗고 평평한 경찰모를 쓴 몇 사람들이 총을 북쪽으로 향해서 도랑에 엎드리는 걸 보았다."

아버지는 전장 가운데서 양측이 교전하는 걸 보셨고, 자신은 도랑에 숨어서 사지에서 무사했다는 데 대해서 다행이었다는 듯 말씀하신다. 하지만 집에 남아 있던 가족들이 어떻게 했는지에 대해 걱정하시는 이야기는 하지 않으신다. 아버지의 마음속으로는 걱정을 하셨는지. 그 후에 안부를 물으셨는지는 모르지만 그때는 말씀이 없었다.

나는 아버지가 가족에 대한 관심이 부족해서 서운했던 또 다른 생각이 난다. 내가 너덧 살쯤이었다. 아버지가 우리 집에서 좀 떨어진 데서 일을 하시는데 집에 있는 거도를 가져오라는 연락이 온다. 나는 날카로운 톱니가 빽빽하게 달려 있고 내 키만큼이나 큰 거도를 가지고 조심해서 걸어간다. 이렇게 위험하고 커다란 톱을 어린 내가 무사히 들고 가는 게 대견해서 아버지가 반가워할 거라고 생각하니 기분이 무척 좋다. 톱을 들고 도착해서 만족스러워하실 아버지의 모습을 상상하며 바라본다. 하지만 아버지는 매우 무서운 시선으로 나를 흘겨보신다. 실망을 넘어서 무섭다. 화가 잔뜩 나신 목소리로 불호령이 떨어진다.

"톱을 거기 놓고 어서 가거라!"

나는 깜짝 놀라서 아버지에게 더 가까이 가지 못하고 얼른 그 자리에 톱을 놓고 되짚어 온다. 겁이 나면서도 아버지가 왜 그러시는지 몰라 궁금하다. 아마도 아버지에게 무슨 불편한 일이 있었을 것 같다. 나는 돌아오면서 뜻밖에 아버지의 친구들이 하는 말을 엿듣게 된다.

"쟤가 네 동생이지, 네 동생이야. …"

나는 그 말을 들으며 이상해서 어리둥절해진다. 나는 아버지의 아들로 생각하는데 아버지의 친구들은 왜 나를 아버지의 동생이라고 할까. 아무리 생각해도 무슨 이유인지 알 수 없다. 아버지는 할아버지에게 '아버지'라고 하시지 않고 아버지도 나처럼 '할아버지'라고 하신다. 아버지의 친구들은 나를 아버지의 동생이라고 한다. 그렇게 생각하면 아버지의 친구들이 하는 말이 맞다. 그럼 나는 아버지를 뭐라고 불러야 하나. 도대체 무엇이 어떻게 된 일일까.

나는 거도를 잘 가지고 와도 아버지로부터 야단을 맞고, 아버지의 친구들로부터 이상한 말을 듣는다. 거도를 가지고 오지 않았으면 어머니로부터 싫은 소리를 들었을 것이다. 나는 어느 장단에 춤을 춰야 하나. 누구에게도 애꿎게 야단을 맞는 건 싫다. 아버지로부터 야단을 맞는 건 이걸로 끝이 아니다. 이때부터 나는 또래 아이들과 같이 놀면서 무심코 아버지가 일하시는 근처에만 가도 가차 없이 내몰린다. 나는 아버지에게 의붓자식을 방불케 하는 구박덩이고 천덕꾸러기다. 그다음부터는 같이 노는 아이들이 아버지가 일하시는 근처로 가면 나는 아버지 근처에 얼씬도 못하고 혼자 멀찌감치 떨어져 논다.

세월이 흐르고 나는 집안 내력을 알면서 새로운 생각이 들었다. 그때 아버지의 친구들이 나를 아버지의 동생이라고 한 건 아마도 내가 아버지보다 열아홉 살밖에 차이가 나지 않는 걸 핑계로 아버지에 대한 농담이었을 성싶다. 그때 아버지는 친구들의 농담을 재치 있게 받아 넘기거나 적절한 기지를 발휘해서 모면하지 못하고 나를 쫓아버리는 걸 가장 쉬운 방법으로 생각했을 성싶다. 하지만 그건 최악의 방법이었다. 아버지의 그런 반응이 오히려 친구들에게 재미를 더하는 빌미가 되어 농담은 심해지고 아버지에게 나는 골칫거리가 됐을 것 같다. 나는 또 아버지로부터 구박을 받고 또래들과 같이 놀면서도 늘 아버지를 조심해야 했다. 그 원인은 내가 너무 일찍 태어난 탓이다. 하긴 내가 그걸 선택할 수 있는 게 아니었고 운명이었지만.

6.25전쟁을 맞은 날 우리 가족은 무사했지만 여기저기서 사람들이 죽고, 부상을 당했다는 소문이 들린다. 특히 어디서는 아기 엄마가 아기를 안고 총을 맞았는데 그 엄마는 죽고 아기는 죽은 엄마의 젖을 물고 울고 있었다고 한다.

나는 전쟁 중 사상자에 대한 이야기를 듣고서도 총소리가 그치고 평온해졌으니 전쟁은 이제 끝이 난 걸로 생각한다. 하지만 그건 전쟁의 끝이 아니라 시작이었을 뿐이다.

국군은 우리 동네 바로 너머에서 낙동강 전선으로 최후의 방어선을 구축한다. 북한군도 기계, 안강, 경주, 울산, 부산을 잇는 축선을 따라 진격하려고 총공세를 편다. 기계·안강에서 양측의 공방전이 40여 일간 계속되면서 일진일퇴의 전투로 고지의 주인이 열 차례도 넘게 바뀌고 사상자가 속출한다. 낙동강 전선이란 그 이름과는 달리 대구 다부동, 영천, 기계·안강, 포항 형산강을 잇는 전선이 주축선이고, 우리 동네는 가장 치열한 전투중 하나인 기계·안강 전투의 바로 북쪽 턱밑에 있다.

어떤 날 밤에는 북한군이 우리 동네에 와서 신발을 신은 채 방에 들어가서 자고, 동네 사람들은 잠을 잘 곳이 없을 때도 있다. 북한군은 아무 집에나 마음대로 다니다가 소를 몰고 가서 잡아먹기도 한다.

때때로 총소리도 들린다. 그럴 때는 동내에 누가 죽었다는 소문이 금방 나돈다. 나는 북한군이 아무나 죽이고 싶으면 죽이는 것 같아 겁이 나고, 총소리를 들을 때마다 무서움에 떤다. 총을 메고 다니는 것만 봐도 무섭다. 나중에야 알았지만 그때 죽은 사람들은 소작의 주인쯤 되거나 세력이 있는 사람들이다. 세력가의 소실로 개가한 나의 할머니도 그때 무자비한 총구 앞에서 생을 마감했다. 할머니 자신이 새로 낳은 자식들도 그날 비극을 같이 했다. 또 어떤 사람은 성은 다르지만 이름이 같은 동명이인이 영문도 모른 채 애먼 죽음을 당했다. 전쟁의 소용돌이에는 무고한 생명도 총구 앞에 처참하게 쓰러진다. 죽은 자는 말이 없고, 유족은 억울해도 하소연할 데가 없다. 전쟁이란 죽음의 공포와 두려움 그 자체다.

북한군은 때때로 날이 새자마자 동네를 돌아다니며 사람들을 개천가에 불러 모은다. 나는 겁이 나서 방에 웅크리고 앉아 아버지와 어머니가 돌아오기를 기다린다. 그동안 북한군이 동네에 사람들이 남아 있는지 찾으려 몇 차례 더 돈다. 그때마다 나는 겁에 질려 이불 속에 숨어 있어도 가슴이 두근거린다. 시간이 한참 지난 후 동네 사람들이 돌아오는 게 보이기 시작한다. 나는 툇마루에 나와 동네 사람들이 오는 쪽으로 목을 빼서 눈동자를 바쁘게 움직이며 아버지와 어머니가 보이는지 살핀다. 어떤 날에는 동네 사람들이 많이 지나간 후에야 아버지와 어머니가 보인다. 나는 그 짧은 시간이 아주 길게 느껴지고 불안감이 밀려와 초조해 진다. 혹시 아버지와 어머니에게 무슨 일이 있었는지 궁금해지고 달려가보고 싶지만 겁이 나서 못 간다.

돌아오신 아버지와 어머니의 이야기를 들으면 북한군은 북한의 시책을 선전하고 "곧 평화가 된다."고 하여 사람들을 안심시켰던 것 같다. 연설을 하는 사람 중에는 여군도 있었다고 하신다. 북한군은 동네 사람들을 개별적으로 볼 때도 "평화가 된다."는 말을 상투적으로 한다.

"동무, 곧 평화가 됩네다. 평화가 됩네다."

나는 겁에 질려 있다가도 북한군이 그렇게 말하는 걸 들을 때는 일시적이라도 마음이 조금 평온해진다. 나는 '평화'란 전쟁이 끝나는 것이고 전쟁이 끝나면 사람을 죽이지 않는다고 생각한다.

지상전에서 전투는 국군의 최후 방어선이 낙동강 전선까지 밀렸으나 해전과 공중전에서는 전쟁 초기에도 국군이 크게 밀리지 않고, 유엔군의 지원을 받으면서부터 북한군을 압도한다.

6.25전쟁 발발 후 곧 미국 해군 항공모함 11척이 동해에 배치되고 영연방 제국의 항공모함은 서해에 배치된다. B29, 제트전투기, 프로펠러 전투기는 항공모함 또는 일본에서 발진한다. 제공권을

장악한 전투기들은 적진과 탱크는 물론 적 후방의 보급로와 군사 시설, 멀리 해주, 평양, 압록강 변까지 출격해서 폭격한다. 인천 상륙작전 때는 일주일 전부터 인천에 융단 폭격을 해서 상륙의 교두보를 확보한다.

우리 동네에는 수시로 비행기가 선회하고 돌아간다. 그건 북한군을 정찰하고 폭격을 하거나 함포 사격을 해서 국군이 영덕에 상륙하는 것처럼 하기 위한 것이다. 이건 인천 상륙작전을 성공하기 위해 북한군의 전력을 동해안에 집중시키려는 기만전술이다. 멀리서부터 비행기 소리가 들리기만 하면 북한군들은 "항공! 항공!"하고 크게 소리를 질러 서로 전달 복창하며 비행기에서 보이지 않게 숨는다. 동네 사람들도 숨는다. 비행기에서 사람이 보이면 막 쏘는 줄 알고 나도 무서워서 숨는다. 나는 비행기에서 '삐라'를 뿌리는 걸 자주 본다. 사람들은 "비행기가 나타났을 때 행동요령이 삐라에 적혀있다"고 말한다.

"민간인은 흰 옷을 입고 비행기가 나타나더라도 숨지 말라. 민간인이 숨으면 북한군으로 잘못 알고 폭격을 할 수 있다."

하지만 실제로 비행기가 나타나면 북한군들은 "항공! 항공!"하면서 숨고, 동네 사람들은 모두 스스로 숨는다. 비행기에서 보이는 곳에 서 있는 사람은 아무도 없다.

해가 지고 어두워지면 함포 소리가 들리는 날이 많다. 함포소리는 천둥소리처럼 들린다. 하늘이 흔들리고 산이 무너지는 것 같다.

"쾅! 쾅! 쾅!"

멀리서 울려오는 둔중한 함포소리가 몇 번 들리면 어두운 밤에 우리는 피난길에 나선다. 아버지는 미리 준비해 둔 냄비와 비상식량, 고추장과 돗자리에 이불을 얹은 지게를 지고 앞서신다. 어머니는 갓난쟁이 동생을 업고 아버지 뒤를 따르신다. 나도 어머니의 뒤를 쫓는다. 증조할머니는 여동생을 겨우 업고 따르지만 점점 뒤로 쳐지신다. 동네를 빠져나와 들길을 지나고, 계곡을 지나서 재를 넘어간다. 거기서부터 어두운 숲 속 어느 깊숙한 계곡까지 더 간다. 피난 가는 계곡도 그때마다 조금씩 다르기는 해도 바다가 가까운 동쪽이 아닌 북서쪽이다.

나는 어머니를 따라가다가 뒤를 돌아보아서 증조할머니가 보이지 않으면 뒤돌아 달린다. 어둠속에서 할머니가 희미하게 보이면 "할머니, 이쪽"이라고 알리고, 다시 돌아서면 어머니가 보이지 않는다. 또 달려서 어머니가 보일 때 뒤돌아보면 할머니가 보이지 않는다. 캄캄한 밤에 이러다가 내가 길을 잃을 것 같아 겁이 난다. 그렇다고 할머니와 동생을 그만 둘 수도 없다. 할머니를 찾고 뒤돌아 달려가면 앞서 가던 아버지와 어머니가 기다리고 계신다. 안도의 한숨을 내쉰다. 재를 넘어 목적지 계곡에 갈 때까지 이렇게 하기를 수없이 되풀이 한다.

첩첩산중 깊은 계곡에는 물이 흐른다. 길도 없는 어두운 계곡을 손발로 더듬어 발 디딜 틈을 찾는다. 한참 들어가서 그 옆 작은 계곡에 자리를 잡고 바닥에 땅을 고르고 나뭇가지를 꺾어 깔고 돗자리를 편다. 돗자리가 좁아 그 옆으로는 나뭇가지만 깐다. 머리 위에는 나뭇가지와 덩굴이 우거져 덮였다. 그 속에서 함포 소리가 멎을 때까지 하룻밤이나 이틀 밤을 지내기 일쑤다. 낮에는 우거진 녹음이 바람에 일렁거리고 산 너머에서 비행기가 나타나기도 한다. 아버지는 비행기가 보이는 쪽에 이불을 들어 가리면서 말씀하신다.

"비행기에서 총을 쏘면 총탄이 이불 속에 있는 솜에 걸린다."

그 후에는 비행기가 나타나면 나도 얼른 이불을 들어 가린다.

어떤 때는 함포 소리가 멎으면 하루나 이틀 만에 집으로 돌아오고, 다른 때는 들이 있는 근처로 장소를 옮겨 가면서 며칠씩 지낸다. 식량이 떨어지면 가까운 밭에서 감자를 캐서 삶아 고추장을 조금 발라 먹으며 끼니를 때운다. 감자도 처음에는 가루분이 있고 부드러워 잘 먹었으나 계속 그것만 먹으니 물리고 혀끝이 아려서 먹을 수 없다.

초가을이 되면서 비행기는 더 자주 나타나고 함포 소리도 더 자주 들린다. 우리 가족은 계곡에서 며칠 째 피난을 하고 있다. 계곡의 사방은 푸른 숲으로 우거지고 하늘은 눈이 시리도록 푸르고 높다.

그러던 어느 날 아침부터 비행기 소리가 계속해서 들리기 시작한다.

"웅 위잉 쨰~액 짜르르."

멀리서 비행기가 다가오며 선회하다가 기수를 아래로 향해 하강할 때 공기를 찢는 듯 창공을 가르며 내는 굉음이다.

"탕 탕 쾅 쾅 콰르르."

비행기가 기관총을 소사하고 폭탄을 투하해 목표물에 작렬하는 소리다. 폭탄을 맞은 게 작살나고 불길이 솟아오르는 소리다.

"쏴아 쨰~액 위잉 웅~."

포격을 한 비행기가 창공으로 치솟는 굉음에 이어 멀리 사라져 가는 소리다.

이런 소리들은 실제로는 이어져 천지를 진동하는 굉음이다. 비행기가 사라지는 소리가 끝나기도 전에 또 다시 날아오는 비행기 소리가 쉴 새 없이 이어진다. 어떤 때는 편대를 이룬 비행기가 출격하여 진동하는 소리가 요란하다. 공습하는 소리는 하루 종일 계속 되고, 소리가 끊기는 때는 몇 번 정도 있지만 그 시간을 모두 합쳐도 기껏해야 몇 십 분이나 됐을까 말까하다.

우리가 있는 계곡에는 국군도 북한군도 다른 사람도 보이지 않는다. 폭격소리가 들릴 때는 누군가가 포탄을 맞았을 것 같아 가슴을 찌르는 느낌이다. 동네가 온통 부서지고 잿더미가 될 것 같다.

다음날은 비행기 소리만 가끔 들릴 뿐 폭격 소리는 들리지 않는다. 우리는 짐을 꾸려 재를 넘어 집으로 돌아온다. 집은 그대로 있고, 국군도 북한군도 보이지 않는다. 포탄이나 총탄의 흔적도 없다. 북쪽으로 넘어가는 통점재 도로 쪽을 바라보니 얼른 보아도 멈추어 있는 군용 트럭들이 보이고 도로 옆 푸른 숲에 불탄 자리들이 많이 보인다. 어쩐지 거기에 가보고 싶다. 며칠이 지나도 평온하다. 지긋지긋한 피난살이도 살벌하던 분위기도 끝나고 평화가 온 걸로 나는 생각한다.

며칠 후 나는 혼자서 통점재로 넘어가는 비탈도로를 따라 올라간다. 산길 들머리에서부터 불탄 숲이 많다. 도로 양쪽으로 탄알과 프로펠러가 달린 크고 작은 포탄들, 탄피와 폭탄 파편들이 수없이 널려 있다. 길 옆 산기슭에는 북한군의 군복과 모자, 탄창과 탄띠, 비상식량 전대 등 북한군이 소지했던 군장들을 그대로 벗어 던진 게 숱하게 흩어져 있다. 북한군 트럭들도 폭탄을 맞아 부서진 채 멈추어 있다. 인간 최대의 비극인 전쟁의 흔적을 그대로 보여주고 있다. 그래도 죽은 사람의 흔적은 없다. 이상하다. 옷은 왜 벗어 던져버렸을까. 총은 어디로 갔을까. 북한군은 포탄이 빗발치는 전쟁터에서 어디로 갔을까. 나는 도로를 따라 고개 위까지 올라갔으나 폭격의 흔적은 계속되고 무서워서 재 너머 더 깊은 산속으로 가지 못하고 되돌아온다.

북한군이 패주한 건 국군과 유엔군이 인천에 상륙해서 서울을 수복하고 북한군의 보급로를 끊으면서 포위했기 때문이다. 북한군은 낙동강 전선에서 전의를 완전히 상실하여 많은 사상자와 포로가 되고 일부는 패주한다. 국군과 유엔군은 9월 15일 인천에 상륙하고 9월 28일에는 서울을 수복한다. 국군과 유엔군은 계속 북진해서 10월에는 압록강, 11월에는 두만강 일대까지 진격해서 한만 국경선에 이르러 통일이 보이는 듯했다.

하지만 이미 10월 19일부터 중공군은 유엔군의 정찰을 피해서 야간에 수십만 명이 압록강을 건너온다. 낮에는 산속에 숨었다가 야간을 이용해서 국군과 유엔군의 측면과 후방 쪽으로 이동한다. 이게 서쪽으로는 청천강 쪽이고, 동쪽으로는 장진강 쪽이다. 이건 국군의 인천상륙에 유사한 포위작전이다.

유난히도 추웠던 겨울. 얼어붙은 압록강을 중공군은 수없이 건너온다. 11월 25일 청천강에서 중공군이 대공습을 한다. 추위와 산악전에 능하고 수적으로 우세한 중공군이 국군과 유엔군의 전면에서 총공세를 하고, 측면과 후방에서도 공격한다. 국군과 유엔군은 악전고투를 했으나 많은 병력과 장비의 손실을 입고, 포위된 일부 부대의 구출조차 하지 못하고 후퇴한다. 청천강 전투에서 후

퇴가 시작되자 유엔군 사령부에서 모든 전선에 38도 선까지 후퇴 명령을 내린다. 장진호 전투에서도 국군과 유엔군이 추위 속에서 중공군의 공격을 받는다. 포위선을 뚫고 12월 초 흥남 철수까지 상당한 장비의 손실을 입는다. 이때 흥남 부두에는 피난민들의 인파가 몰려든다. 피난민들이 아수라장 속에서 군함에 오르고 월남하면서 이산가족의 비극이 시작된다.

국군과 유엔군은 전의를 상실하고 후퇴를 계속해서 12월 6일에는 평양을 철수하고 계속 밀린다. 중공군은 계속 밀고 내려와 38도 선을 넘는다. 이때 남쪽으로 시민들의 탈출 행렬이 이어진다. 1951년 1월 4일에는 서울을 다시 빼앗기고 국군과 유엔군은 계속 후퇴한다. 중공군이 한강을 넘어 계속 진격해오자 피난 령은 더 확대된다. 후퇴하던 국군과 유엔군은 1월 하순 37도 선인 평택, 안성, 제천, 원주, 삼척을 잇는 주저항선을 구축하고 반격 준비를 갖춘다. 하지만 태백산으로부터 그 남쪽 태백산맥 속에서는 낙동강 전선의 패잔병이었는지 북한군의 특수부대였는지 정체불명의 소규모 부대들이 준동한다. 비정규군은 영월, 단양, 영주, 안동까지 출몰하여 국군의 중동부 전선을 교란한다.

이때쯤 외할머니가 우리 집에 오신다. 외할머니와 어머니는 근심어린 표정으로 툇마루에 앉아 무슨 이야기를 하고 계신다. 나는 멋모르고 있는데 이야기를 하시던 어머니가 나를 보고 말씀하신다.

"또 피난 가야 한다."

나는 '피난 가야 한다.'는 말을 듣자마자 댓바람에 사립문 쪽으로 뛰어 나간다. 나는 '피난'이란 말만 들으면 서둘러 사립문 쪽으로 나서는 게 예사였다. 그러면 아버지는 미리 준비된 짐에 이불을 얹어 곧 앞서시고, 어머니와 증조할머니도 동생들을 업고 뒤따르신다. 그런데 오늘은 이상하다. 총소리도 함포 소리도 들리지 않고, 가족들이 나오는 소리도 들리지 않는다.

이상한 생각이 들어 사립문에서 뒤를 돌아본다. 외할머니와 어머니는 아직도 그 자리에서 심각한 표정으로 이야기를 하고 계시고, 아버지는 증조할머니 빈소에서 신주함을 들고 있다. 나는 갑자기 복받치는 울음이 터진다. 무서운 전쟁과 증조할머니 생각이 나서 엉엉 운다.

마루에 앉아 계시던 어머니가 울음소리를 듣고 쫓아와서 달래신다.

"왜 우느냐? 울지 마라. 어서 그쳐라."

나는 어머니의 손에 이끌려 툇마루 앞으로 되돌아갔으나 아무 말도 못하고 솟구치는 서러움을 참을 수 없어 눈물이 볼을 타고 흐른다. 너무 많은 생각이 한꺼번에 밀려와 흐르는 눈물을 주채할 수 없다.

아버지가 증조할머니의 신주함을 들고 계시는 걸 보면서 울음이 터졌다. 언제 사람의 목숨을 앗아갈지 모르는 끔찍한 전쟁이 생각난다. 귀청을 때리는 총소리, 천둥소리 같은 함포 소리, 공기를 자르는 것 같은 비행기 소리, 포탄 소리와 폭격 소리가 동시에 머릿속으로 밀려온다. 어두운 밤 피난길. 그래도 증조할머니가 동생을 업었는데 이제는 내가 동생을 업을 수도 없고 손을 잡고 갈 수도 없다. 이 일을 어떻게 해야 하나. 증조할머니에 대한 그리움이 절절하다.

작년 9월 중순 우리 동네에 폭격을 할 때 북한군은 북쪽으로 쫓겨 갔다. 다음날 우리는 집으로 돌아오자마자 증조할머니는 바로 몸져누우셨고, 곧 돌아가셨으니 피난길이 얼마나 고통스러웠을까. 증조할머니는 동생을 업고 가까스로 피난길을 따라 다녔다. 그러면서도 아프다는 내색조차 못하시고 다녔을 걸 생각하니 가슴이 아프고 피난길이 연상 머리를 스쳐간다. 전쟁으로 뒤숭숭한 때여서 장례도 간소하게 치렀다. 사람의 목숨이 걸려 왔다 갔다 하는 전쟁의 공포가 온몸을 휘감는다. 그런 전쟁이 아직 끝난 게 아니라니 흐느낌이 오래 이어진다.

증조할머니가 계실 때 산에서 해 오시는 나물 보따리를 풀면 구수한 향기가 가득하고 그 속에는 물오른 송기가 여러 개 있었다. 내가 먹도록 주기 위해서였다. 내가 너덧 살 때부터 증조할머니는 사람들에게 나를 지팡이라고 하셨다. 깊은 산속으로 나물을 하러 갈 때나, 다른 동네에 사는 증조할머니의 동생 집에 갈 때도 나를 데리고 다니셨다. 증조할머니는 날마다 나를 데리고 주무셨는데 편찮으시면서 안방으로 가셨다. 증조할머니는 나를 끔찍이 사랑하셨는데. 할머니는 마음속에 나에 대한 사랑을 가득히 가지신 채 돌아오실 수 없는 길을 가셨다.

나는 증조할머니가 편찮으실 때 할머니가 계신 방에 들어가 본 적도, 돌아가신다는 것을 생각해 본 적도 없었다. 아버지와 어머니가 나를 들어오지 못하게 하셨다. 그때 나는 할머니를 무척 보고 싶었다. 그러던 중 할머니가 돌아가셨다는 말을 들었다. 나는 가슴이 텅 빈 것처럼 허전하고 안타까워하며 깊숙한 산속 증조할머니의 장지에 따라가 눈물을 흘리며 산소의 봉토를 밟았다.

내가 증조할머니 생각을 하고 있는 동안에도 아버지와 어머니는 피난처를 정하지 못하셨고 결국 피난도 가지 않았다. 그때는 전선이 37도 선에 머물러 있었는데 우리 집은 36도 선에 가까웠으니 산속으로 금방 피난을 간다는 건 의미도 없었다. 산속으로 피난을 간다면 오히려 패잔병 같은 비정규군에 노출될 위험이 많았다. 그렇다고 정처도 없이 남쪽으로 피난을 떠난다는 것도 쉽지 않았다. 하지만 다른 집들 중에는 그때 남쪽으로 일단 피난을 떠났던 집들도 꽤 있었다.

우리 집은 그 후 곧 신광으로 이사를 해서 두 군데를 잠시 거쳐 여기에 자리를 잡았다. 이곳이 피난의 종착지다.

6.25전쟁의 아픔은 전래해 오던 민초들의 마음 깊숙한 곳에 쌓였던 울분과 억울함을 뿜어내던 타령에도 파고든다. 전통 각설이 타령은 전쟁 각설이 타령으로 바뀐다. 전쟁으로 피난민의 대이동과 시름겨운 삶에 징집과 전사자가 숱하고, 행방불명이 된 남편이 입던 옷가지를 보관하고 기약 없이 기다리는 아낙들도 있다. 배가 고파 거리로 나선 걸인들의 신세타령은 전쟁의 상흔이 짙게 배어 있는 민초들의 타령으로 익살스러우면서도 아낙들의 심금을 울린다. 걸인은 큰 깡통을 옆에 차고 누더기 옷을 입고 수건을 머리에 둘러맨다. 각설이 타령을 부를 때는 타령의 장단에 맞춰 몸을 흔들고 다리를 굽혔다 폈다하면서 사립문에서 방문 쪽으로 발을 조금씩 옮기며 흥을 돋운다.

"어얼 씨구씨구 들어간다. 저얼 씨구씨구 들어간다.

작년에 왔던 각설이 죽지도 않고 또 왔네.

어허 품바 잘도 한다.

일자나 한자나 들고 보소, 일선에 가신 우리 낭군 돌아오기를 기다린다.

이자나 한자나 들고 보소, 이승만이 대통령은 남북통일만 기다린다.

삼자나 한자나 들고 보소, 삼천만의 우리 동포 해방되기만 기다린다.

사자나 한자나 들고 보소, 사천이백칠십팔 년 해방의 종소리 들렸네.

오자나 한자나 들고 보소, 오만 대병 우리 국군 삼팔선을 올라갔네.

육자나 한자나 들고 보소, 육이오사변에 집 태우고 거지 신세가 웬 말이요.

칠자나 한자나 들고 보소, 칠십 리 밖에 함포소리 요란하게 들린다.

팔자나 한자나 들고 보소, 팔십 리 밖에 대포소리 웅장하게 들린다.

구자나 한자나 들고 보소, 구십 세 난 노인이 아들 오기를 기다린다.

장자나 한자나 들고 보소, 장하다 우리 국군 남북통일을 완수하라.

어얼 씨구씨구 들어간다. 저얼 씨구씨구 들어간다.

작년에 왔던 각설이 죽지도 않고 또 왔네."

나는 각설이 타령이 6.25전쟁으로 생긴 걸로 생각한다.

아버지는 추석에 집에서 내 지게를 새로 만드신다. 새로 만드는 지게는 원줄기에서 지곗가지가 뻗어 나온 나무로 만드신다. 새 지게가 튼튼해 보인다. 어느 날 나는 새 지게로 나무를 하러 가다가 태규를 만난다. 나는 태규를 따라가며 태규의 지게를 자세히 보며 말한다.

"네 지게를 내가 한 번 져 보자."

"왜 그러느냐."

"지게가 몸에 얼마나 편한지 알아보려고 그래."

"지게가 편한 게 어디 있어. 지게는 다 불편하지."

태규가 지게를 벗어 내게 준다. 내가 태규의 지게를 져 보니 넓고 폭신한 등태가 내 등에 착 달라붙어 장착감이 좋고 흔들리지 않아서 편하게 느껴진다. 밀삐는 목에서 양쪽으로 충분히 떨어져 두 어깨마다 가운데로 걸쳐진다. 지게가 좌우로 움직이지 않게 되어 있다.

나는 태규의 지게를 벗어 등태를 본다. 태규의 등과 나의 등의 크기를 고려한다고 하더라도 태규의 지게의 등태가 훨씬 넓다. 나의 등보다 내 지게의 등태가 더 좁다. 지게는 작은 등태가 나의 작은 등에 좁게 닿아 있으니 더 넓게 닿고 싶어 이리저리 자꾸 움직여 본다.

나는 태규와 같이 나무를 해서 집에 오자마자 아버지의 지게를 본다. 아버지의 지게는 얼른 보아도 태규의 지게보다 등태가 좁고 세장도 짧다. 두 개의 밀삐 사이도 좁고, 등태 가운데가 오히려 볼록한 듯해 보인다. 내가 아버지의 지게를 져본다. 등태가 폭신하고 등에 착 달라붙는 느낌은 전혀 없다. 다른 사람들의 지게는 모두 태규의 지게처럼 보인다. 나는 태규의 지게가 부럽다. 아버지가 왜 지게를 이렇게 불편하게 만드시는지 아버지도 남의 지게를 좀 져봤으면 싶다.

한겨울로 접어들었다. 우리 집은 서향이라 북서풍이 쌩쌩 불면 벽과 문에 차가운 바람이 그대로 부딪친다. 세찬 바람이 문틈으로 파고들면 문풍지가 드르르 떨며 파열음을 낸다. 북서쪽에는 대숲도, 나무도, 다른 집도 없으니 들판을 굴러오면서 한껏 속력이 붙은 찬바람이 우리 집에 몰아친다. 나는 이런 날씨에는 나무를 할 수 없어 집에 있다.

창호지를 바른 우리 집 외짝 문에는 서너 개의 문살 사이에 창호지를 오려내고 유리 조각을 붙여서 밖을 볼 수 있는 창경이 있다. 내가 유리에 눈을 붙여 맞은 편 헛간을 보면 헛간 바닥과 볏짚가리에 참새들이 가끔 날아온다. 참새들은 짹짹거리며 먹이를 찾아 먹는다. 나는 추운 날에는 헛간에 오는 참새를 잡는 장치를 하곤 한다.

접은 발채 위에 무거운 돌을 올려놓고 막대기 아래 끝에 새끼줄을 매어서 발채 울이 맞물린 쪽을 받친다. 새끼줄은 방에서 당길 수 있도록 문틈으로 들여놓는다. 발채 밑에는 짚을 얇게 깔고 왕겨를 뿌린다. 볏짚에서 벼이삭을 찾아 발채 가운데 매단다. 나는 방에서 문에 붙은 창경을 통해 참새들이 발채 밑으로 들어가는지를 보면서 기다린다.

우리 집 주변에는 참새들이 숨거나 쉴 만한 곳이 없어서 참새들이 좀처럼 오지 않는다. 어쩌다가 몇 마리가 와서 발채 밑을 기웃거린다. 참새들은 경계심이 무척 많다. 여간해서는 발채 밑으로 들어가지 않고 머리를 이리저리 기울여 동정을 살피며 짹짹거린다.

어떤 때는 한 마리가 발채 밑으로 폴짝 뛰어 들어가는데 또 한 마리가 더 들어갈 듯해서 내가 기다린다. 그러다가 안에 있던 놈마저 나와 버린다. 한 마리가 들어갔을 때 줄을 당겨버리면 다른 놈들은 놀라서 멀리 날아가 버리고 다시 잘 오지 않는다. 그래서 더 들어갈 것 같아서 기다리다가 모두 놓친다. 아쉽다. 한 마리라도 잡을 걸 하는 마음이 간절하다. 그래도 이렇게 하다가 요행으로 한두 마리를 잡을 때가 있다.

잡은 참새는 화롯불에 구워 먹는다. 구울 때는 고소한 냄새가 입맛을 당긴다. 어머니는 "여자가 참새고기를 먹으면 그릇을 잘 깬다."고 하시며 어머니는 물론 여동생에게도 먹지 못하게 하신다. 참새고기를 먹으면 왜 그릇을 깨는지 나는 그 이유를 모른다. 나는 어머니 말씀만 듣고 참새고기를 남동생과 둘이 나누어 먹는다.

그런데 그때 내가 참새를 잡은 게 이렇게 후회될 일이 될 줄은 미처 몰랐다. 그로부터 수십 년이 훌쩍 지난 다음에 여동생이 느닷없이 참새 이야기를 불쑥 꺼낸다.

"어릴 적에 오빠가 참새를 잡아서 동생과 둘이 나누어 먹는 걸 보면서 나는 무척 먹고 싶었다."

나는 그 말이 나의 불찰로 들린다. 하지만 어머니의 말씀을 새삼스럽게 들먹이기도 그래서 무슨 말을 해야 할지 몰라 말문이 막힌다. 어린것이 고소한 냄새의 유혹을 참는 게 얼마나 어려웠을까. 참는 뒤에는 무슨 폭력의 그림자가 어른거렸을까. 참새가슴 한 조각만 주었으면 그렇게 긴 세월 동안 가슴에 사무치지는 않았을 텐데. 말 그대로 참새가슴은 뼈대가 앙상한 가슴인데. 거기에 얇은 살점이 약간 붙어 있는 걸. 그걸 주어도 그릇을 깨지는 않았을 텐데. 이럴 줄 알았으면 아예 참새를 잡지 않아야 했는데.

날씨가 몹시 추운 날이면 어머니는 "오늘은 너무 춥다. 나무하러 가지 말라"고 하신다. 오늘도 어머니는 그런 말씀을 하시고 남동생을 데리고 이웃집으로 가셨다. 나는 방에 있으니 무료한 생각이 들어 마음은 자꾸 산으로 향한다. 마당에 잠시 나와 날씨가 어느 정도 추운지 몸으로 가늠해본다. 헛간 앞이라 바람이 좀 막히고 아침부터 해살이 비쳐서 그런지 바깥에서도 견딜 정도다. 바람이 불고 춥기는 하지만 이 정도라면 산에 가서 나무를 해도 될 것 같다. 이런 날씨에 집에 있어 봤자 내가 해야 할 나무를 누가 대신해 줄 사람도 없다. 명절은 연달아 다가오는데 나무가 쌓여 있어야 내 마음이 편해진다. 나무가 쌓이지 않으면 걱정이 쌓인다. 나는 밖으로 나가봐도 견딜 것 같다. 나는 얼른 바지게를 지고 집을 나선다. 동네 앞을 지날 때도 크게 추운 줄 모른다. 동네가 길 서쪽으로 있어 북서풍을 막아주고 있기 때문이다. 바람이 지게 뒤에서 밀고 있지만 못 견딜 정도는 아니다.

동구 밖으로 나서자 북서풍이 매섭게 몰아친다. 어붕골로 가고 싶지만 마을 옆 도로에 나섰을 때는 찬바람이 옆으로 휘몰아쳐 뺨을 때리고 옷 속으로 스며든다. 할 수 없이 등 뒤에 지게로 바람을 받으며 남동쪽 도로를 따라 용바위골 쪽으로 밀려간다. 온몸에 찬기가 스며든다. 멀리 가기가 어려워 오른쪽으로 방향을 바꿔 손골 초입의 가파른 산길을 돌아 올라간다. 벌판을 거침없이 불어온 세찬 바람이 산기슭을 쓸어 올리며 나를 휩쓸어 갈 것 같다. 바람이 휘몰아치는 산중턱 계곡길로 들어갈 수가 없다. 자칫 바람에 휩싸여 계곡으로 미끄러져 나뒹굴면 낙상으로 죽거나 얼어서 죽을 것 같다.

손골로 더 들어갈 수 없어 능선 끝자락 된비알에 지게를 세우고 지겟작대기로 받친다. 지게가 바람에 밀려 뒤로 넘어진다. 지게를 받쳐놓을 수 없어 넘어진 채로 그냥 두고, 소쿠리를 들고 나무를 주우려고 나선다. 하루 종일 햇빛이 한 번도 들지 않는 그늘진 된비알에는 모든 게 얼어 있다. 낙엽을 떨구고 바람을 받은 나뭇가지가 부르르 떤다. 홑옷 한복 자락 속으로 매서운 칼바람이 파고든다. 땔나무도 보이지 않지만 있더라도 주위 담을 수 없다. 휘몰아치는 바람에 몸을 가누기조차 어렵다. 살을 에는 칼바람이 귀와 얼굴을 때려 송곳으로 찌르는 것처럼 아프고 손발도 시려 견딜 수 없다. 냉기가 몸속까지 파고들어 몸이 덜덜 떨린다. 자칫 더 머무적거리다가는 얼어 죽을 것 같다. 어서 집으로 가는 것만 살길이다.

빈 바지게를 일으켜 급하게 짊어지고 산을 내려와 집으로 향한다. 내 앞에는 바람을 막아주는 것이나 추위를 막아주는 건 아무것도 없다. 오지랖이 바람에 날리면 바로 맨몸이다. 맞바람이 거세게 몰아쳐 나의 몸을 때리고 뒤로 밀어붙인다. 바람을 받은 바지게는 뒤에서 나를 잡아당긴다. 비포장 도로 바닥의 흙먼지가 회오리바람을 타고 소용돌이쳐 나선을 그린다. 공중으로 오른 먼지가 바람과 함께 밀려와 눈을 뜨기조차 어렵다. 나는 입을 다물고 안간힘을 다해서 바람을 밀고 앞으로 나가려고 용을 써도 힘이 부쳐 마음대로 나가지지 않는다. 강한 바람을 맞을 때는 주춤한다. 눈앞에 길은 줄어들 줄 모르고 아득하게 보인다. 온몸이 찬바람을 맞아 귀와 얼굴이 아프고, 손이 얼어 아리다가 감각이 둔해진다. 곱은 손에 입김을 쐬어도 언 발에 오줌 누기다. 곧 동상에 걸릴 것 같은 불안감이 밀려온다. 혹독한 추위에 길에서 얼어 죽은 사람도 있었다는 이야기가 생각난다. 무서워진다.

겨우 도로를 벗어나 동네 들머리로 접어든다. 바람이 약해지고 추위도 약간은 누그러진다. 이제 살 수 있겠다는 생각이 든다. 하지만 귀와 얼굴이 따갑고 손이 더 마비되는 것 같다. 동상에 대한 두려움이 커진다. 한 걸음이라도 빨리 집으로 가고 싶다. 아무도 보이지 않는 동네 앞을 허둥지둥 지나 집으로 발걸음을 재촉 한다. 마당에 지게를 급하게 벗어 놓고 방으로 뛰어든다. 살고 싶다는 생각뿐이고 울고 싶지도 않았는데 방에 들어서자 울음이 터지고 눈물이 왈칵 솟구친다. 손과 발이 더 저리고 가렵다. 아무래도 큰 동상에 걸린 것 같다. 동상이 심하면 피부가 괴사하고 손가락과 발가락을 절단해야 한다는 생각이 엄습해 온다. 너무나 끔찍한 생각에 휩싸여 견딜 수 없다. 실컷 운다고 하더라도 소용이 없겠지만 울음을 참고 싶지도 않다. 나는 선 채로 계속해서 큰 소리로 운다.

내가 울면서 또 다른 생각이 슬며시 들어온다. 나무를 하려고 산에 갔으면 나무를 해서 와야지. 그냥 올 바에야 아예 가지를 말아야지. 산에 가서 그냥 돌아오다니. 나는 언제부터인가 무슨 일이라도 일단 마음먹고 시작하면 아무리 힘들어도 참고 억척스럽게 해서 끝을 보아야 직성이 풀린다. 모를 찔 때와 모를 낼 때 허리가 아파서 녹초가 되어도 끝까지 견뎠다. 나무를 하려고 산에 갔다가 여우를 만나서 엄청 놀라도 나무를 해서 왔다. 나무를 해서 오다가 넘어져 팔다리에 멍이 들고 피가 나고, 나무가 산기슭으로 굴러 없어지고 날이 저물어도 그냥 포기한 적은 없다. 내가 능력 껏 일하는 걸 삶의 중심으로 삼는 게 은연중에 몸에 녹아들었다. 그래서 일을 하거나 끝나는 순간에 작은 기쁨을 건져 올릴 수도 있었다. 한데 오늘은 그냥 돌아왔으니 내 삶에 큰 맥이 하나 끊어 진 것 같다. 오늘도 나무를 한 짐 해서 왔으면 이렇게 서운하지는 않았을 것을.

이웃에 계시던 어머니가 내가 우는 소리를 듣고 집으로 오신다.

"왜 우느냐? 무슨 일이야?"

"내가 산에 갔는데 너무 추워서 나무를 못하고 그냥 집으로 왔 어요. 온몸이 모두 얼어서 아파."

"내가 아침에 말했지 않느냐. '오늘은 너무 추우니 산에 가지 마 라.'고. 그런데 왜 산에 갔느냐. 몸이 얼었으면, 따뜻한 화로에 바 로 닿지 말고 천천히 녹이도록 해라."

이때 나는 훌쩍거리면서 울음을 겨우 그치고 앉아서 눈물범벅이 된 얼굴을 손으로 닦는다. 이상하다. 서러움도 나누어져서 가벼워 지는지, 아니면 어머니의 말에 마음이 담겼는지, 나는 어쩐지 울음 이 그쳐진다. 그리고 이불을 뒤집어쓰고 손을 비빈다. 어머니는 그 이상 따뜻한 손길도 말 한 마디도 더 건너지 않고 다시 이웃집으 로 가신다. 나는 시간이 지나면서 손의 감각은 조금씩 돌아왔으나 손발과 팔다리가 더 가렵다. 팔과 다리를 손으로 자꾸만 긁는다. 귀에도 손을 대고 자주 누른다. 동상에 대한 걱정이 가시지 않는 다.

내가 의지할 데는 어머니뿐이면서도 늘 어머니가 두렵다. 여느 때 같았으면 어머니는 야단을 쳤을 것이다.

"미련하게, 내가 '오늘은 날씨가 추우니 산에 가지 말라고 했는데'…"

나는 "미련하다"는 걸 어머니의 말씀을 잘 듣지 않는 걸로 알고 어머니가 하시는 말씀은 어김없이 행동으로 옮기려고 노력한다. 하지만 어머니로부터 미련하다는 말씀을 완전히 피하지는 못한다. 내가 늘 영리하지도 민첩하지도 못한 까닭이다. 나는 소심해서 무슨 일이 있으면 생각이 생각의 꼬리를 문다. 자신감도 부족하고 부끄러움도 많이 탄다. 때로는 열등감에 시달리기도 한다. 또 순발력이 부족하고 내 자신이 어리석고 둔한 것도 어렴풋이 알지만, 그게 쉽게 고쳐지지 않는다. 그러니 나는 그저 어머니의 지청구를 들으며 견딜 수밖에 없다.

얼었던 발뒤축의 각질의 균열과 손등의 생채기도 더 커지는지 더 쓰라리다. 그러면서도 어쩐지 나무를 하지 못하고 온 꺼림칙한 생각 떨쳐버릴 수 없다.

7부

말과 글

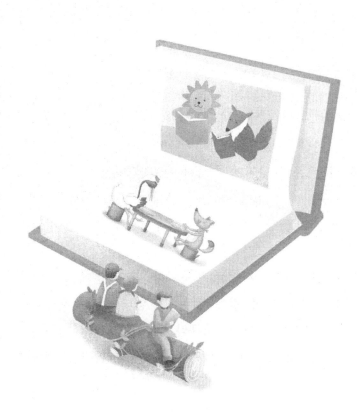

7. 말과 글

설날에 노는 날이 다 지나가고 정월대보름에 찰밥을 할 나무를 하려고 장두리골을 넘어 간다. 지난 초겨울 소나무에 삭정이가 좀 붙어 있는 걸 보았던 곳이다. 내 키보다 더 큰 소나무 밑에는 솔가리를 모두 긁어가고 휑했으나 삭정이는 나무에 더러 붙어 있다. 나는 솔밭 속을 다니며 드문드문 붙어 있는 삭정이를 베어 한 아름씩 가져다 지게가지 위에 모아 한 짐을 해서 집으로 온다. 그 후에도 몇 짐을 더 해 나른다. 솔가리보다 불땀이 좋은 삭정이를 여러 짐 해다 놓고 보니 산이 있는 사람들이 좋은 나무를 해놓은 것처럼 흐뭇하다.

영등 날이 지나자 꽃샘추위가 가끔 시샘을 부리기는 하나 맹위를 떨치던 추위는 한풀 꺾였다. 조금씩이나마 봄이 오고 있음을 알 수 있다. 양지바른 곳에 작년에 수북이 자랐던 마른 풀잎 속에서는 푸른 새싹이 돋아나고 있다. 조금만 지나면 쑥을 뜯어 식량에 보탬이 될 것이다. 버들강아지도 봄의 전령사처럼 초봄을 알릴 채비를 하고 있다.

들녘 여기저기서 김을 매는 사람들이 보인다. 우리 논에는 깊이 묻은 보리씨에 싹이 나지 않아 김을 맬 것도 없다. 나는 태규와 같이 나무를 하려고 산으로 다닌다. 태규와 같이 산으로 다니면서 나무를 하면 무섭지도 않고, 어디에서 나무를 해야 할지 걱정도 없다. 그냥 따라 다니기만 하면 되니 마음도 편하다. 태규와 같이 칡뿌리를 캐서 먹고 나무를 하는 동안 봄은 점점 깊어진다.

1953년 봄이 깊어간다. 봄의 계곡에는 맑은 물이 졸졸 흐르고 조팝나무 꽃이 흐드러지게 피었다. 산기슭에는 진달래꽃이 울긋불긋 피어 산이 온통 붉은 빛으로 덮였다. 화창한 날 오후 간간이 살랑거리는 봄바람이 옷깃을 스친다. 꽃 냄새 향기롭고 풀 냄새 싱그러운 용바위골로 들어간다. 나는 너구리굴과 용바위가 있는 왼쪽 능선 쪽으로 방향을 틀어 올라간다. 진달래가 걸음마다 잡혀서 손으로 꽃잎을 훑어먹으면서 올라가는데 뒤 산기슭에서 꿩 소리가 들린다.

진달래가 흐드러지게 피어 벌들이 향연을 펼친다. 나는 기슭에 바지게를 받쳐 놓고 주변으로 다니며 진달래꽃을 훑어먹고 나무를 주워 소쿠리에 담는다. 몇 소쿠리를 바지게에 담아 차곡차곡 쌓는다. 한 짐이 거의 다 되었을 때도 해는 아직 중천에 떠 있다.

능선 안부로 올라간다. 남쪽 장두리에서 갈라져 북쪽으로 힘차게 용틀임 치며 내려오는 능선은 높아졌다 낮아졌다 하면서 여기에 이른다. 능선은 양쪽으로도 조금씩 구불거리며 내려오다가 내가 서 있는 이 안부에서 가장 낮아진다. 능선은 여기서 다시 힘차게 고개를 들고 솟아오르기 시작해서 끝자락은 우뚝 솟았다. 산마루는 이제 막 승천하려는 용머리 같은 형국이다.

나는 소쿠리를 들고 우뚝 솟은 정상으로 올라간다. 산마루는 천혜의 전망대다. 신선한 공기로 숨을 깊이 들이마신다. 평화롭고 목가적인 풍경이 눈에 확 들어온다. 들과 하천, 산과 꽃, 하늘과 구름이 어우러진 참으로 평화롭고 아름다운 정경이다. 눈앞에 하천과 둔치를 보니 지나간 이태 전의 일이 눈에 선하다. 나는 시간을 거슬러 내 발자취가 묻어 있는 둔치 위의 구석구석을 더듬어 본다. 뙤약볕이 내리 쬐던 곳이 눈에 들어오고, 적막하고 쓸쓸하던 생각이 머릿속에 떠오른다. 아스라이 보이는 파릇한 들녘 저쪽에 우리 논이 가물가물하게 보인다.

오른쪽으로 시선을 돌린다. 외갓집 동네가 손에 잡힐 듯 눈에 들어온다. 외갓집 동네로 가는 길 양쪽에 탱자나무 울타리로 둘러싸인 능금나무 과수원에는 연보라 빛 능금 꽃이 봉오리를 터뜨리기 시작한다. 빨갛게 주렁주렁 달렸던 능금이 눈에 선하고, 명절 때 한 조각씩 맛을 보는 사과의 맛과 향이 생각난다. 이따금 산들바람이 꽃향기를 싣고 와 코끝을 스친다. 하늘 저쪽으로 흰 구름이 흘러가고, 사방이 고요하고 평화롭다. 햇빛이 온 세상을 골고루 비추고 있다.

서 있는 자리에서 나뭇가지들을 모아 바르집는다. 조심스럽게 앞으로 몇 발을 내딛고 허리를 굽혀 아래로 굽어본다. 사각형 바위들이 수직으로 켜켜이 쌓인 암층의 절벽이다. 아찔해서 현기증이 나고 어질어질하다. 절벽 밑에서 보이는 길과 흐르는 물은 매우 작게 보이고 흔들리는 듯하다. 절벽은 밑에서 쳐다보던 것보다 엄청 높아 보인다. 암층 사이에는 어쩌다 작은 층계참 같은 게 조금씩 있지만 사람이 갈 수 없다. 사람의 발길이 닿지 않았으니 풍진의 떼도 묻지 않았다. 절벽은 햇빛이 든 적이 없어 바위는 검은색이고, 이름 모를 검푸른 이끼가 덮여있어 장구한 세월의 무게가 고스란히 느껴진다.

절벽 바위틈에는 뭇 생명들이 싹을 틔워 뿌리를 내리고, 둥지를 틀어 새끼를 기른다. 척박한 틈새 군데군데 야트막하고 앙증스러운 노송 보인다. 다닥다닥 붙은 가지마다 푸른 솔잎을 가득 이고 있다. 줄기는 울퉁불퉁하고 휘어져 구불구불하다. 송린이 덕지덕지 거칠게 들러붙어 세월의 더께가 켜켜이 쌓여 있다. 가끔 보이는 싸리나무도 진달래나무도 베이지 않고 크게 자란 줄기가 눈에 띈다. 나는 그것들을 베고 싶다. 하지만 아무리 살펴도 갈 수 없는 곳이다. 절벽 어느 틈에는 부엉이가 둥지를 틀고 새끼를 기른다. 밤이면 '부엉 부엉' 하고 부엉이 우는 소리가 우리 동네까지 들린다. 다람쥐도 절벽 틈에 보금자리를 잡았는지 수시로 드나든다.

절벽 밑을 휘감아 도는 신광천은 절벽이 끝나면 북쪽에서 흘러오는 곡강천 본류와 만난다. 불어난 물은 용바위에 부딪쳐 물보라를 일으키며 바위 양쪽으로 갈라진다. 바위를 돌아 만난 물은 작은 소용돌이를 치며 흘러내린다. 용바위골 계곡에도 용이 승천한 커다란 바위가 있다. 이 절벽 밑으로 흐르는 맑은 하천 물 가운데도 용이 승천한 큰 바위가 있다. 내가 서 있는 이 봉우리도 승천하려는 용의 머리 같은 지형이다. 여기는 온통 용의 무리가 뛰놀다가 요동치며 승천하던 자리다. 과거로 돌아갈 수 있다면 그때로 돌아가 용들이 구름을 타고 승천하는 신비로웠던 모습을 보고 싶어진다.

절벽 밑에 바짝 붙은 도로는 하천을 옆에 끼고 절벽을 감돈다. 하천을 건너서 들을 조금 지나면 들녘 옆에 야트막한 딴봉산이 섬처럼 동그랗게 자리 잡고 있다. 딴봉산이 왜 저렇게 혼자 떨어져 있을까. 딴봉산을 생각하다가 어쩐지 상상은 오랜 세월 전으로 올라간다. 아마도 아득한 옛날에는 이 절벽과 저 건너 딴봉산은 이어져 있었겠지. 그러다가 어느 때 대홍수를 만나 이 산과 저 산 사이는 잘려 나갔으리라. 이 봉우리 밑은 오랜 세월 동안 여러 번의 홍수와 비바람으로 깎여 찬탄이 절로 나오는 이런 경이로운 지형이 형성되었겠지. 딴봉산이 외롭게 보이지만 장구한 세월과 자연이 빚어낸 변화를 상상하니 나는 마치 세월을 거슬러 올라가 잠시 시간 여행을 다녀 온 것 같다.

내가 선경에 온 느낌에 빠져 깊은 묵상에 잠겼을 때 어디선가 하모니카 소리가 들린다. 소리 나는 쪽으로 눈을 돌린다. 하천 너머 둔치에서 길을 걷는 사람이 보인다. 교복을 입은 학생 둘이 하모니카를 불며 나란히 발맞추어 걷는 모습이 나의 눈과 귀를 붙잡는다. 학생들은 날마다 왕복 사십 리 이상의 길을 걸어 흥해중학교에 다닌다.

학생들이 걷는 둔치의 길에는 햇볕이 내려 아지랑이가 아물아물 피어오르고, 하모니카 소리가 장단 맞춰 아름답게 흘러나온다. 학생들은 하모니카를 계속 불며 아지랑이 속으로 발맞춰 걸어가고, 나는 마음이 황홀해서 그 모습을 선망의 눈길로 바라본다. 학생들은 물 흐르듯 감성이 가는 대로 하모니카를 불고, 학교에서는 재미있게 공부하며 즐겁게 살아가는 여유로운 모습으로 보인다. 나는 학생들이 매력적이고 부러워 눈으로 걷는 모습을 바라보며 가슴으로 세상을 느낀다.

나는 금방 하모니카 소리에 흠뻑 매료된다. 들리는 게 무슨 노래인지 모르지만 같은 선율이 반복될 때도 있다. 어느 때는 하모니카 소리가 낭랑하게 들려 학생들이 발걸음으로 힘차게 장단을 맞추는 것 같고, 내 어깨도 덩달아 들썩거린다. 또 어느 때는 감미로운 선율이 낮게 깔려 처연하게 들리다가 어느덧 살며시 심금을 울리는 소리가 흘러나와 가슴을 파고든다. 나는 신비롭고도 경이로운 음악의 선율에 빠져 계속 학생들을 바라본다.

학생들의 모습은 점점 멀어져가고, 하모니카 소리도 들릴 듯 말 듯 멀어진다. 심금을 울리던 하모니카 소리가 긴 여운으로 남는다. 나는 아름다운 모습을 더 보고 싶다. 산마루에 우두커니 서서 아스라이 사라져가는 모습을 아쉬워하다가 나는 문득 상상의 나래를 펼치고 날아서 학생들 가까이 가보고 싶다. 내가 그렇게 날 수만 있다면 진달래 흐드러진 산마루에서 날아 모래알까지 씻어 내리는 저 하천 위를 건너고 싶다. 계속 능금 꽃이 피는 과수원을 지나, 영롱한 무지개가 있었던 창공을 지나면서, 하모니카 소리를 들으며 아름다운 모습을 따라 날아가 보고 싶다.

하지만 나는 날 재간이 없다. 그저 산마루에 서서 들릴락 말락 멀어져 가는 하모니카 소리에 귀를 기울이고, 하염없는 시선으로 학생들을 바라본다. 꿈결 같은 시간이 지나고, 무아지경에서 깨어나 현실의 나 자신을 발견한다. 나는 땔나무를 찾아 이산저산을 떠돌며 살아가는 걸 깨닫자 멀리서 보이는 학생들의 세상은 더 아름다워 보인다. 내게도 언제 저렇게 행복한 날이 올까.

내일 이맘때 여기에 다시 온다면 똑같은 풍광 속에서 발맞춰 걸어가는 학생들과 아름다운 하모니카 소리를 또 들을 수 있겠지. 하지만 오늘 한 짐을 하고 나니 내일 다시 이 근처 어디에서도 나무를 더 할 데가 없다. 나무를 하지 않고 그냥 올 수 있는 처지도 못된다. 서운해도 어쩔 수 없이 마음속 깊이 아로새겨 묻어 둘 수밖에 없다. 용들이 요동치며 승천하던 공간에 하모니카 소리가 아름다운 경이로운 풍경에서 발길을 돌리려니 하모니카 소리의 여운이 길게 남는다. 산봉우리를 몇 번이나 뒤돌아보면서 지게가 있는 곳으로 터벅터벅 내려간다. 내려갈수록 학생들의 모습이 눈앞에 어른거리고 하모니카 소리의 여운마저 아쉬움으로 바뀐다. 해가 이미 서쪽으로 많이 기울었다.

들녘에는 푸른빛이 짙어지고 하늘에는 종달새가 지저귄다. 산에도 신록이 짙어간다. 나는 둔치로 가서 찔레 순을 꺾어 먹고, 버들피리를 불며 쓴녀삽을 베고 할미꽃을 캐서 못자리 준비를 한다. 못자리가 끝나고는 푸나무를 하러 산으로 다닌다. 산에 있는 나무들은 한낮이 되면 잎이 축 늘어진다. 날씨는 더워지고 봄부터 비가 오지 않아 가뭄이 심했기 때문이다. 비가 오지 않으면 나무를 할 수 있는 날이 많아서 좋지만 모를 심은 논은 마르고 밭에 있는 곡식도 시든다. 천수답이 많아서 가뭄을 몹시 타는 홍해면, 곡강면, 달전면 사람들이 삽이나 괭이를 들고 우리 집 앞을 부지런히 지나간다. 비학산에 묘를 파고 기우제를 지내려 가는 사람들이다.

나는 저녁이면 헌수네 집에 놀러 간다. 헌수는 그전에는 내가 가면 명심보감 이야기를 자주 해줬다. 재미보다는 곱씹어볼 뜻 깊은 이야기가 많았다. 내용이야 다 좋은 이야기이기는 하지만 내가 모두 그렇게 실천하면서 살기는 어렵겠다고 생각되는 게 많았다.

헌수는 그 후부터 학교에서 배우는 책을 펴 놓고 손으로 그림을 짚어가며 이야기를 해준다. 나는 헌수의 이야기를 들으려고 저녁이면 헌수네 집에 자주 가고, 헌수도 이야기를 하는 게 재미있어 같은 이야기를 여러 번 해준다. 그런 이야기를 자주 들으니 헌수가 책을 펼치면 나는 그림만 보고도 이야기를 알 수 있다. 그래도 나는 헌수의 이야기를 잘 듣고, 헌수는 내게 열심히 이야기를 하곤 한다. 내가 헌수의 이야기를 처음 들을 때다.

헌수가 펴 놓은 책에는 여우가 자신의 앞의 접시에 담겨 있는 죽을 맛있게 먹고 있다. 그 옆에서 학은 부리가 길어서 바로 앞의 접시에 담겨 있는 죽을 먹지 못한다. 학은 옆에 있는 여우가 접시에 담겨있는 죽을 먹는 걸 멍하니 쳐다보고 있다. 학이 왜 얕은 접시에 죽을 담아 놓고 있는지 이상하다. 다음 그림에는 학이 긴 부리로 목이 긴 호리병에 담겨 있는 죽을 먹고 있다. 여우는 뭉텅한 입으로 호리병에 담겨 있는 죽을 먹지 못하고 옆에서 학이 혼자서 잘 먹고 있는 걸 쳐다만 보고 있다. 앞의 그림과 뒤의 그림이 대조된다. 나는 이상하면서도 재미있어 웃음이 절로 난다. 이게 무슨 일일까. 나는 여우가 화가 나서 호리병을 넘어뜨리고 학을 공격할 것 같은 생각이 든다.

헌수가 그림을 손으로 짚어가며 하는 이야기가 재미있다.

"꾀 많은 여우가 학을 초대해서 접시에 죽을 담아 주었을 때 학은 먹을 수 없었다. 화가 난 학이 이번에는 여우를 초대해서 호리병에 죽을 담아 주어서 먹지 못한 여우가 화가 난 것이란다."

나는 헌수의 이야기를 듣고 그림을 보면서 "하하하…" 웃는다. 꾀 많은 여우가 자신이 재미있다고 학에게 약을 바짝 올렸지만 다음에는 꾀 많은 여우도 별 수 없이 학의 꾀에 도로 넘어갔다. 명심보감에서 말하는 "선한 일은 작더라도 안하지 말고, 악한 일은 작더라도 하지 말라"는 말이 생각난다.

다른 그림은 외나무다리 한가운데서 덩치가 비슷한 두 마리 염소가 머리를 마주 대고 뿔싸움을 하고 있다. 금방이라도 두 마리가 같이 물에 빠질 것처럼 위험해 보인다. 나는 "원수는 외나무다리에서 만난다"는 말이 얼른 머리에 떠오른다. 저들은 무슨 원한 때문에 저렇게 외나무다리에서 만났을까. 나는 원수에 대한 이야기가 나올 걸로 짐작한다.

헌수가 그림을 보면서 하는 이야기는 그게 아니다.

"두 마리 염소가 외나무다리를 먼저 건너려고 다리 위에서 서로 다투다가 그만 모두 물에 빠졌다. 서로 양보했더라면 아무도 물에 빠지지 않고 모두 건널 수 있었을 것이란 이야기다."

"맞는 말이다." 하지만 나는 어느 놈이 먼저 건널지를 어떻게 결정해야 할지 머릿속에 선뜻 떠오르지 않는다. 어느 놈이든 스스로 약하다고 생각해야 슬그머니 꼬리를 내리고 큰놈이 지나가도록 비켜 준 다음에 건널 터인데 내 눈에는 두 놈의 덩치가 모두 비슷해 보인다. 하니 두 놈이 저마다 상대방이 비켜주거나 아니면 다리 위에서 싸워도 이길 걸로 믿고 외나무다리에 들어서게 되었고, 다리 가운데서 마주치게 된 걸로 생각 된다.

만약에 외나무다리 양쪽에 사람이 동시에 도착했다면 어떻게 됐을까. 군자가 있다면 양보할 것이다. 하지만 군자가 아니라면 누구라도 자신이 약하다고 생각하는 사람이 먼저 양보할 수밖에 없을 것 같다. 그렇지 않고 두 사람이 서로 강하다고 생각한다면 염소들처럼 외나무다리에서 싸움이 일어날 수도 있을 성싶다.

또 다른 그림은 경사가 완만한 기슭에 몇 마리의 양이 보이고 그 옆길에는 양치기 소년이 있다. 그 아래에 마을이 보인다. 그 마을에서 올라온 듯이 보이는 사람들이 양치기 소년 옆에서 양을 구경이라도 하듯 멀뚱거리며 서 있다. 다음 그림에는 늑대가 나타나서 위험한 상태인데 앞의 그림에 있었던 마을 사람들은 보이지 않는다. 나는 무슨 영문인지 알 수 없다.

헌수가 그림에 대한 이야기를 계속한다.

"양치기 소년이 양 떼를 지키다가 심심해서 '늑대다! 늑대가 나타났다.'고 거짓말을 했다. 그 소리에 마을 사람들은 놀라서 달려왔지만 거짓말인 걸 알고 돌아갔다. 양치기 소년은 그 후에도 심심해서 또 '늑대다! 늑대가 나타났다'라고 거짓말을 했고, 그 소리에 도와주려고 달려온 마을 사람들은 또 속았다는 걸 알고 돌아갔다. 그러다가 진짜로 늑대가 나타났다. 소년은 '늑대가 나타났다!'라고 소리쳤지만 마을 사람들은 '또 거짓말일 거야'라고 생각하며 아무도 도우러 오지 않아 늑대가 양을 모두 잡아먹었다. 사람이 거짓말을 계속하게 되면 진짜 필요한 말을 해도 또 거짓말인 줄 알고 도와주지 않는다는 이야기다."

나는 거짓말을 하면 신용을 잃는다는 이야기를 감명 깊게 들었다. 거짓말을 하기는 했지만 양 떼를 다 잃은 소년도 애석하다는 생각이 든다. 나는 "호랑이도 제 말하면 온다"는 말이 생각난다. 나는 그게 무서워서 "늑대가 나타났다!"는 말을 감히 하지 못했을 것 같다.

다음 그림은 나무 위에 까치의 둥지가 있고 그 속에 까치 새끼들이 보인다. 구렁이가 그 나무를 감고 올라가 둥지에 거의 이르고 있는데 선비가 구렁이를 향해 활을 쏜다. 그다음 그림은 구렁이가 선비의 몸을 감고 있어 선비가 깜짝 놀라는 모습이다. 또 다음 그림은 까치가 위에서 아래로 날면서 종에 머리를 부딪치고 있다.

나는 그림의 내용을 쉽게 이해할 수 없고, 구렁이가 징그럽고 무서운 생각이 든다. 구렁이는 요사한 동물이라 화살을 맞지 않고 살았거나 아니면 죽은 구렁이의 화신이 구렁이의 모습으로 선비의 몸을 감고 있는 걸로 생각한다. 하지만 까치가 날면서 종에 머리를 부딪치는 건 무슨 영문인지 알 수 없다.

헌수는 그림을 보며 이야기를 한다.

"구렁이가 새끼 까치를 해치려고 하는데 길을 가던 선비가 그걸 목격한다. 선비가 구렁이에게 활을 쏴 구렁이를 죽이고 새끼 까치를 구해준다. 까치 부부는 깍깍거리며 선비를 고마워한다. 선비가 계속 길을 가다가 날이 어두워져 작은 집을 발견하고 그 집에 들어간다. 그 집에 여인은 아까 죽은 구렁이의 아내로서 선비를 죽이려고 선비의 몸을 감는다. 선비는 살려달라고 애원을 한다. 구렁이는 높이 달려 있는 종을 날이 밝기 전에 세 번 울리면 선비를 살려주겠다고 하고 사라진다. 선비는 종을 칠 궁리를 했으나 끈도 없이 높이 달려 있는 종을 칠 묘안이 떠오르지 않는다. 그러던 중 난데없이 종소리가 세 번 들린다. 살아난 선비가 종 아래로 갔을 때, 까치 부부가 머리로 종을 치고 죽은 걸 발견한다. 까치 부부가 선비에게 은혜를 갚아준 것이란다."

나는 은혜를 갚으려고 날면서 머리로 종을 치고 죽은 까치 부부가 애처롭다. 까치가 발로 차서 종을 칠 수는 없었을까. 까치 새끼는 선비가 구해줬지만 어미 부부를 잃게 된 까치 새끼들도 스스로 먹이를 구하지 못해 죽게 될 것을 생각하니 가엾다. 선비는 구렁이를 죽이고 까치 새끼를 구해 줬지만 그 때문에 어미 부부는 물론 결국 까치 새끼까지 죽게 한 것이다. 선비가 구렁이를 죽이지 않았더라면 까치 새끼는 죽었을지언정 어미 까치 부부는 죽지 않았을 것이고, 구렁이도 살았을 것이다. 또 선비는 죽은 구렁이의 아내 구렁이에게 죽을 고비를 겨우 넘겼다. 이건 까치 새끼의 생명만 중시하고 구렁이의 생명을 경시한 탓이다. 그래서 까치는 온 가족이 죽고 구렁이는 짝을 잃었다.

선비는 구렁이는 징그럽고 까치 새끼는 예뻐서 까치 새끼를 구하려고 구렁이를 죽였을지 모르지만 나는 죽은 구렁이를 보면 더 끔찍하게 느껴진다. 또 구렁이도 엄연한 생명이고, 그도 생명을 부지하려면 까치 새끼가 아니더라도 또 다른 생명체를 먹어야 할 것이다.

초여름이 되면서 날씨가 점점 더워진다. 바람이 세게 불고 번개가 번쩍거리고 천둥소리가 난다. 비가 쏟아진다. 봄 가뭄이 심했는데 모처럼 단비가 내려 해갈이 됐다. 나는 비가 오는 날 저녁에 헌수네 집에 놀러간다. 헌수가 책을 꺼내 펴 놓고 여우와 학, 두 마리 염소, 늑대와 양치기 소년, 은혜 갚은 까치 이야기를 읽어준다. 헌수가 글을 읽는 속도는 내가 생각하지 못했던 만큼 엄청 빨라 보통 말하는 것과 거의 비슷하다. 나는 헌수가 명심보감을 천천히 읽는 걸 들어봤지만 학교 책을 읽는 걸 처음 듣는다. 책 읽는 소리를 들으며 귀가 번쩍 뜨이고 속으로 놀라서 기가 막힌다.

내가 책을 보니 글자는 모두 다르다. 내 눈에 보이는 건 작대기를 아래나 옆으로 그은 게 글자의 부분으로 되어 있을 뿐이다. 나는 헌수가 이렇게 복잡하고도 다른 글자들을 생각할 겨를도 없이 보자마자 말하듯 줄줄 읽는 걸 보면서 헌수가 범상치 않은 사람으로 생각된다. 이렇게 많은 글자들을 어떻게 저렇게 금방 알 수 있을까.

내가 학교에 다니고 글을 배운다고 해도 그 많은 글자들을 헌수처럼 읽을 수 없을 것 같다. 다른 아이들도 헌수처럼 글을 잘 읽는다면 나 혼자만 글을 잘 읽지 못할 것 같아 겁이 스르르 난다. 그래도 나는 또래들끼리 학교에 다니는 걸 보면 그들과 같이 가고 싶어 부러운 눈길로 바라본다. 하모니카를 불고 다니는 중학생들은 선망의 대상이다. 하지만 나는 학교에 갈 나이도 이미 지났다. 만약 내가 학교에 간다면 월사금을 낼 돈도 없다. 내가 집에서 나무를 하고 일을 해야 식구들이 살 수 있는데 그건 누가 해야 하나. 나는 고민을 하면서도 학교에 가고 싶다. 학교에 가면 또래들과 어울릴 수 있다. 글을 떠듬떠듬이라도 읽을 수 있다면 그 내용을 느리게 라도 알 수 있을 거다. 그래도 글을 못 읽는 것보다는 나을 것이다. 그게 내가 가야 할 길인 줄은 알겠는데 가정 형편이 어려우니 학교에 갈 엄두조차 내지 못한다.

나는 어머니가 소설책을 운율에 맞춰 느릿느릿 읽는 동안에 글자를 생각하면서 읽는 걸로 짐작했다. 헌수가 한문책을 읽을 때도 천천히 읽는다. 그런데 헌수가 학교의 책을 읽을 때는 말하듯 읽는다. 나는 그게 엄청난 차이로 느껴진다. 글자가 무슨 자인지 생각 할 여유도 없이 글자를 보기가 무섭게 보통 말하는 속도로 읽어버리는 걸 보며 마음속으로 감탄한다.

나는 글자를 읽는 데 대한 두려움은 좀 있지만, 글자를 알고 싶은 호기심은 더 커진다. 학교에 다니는 아이들이 글을 모른다는 이야기는 듣지 못했으나 어른들은 글을 모르는 사람이 있고, 부녀

자들은 대부분이 글을 모른다.

아버지는 글을 아는 사람을 부러워하시고, 자신이 무학으로 글을 모르는 걸 가끔 후회하신다.

"내가 글만 배웠으면 더 좋은 일을 할 수 있었을 터인데. 양복 윗주머니에 만년필을 꽂으면 멋이 있고, 돈을 많이 벌 수 있는 일도 많이 있는데 …"

어른들은 글을 모르는 사람이 있고 아버지는 어릴 적에 글을 배우지 못한 걸 후회하시면서도 지금은 글을 배우려고 하시지 않으신다. 나는 그걸 보면서 공부가 세상에서 가장 귀한 것 같고, 어릴 적에 배우는 게 나머지 삶의 진로를 결정하는 걸로 생각한다. 어릴 때 글을 배우지 못하면 어른이 되어서는 여간해선 글을 배울 수 없고 배우지 못한 고통은 평생 가는 걸로 생각된다. 나도 지금 글을 배우지 않고 이대로 크기만 하면 글을 배우는 게 점점 더 어려워지겠다는 두려움이 다가온다. 지금이라도 시작해보면 될 수도 있겠지 하는 막연한 욕망이 생긴다. 내가 학교에는 가지 못하더라도 글을 아시는 어머니에게 글을 가르쳐 달라고 해야겠다는 생각을 하기 시작한다.

나는 고민 끝에 어머니에게 언문을 가르쳐 달라고 한다. 어머니는 글자는 가르쳐 주시지 않으시고, 먼저 외우라고 말씀하신다.

"가 나 다 라 마 바 사 아 자 차 카 타 파 하."

나는 이미 들어 본 적이 있어 아주 낯설지는 않다. 어머니는 어떻게 글을 배웠는지 내가 물어봤을 때 몇 번 들었다. 처음에는 어머니를 따라 외우다가 산이나 들에 오가면서 소리 내어 외우거나 웅얼거린다. 운율이 있는 것도 같고, 간단해서 금방 욀 수 있게 된다. 나는 비록 외우는 글자는 모르지만, 처음으로 글자를 배운다는 기쁨에 새로운 경지에 들어가는 것 같아 가슴이 뿌듯하다.

나는 어머니 앞에서 외워 보이고 또 다른 걸 가르쳐 달라고 한다.

어머니는 이번에도 외울 걸 말씀하신다.

" 가 갸 거 겨 고 교 구 규 그 기 ㄱ

나 냐 너 녀 노 뇨 누 뉴 느 니 ㄴ

....

하 햐 허 혀 호 효 후 휴 흐 히 ㅎ "

이것도 언젠가 조금 들어 본 적이 있다. 처음에는 좀 복잡하게 느껴져서 어머니를 따라 열심히 외운다. 어머니가 방에 계시면 방에서 따라 외우고, 나 혼자 있으면 마음속으로 되뇐다. 이렇게 계속 읊다 보니 무엇이 반복되는 것 같은 게 있는 걸 느낀다. 각 단위를 시작할 때는 이미 외운 "가 나 다 라 …"와 같다. 다음에도 그다음에도 각 단위들 사이에 소리가 다르면서도 닮은 듯이 들린다. 한 단위만 외울 수 있으면 그다음 단위는 잊었더라도 금방 생각해낼 수 있다. 나는 절묘한 이치가 조화롭게 어우러져 있는 걸 보고, 그 묘미에 호기심이 생긴다.

나는 밤이나 낮이나 틈만 나면 때와 장소를 가리지 않고 외우거나 중얼거리길 반복한다. 비록 글자는 모르지만 글자를 배운다는 목표를 향해 바람을 헤치며 신나게 달려가는 기분이다. 이렇게 외워서 마침내 처음부터 끝까지 줄줄 욀 수 있게 된다.

다음에는 글자의 모양을 배운다. 어머니는 자음 14자를 먼저 가르쳐 주신다. 글자를 쓸 때는 왼쪽에서 오른쪽으로, 위에서 아래로 쓴다고 하신다. 하지만 연필도 종이도 없어 실제로 글자를 써 볼수 없다. 어머니는 방바닥에 깔려 있는 대자리 위에 손가락으로 글자를 하나하나 크게 써 보여 주시면서 글자의 이름을 말씀하신다.

"ㄱ ㄴ ㄷ ㄹ ㅁ ㅂ ㅅ ㅇ ㅈ ㅊ ㅋ ㅌ ㅍ ㅎ"

"기역 니은 디귿 리을 미음 비읍 시옷 … 히읗"

어머니가 대자리 위에 손으로 쓴 글자는 흔적이 남지 않아서 내가 신경을 쓰고 보아도 이해하지 못할 때가 있다. 그럴 때 어머니는 소설책에서 해당 글자를 찾아 보여 주신다. 글자의 이름은 내가 처음에 외웠던 "가 나 다 라 … 하"의 소리에서 그 이름을 연상할 수 있다. 하지만 글자의 모양은 머릿속으로 얼른 들어오지 않는다. 조금 까다로운 느낌이 든다.

글자의 모양을 생각하면서 내 주변에서 볼 수 있는 것에서 그모양을 찾아 머릿속에 그린다. 낫을 놓고 보면 낫 놓고 ㄱ자다. 창호지를 바른 문살을 보면 ㄱ자와 ㄴ자가 보인다. 사각형은 ㅁ, 그양쪽에 뿔이 있으면 ㅂ, ㅁ에 오른쪽을 떼면 ㄷ, ㄷ에 ㄱ을 얹으면 ㄹ이다. 문살을 보면 ㅋ, ㅌ, ㅍ자도 보인다. 문살에 없는 ㅇ자는 문고리를 보면 있다. 지게를 눕혀 놓으면 ㅅ, 그 위에 지겟작대기를 가로 지르면 ㅈ, 작대기 위에 나뭇가지를 얹으면 ㅊ이다. 아버지가 제사를 지낼 때 갓을 쓴 얼굴은 ㅎ자 같다.

내가 나무를 할 때는 낫과 지게, 지겟작대기와 나뭇가지를 보면서, 방에서는 문살과 갓을 쓴 아버지의 얼굴을 보거나 생각하면서 자음 14자를 익히고 지겟작대기로 마당이나 길에서 글자를 써 보기도 한다.

자음 중 된소리는 예사소리 글자 앞에 ㅅ을 하나 덧붙인다. ㄲ, ㄸ,ㅃ,ㅆ,ㅉ은 ㅺ,ㅼ,ㅽ,ㅆ,ㅾ 으로 표시한다. 매우 간단하다. 하지만 나는 ㅅ과 ㅆ의 발음을 구별하지 못한다. 이상하다.

모음 11자는 자음과 같은 방법으로 가르쳐 주신다.

"아 야 어 여 오 요 우 유 으 이 ᄋᆞ"

모음을 읽는 소리는 모음 앞 또는 위에 자음 ㅇ을 붙여 읽는다. 모음은 문살의 모양을 보면 모두 있다. 다만 ᄋᆞ는 푸나무에 맺혀 있는 이슬이 굴러 내리는 모양이 연상 된다. 이슬이 굴러 떨어지며 사라지는 모습도 생각난다. 또한 아와 ᄋᆞ의 발음 차이를 구별하지 못한다. 발음을 구별할 수도 없고 어떨 때 어느 자를 쓰는지 알 수도 없는데 왜 이런 글자가 따로 있는지 알 수 없다.

모음 중 겹글자도 배운다.

"애 얘 에 예 와 워 왜 웨 외 의 ᄋᆡ"

나는 애와 에 ᄋᆡ, 외와 왜 웨의 발음을 구별하지 못한다. 글자의 모양은 다른데 소리는 같다. 글자의 모양이 다르니 그 소리도 당연히 다를 터인데. 그런가 하고 넘어가려니 왠지 이상한 느낌이 들어 마음이 찜찜하다. 나는 이런 글자를 대충 읽을 수는 있는데, 내 생각을 글로 쓰려면 어느 자를 써야 할지 모른다. 의와 이 에의 발음은 차이가 있는 것 같기도 하고 없는 것 같기도 해서 알쏭달쏭하다.

다음에는 자음이 종성으로 된 글자를 배운다. "각 낙 닥 … 학, 갹 냑 댝 … 햑"과 같은 모양이다. 글자의 모양에 공통 되는 게 있는 만큼 소리도 공통 되는 게 있어 다른 듯 닮은 데가 있다. 언문의 짜임새는 참으로 절묘하다. 글자가 어쩌면 이런 이치가 숨어 있을까. 나는 기묘하고 신기한 매력에 빠져 감탄하고 또 오묘한 무엇이 더 있는지 찾고 싶다.

나는 이제 소설책을 보고 느릿느릿 몇 줄을 읽을 수 있도록 언문을 터득했으니 까막눈이는 면한 셈이다. 좀 미숙하지만 글을 아는 반열에 들어섰다고 생각하니 대단한 걸 정복한 것 같다. 연필과 종이가 있으면 내가 생각하는 걸 몇 줄 써 보고 싶기도 하다. 글을 안다는 게 그렇게 어려운 일이 아니라는 생각이 든다. 하지만 언문을 대충 읽을 수 있다고 해서 내가 당장 겉으로 크게 달라진 건 없다. 그래도 내가 글을 읽을 수 있다는 건 바라던 소망을 이루었다는 성취감을 느낀다. 나는 지금도 늦지 않았다. 나도 하면 된다는 자신감도 생긴다.

나는 헌수가 읽어 주던 재미있는 이야기를 생각해보고, 그걸 한 번 읽어보고 싶다. 여름 방학이 되어 헌수가 집에 있는 날 저녁에 나는 헌수에게 간다. 나는 헌수에게 여우와 학, 두 마리 염소, 늑대와 양치기 소년, 은혜 갚은 까치 이야기를 좀 천천히 읽어달라고 한다. 헌수는 방바닥에 책을 펼쳐서 같이 보면서 천천히 읽기 시작한다.

나는 헌수가 읽는 책의 그림은 볼 겨를이 없고, 읽는 글자에 시선을 집중해서 마음속으로 따라 읽는다. 나는 곧 헌수가 읽는 글자가 의아해서 놀라고, 금방이라도 그걸 물어 보고 싶은 생각이 굴뚝같다. 하지만 그걸 억지로 참고 조용히 글자에 집중해서 하나라도 놓치지 않으려고 마음속으로 계속 따라 읽는다.

헌수는 조금 느리지만 말하듯 계속해서 글을 읽는데, 내가 읽을 수 없는 글자가 자주 보인다. 내가 읽는다면 헌수와 다르게 읽어 말이 되지 않을 것 같은 글자도 더러 있고, 읽을 수 없는 글자도 있다. 그래도 헌수는 말이 되도록 읽는다. 그러는 중에 내가 스스로 깨달을 수 있는 게 있다. 나는 된소리는 예사소리 글자 앞에 모두 똑같이 ㅅ을 덧붙였으나 여기서는 같은 예사소리 글자를 덧붙여 쌍자음으로 썼다. 그건 약간 낯설었지만 이렇게 쓰든 저렇게 쓰든 금방 이해 할 수 있다.

하지만 종성의 겹글자에 나는 무척 당황한다. "ㄺ, ㄶ, ㄻ, ㅄ," 에 눈이 휘둘린다. 내가 모르는 낯선 글자다. 이 외에도 얼마나 많은 겹글자가 더 있을지 알 수 없다. 그가 겹글자를 어떻게 읽는지 신경을 곤두세워 듣지만 어떤 자는 앞 글자만 소리 내는 것 같기도 하고, 어떤 자는 뒤 글자만 소리 내는 것 같기도 하다. 또 어떤 때는 앞 글자 소리를 내고 다음에 뒤 글자 소리를 내는지, 동시에 두 글자 소리를 내는지 도무지 분간할 수 없다. 어떤 규칙 같은 것이 떠오르지도 않고, 왜 그렇게 써야 하는지도 알 수 없다. 내가 글을 쓰는 건 고사하고 읽기조차 못할 형편이다. 글이 이렇게 어려우니 '나이가 든 어른들은 글을 배울 수 없는 것이구나.'라는 걸 절실하게 느낀다.

헌수가 읽은 구절 중에 이런 구절들이 있다.

"잔꾀 많은 여우는 학을 초대해 놓고 학의 뾰족한 부리로 먹을 수 없는 접시에 음식을 담아서 대접했읍니다. 구렁이가 까치 새끼를 해치려고 하는데 그걸 목격한 선비가 활을 쏴 구렁이를 죽이고 새끼 까치를 구해 주었읍니다."

헌수가 읽은 글을 내가 받아썼다면 이렇게 썼을 것이다.

"잔꾀 마는 여우는 학을 초대해 노코 학의 쑈족한 부리로 먹을 수 엄는 접시에 음식을 담아서 대접해슴니다. 구렁이가 까치 새끼를 해치려고 하는데 그걸 목격한 선비가 활을 쏴 구렁이를 주기고 새끼를 구해 주어슴니다."

헌수가 읽은 책의 글자와 내가 받아 쓴 글자는 다르지만 읽으면 소리는 같다. 헌수가 읽은 책에 있는 글자를 한 자씩 떼어 놓고 보면, 글자는 소리 나는 대로 적혀 있지 않고, 글자와 소리가 다르다. 왜 그렇게 쓰여 있는지 도무지 이해할 수 없다.

내가 "대접했읍니다"와 "구해주었읍니다" 중 "읍"자를 손으로 짚으며 헌수에게 묻는다.

"이 자가 '읍'자가 맞는 거지?"

"그래 '읍'자가 맞다."

나는 헌수가 '슴'자라고 대답할 걸로 생각했는데 의외로 '읍'자가 맞는다고 한다. 나는 의아해서 좀 당황하면서 꼬집어 되묻는다.

"아까 네가 읽을 때 '읍'이라고 하지 않고, '슴'이라고 하던데."

"그래, 그렇게 읽었다. 그건 앞의 글자의 받침에 ㅅ과 뒤의 글자에 ㄴ이 먼저 있으면 그렇게 읽는다."

헌수가 설명하는 내용을 내가 금방 이해하기 어렵다. 하지만 설명하는 방법에 내가 모르는 무슨 이치가 들어 있는 것 같아 설명에 호응해서 우선 고개를 끄덕이며 알아들은 척한다.

"아 그렇구나."

겉으로는 맞장구를 쳤으나 속으로는 완전하게 이해가 되지 않고 이상한 생각이 머릿속에 맴돈다. 나는 고개가 갸우뚱 하는 것 같다. "읍"자를 "슴"자로 읽는다? 내가 지금까지 글자를 배우고 익힌 것으로는 도저히 이해 할 수 없다. "읍"으로 써 놓고 시간을 쓰며 그렇게 앞을 보고 뒤까지 보아서 "슴"으로 읽을 이유가 도대체 무엇이란 말인가. 아예 "슴"으로 쓰면 될 걸 더 복잡하게 하는 것 같다.

집으로 돌아와서 어머니가 읽던 소설책을 몇 줄 읽어본다. 어쩌다가 어머니에게 물어볼 글자가 있기는 하지만 그래도 읽을 수 있다. 내가 글을 읽는 소리를 내가 들어봐도 말이 되는 소리로 들린다.

누가 내게 글을 아느냐고 묻는다면, 나는 글을 안다고 해야 할지, 모른다고 해야 할지 기가 막힐 노릇이다. 비록 서툴다고 하더라도 소설을 읽을 수 있으니 글을 알기는 안다. 하지만 2학년 책도 읽지 못하면서 글을 안다고 하자니 영 꺼림칙하다. 그렇다고 모른다고 하자니 그래도 소설을 읽을 수 있는데 그것도 맞는 말이 아닌 것 같다.

이럴 땐 나는 뭐라고 말해야 정확할까. 글로 쓴 소설은 읽을 수 있는데 학교의 책은 읽지 못한다고 해야 하는가. 내 생각에는 이 말이 내게 딱 맞는 말이다. 하지만 나는 이런 말을 들어본 적이 없다. 글을 알면 아는 것이고, 모르면 모르는 것이지, 소설 글은 알고 학교 글은 모른다는 건 말도 되지 않을 것 같다.

글자도 소설에 쓰는 글자 따로 있고, 학교의 책에 쓰는 글자 따로 있다. 나는 내 눈으로 분명히 보았으니 그렇다고 믿을 수밖에 없다. 소설 글자를 만든 사람이 따로 있고, 학교 글자를 만든 사람이 따로 있을 것 같다. 그래도 생각할수록 더 궁금해진다. 아무래도 내가 언문을 어설프게 아는 것 같다. 내가 학교의 책도 읽을 수 있다면 무엇이 맞는지 알 수 있을 것이라는 생각을 머릿속에서 지울 수 없다.

나는 배움의 매력에 사로잡힌다. 내 마음속에서 배우고 싶은 걸 마음껏 배워 봤으면 좋겠다. 어떤 기회라도 있으면 비록 어렵더라도 학교의 글을 배워보고 싶다. 내게도 형이나 누나가 있어 학교에 다닌다면, 그 책을 어깨 너머로 보거나 물어서라도 학교의 글을 익힐 수 있을 거라는 생각도 해본다. 하지만 형이나 누나가 있었다고 하더라도 우리 집 형편으로 학교에 다닐 리 없다. 나는 온몸으로 배움을 갈구하지만 아무리 생각해도 배우고 싶은 학교의 글을 배울 기회는 보이지 않는다. 소중한 시간은 흐르는데 나는 멈추어 있는 것 같다. 나는 더 배워 더 많이 변하고 싶은 생각이 가슴속에서 차오른다. 내가 이토록 학교에 가고 싶은 걸 나밖에는 아무도 모른다.

나는 삶의 조건으로 제대로 갖춰진 건 아무것도 없다. 또래들이 하는 걸 나는 하지 못한다. 나는 지게를 지고 동구 밖을 나갈 때 또래들은 모여 무명 책보를 허리에 메고 필통 소리를 잘그랑거리며 학교에 간다. 나는 그게 부러워 그들의 뒷모습을 바라본다. 나와 같은 때에 태어나서도 부유한 가정에서 많은 교육을 받은 부모에게 태어난 아이들은 배우고 싶은 걸 마음껏 배우고 자란다. 그들은 좋은 직업을 얻어 제 역량만큼 일할 것이란 상상이 내 머릿속에서 그려진다.

고아원에 있는 아이들이 학교에 다닌다는 말을 들은 적이 있다. 차라리 내가 고아라면 그들과 같이 학교에 다니고, 어울리고, 밥도 먹을 수 있었을 것이라는 생각을 해 볼 때도 있다. 그래도 내게는 남이 보기에 아버지와 어머니가 버젓이 계시는데 내가 나를 고아에 비유한다는 건 당치않은 생각이다. 학교는 무한한 가능성이 있다. 하지만 나의 능력으로는 아무리 보아도 먹고 배울 수 있는 길을 찾을 수 없다. 길이 보여야 미래의 희망을 보며 현실의 고통도 견딜 수 있다. 그리고 배우고 노력해서 지식을 쌓고 지혜를 깨달아야 사람의 구실을 하며 사람답게 살 게 아닌가.

자식은 부모의 과거와 현재를 비추는 거울이다. 나는 아버지와 어머니로부터 보고, 듣고, 시키는 대로 하는 것밖에 모른다. 내가 보고 배운 대로 산다면 아버지와 어머니처럼 살게 될 것 같다. 배움이 없는 삶이란 자신이나 가족도 돌볼 수 없을 것 같다. 나는 다른 아이들과 별나게 다르게 사는 건 싫다. 남들처럼, 또래들 처럼 그들과 당당하게 어울려 배우면서 평범한 삶을 살고 싶다.

나는 조금 더 사람답게 살고 싶다. 나는 부모로부터 받은 몸이라 부모에게 효를 해야 한다. 한편 처해진 현실은 부모의 소유물이요 도구일 뿐이다. 그것도 아버지나 어머니가 무슨 말씀을 하시기만 하면, 계속 그렇게 움직이는 자동기계 같다. 나는 부모가 사랑하는 자식이라기보다 부모의 삶을 위한 도구가 되기를 강요당하고 있다. 나는 다른 사람이 원하는 내가 아니라 내가 원하는 나를 찾고 싶다. 자식이 부모의 전유물은 아니다. 부모가 나의 삶을 대신 살아 줄 수도 없다. 나의 주인은 나다. 부모가 자식을 도구처럼 부린다면 자식은 반편이 되어 자식의 삶이 순탄하지 않다. 자식이 불행하게 되면 그 부모의 삶도 헝클어진다. 배우지 못하는 내 삶의 미래를 생각하면 무식하고 아둔해서 겉돌면서 사는 사람의 모습이 머릿속에 어른거린다.

올해는 농사짓는 데 비가 부족하다. 봄부터 가뭄이 계속되다가

6월에 태풍이 한 번 와서 해갈이 됐다. 그 후 7월부터 태풍은커녕 가뭄만 계속된다. 내가 작년 가을에 햅쌀밥을 먹을 때 밥이 윤기가 자르르 나고 부드러웠다. 그 밥은 구수하고 향긋한 맛이 엄청 좋아 목으로 술술 넘어갔다. 아직도 그 맛을 잊을 수 없다. 그때 밥을 먹으며 내년에는 벼가 더 잘 되도록 아침마다 논에 부지런히 다니며 물을 잘 대려고 마음속으로 다짐했던 생각이 난다.

하지만 올해 내가 논에 가서 물이 적거나 마른 걸 보고 물을 알맞게 대려고 해도 마음대로 댈 수 있는 물이 없다. 가뭄이 심해서 논에 댈 물이 부족하기 때문이다. 그래서 봇물을 균등하게 나누어 주는 일을 관리하는 보도감이 물을 대어주어야 논에 물이 들어온다. 그것도 충분하지 않다. 논이 말라가도 순서가 되어야 다시 물을 받을 수 있다.

여름 동안 날마다 햇볕만 쨍쨍 내려쬐고 비가 적어서 산에서는 한낮이면 나뭇잎들이 더위를 먹고 축 늘어진다. 밭에서는 고춧잎, 콩잎, 들깻잎, 배춧잎, 무의 잎들이 시들해서 잘 자라지 못하고 가끔은 마르는 것도 있다. 아침저녁으로 햇볕은 조금씩 식으며 가을로 넘어가도 비는 오지 않는다. 사람들은 맑은 하늘을 쳐다보며 애간장이 탄다.

우리 신광면에는 밭농사는 가뭄을 피하지 못했으나 벼농사는 수리시설이 좋아서 그래도 큰 피해는 면할 듯하다. 들녘에는 벼들이 이삭을 품어 볼록해지고 수확의 계절은 다가온다. 가을이 깊어질수록 하늘은 더 높고 청명하다. 비는 점점 멀어진다.

우리 집도 가을걷이를 해서 탈곡을 한다. 올해는 작년처럼 곱장리를 갚는 게 없어 소중한 수확이 작지만 오붓하다. 소담한 알곡을 보는 내 마음도 조금은 흐뭇하다.

아버지는 지금까지 두 번 논보리 농사를 지으셨다. 아버지는 보리농사를 잘 지을 수 있는 방법을 생각하신다. 그러던 중 보리씨를 깊이 묻어야 한다는 묘안이 생긴다. 깊이 묻힌 보리씨는 겨울에 얼지 않는다. 그러면 보리는 잘 자라 탐스러운 이삭을 맺어 풍성한 수확을 할 수 있다. 아버지는 어떤 상상이 떠오르면 어서 현실로 만나고 싶다. 상상이 마치 장밋빛 미래가 저쪽에서 손짓하며 부르는 것처럼 보이는 모양이다. 청신호가 꺼지지 전에 건너지 못하면 그 행운을 놓지는 것처럼 득달같이 내달린다. 아버지는 생각이 한 번 떠오르면 그게 옳든 그르든 자신의 마음대로 하시는 독불장군이고 자신만만한 유아독존의 전사 같다. 아버지는 벼를 거두어들인 논에 소를 몰고 쟁기로 작년과 같이 고랑을 타신다. 아버지는 보리씨를 뿌린다. 나는 퇴비를 조금씩 뿌린다.

아버지는 자귀로 고무래의 양끝을 괭이의 날처럼 얇고 납작하게 만드신다. 그렇게 생긴 고무래는 우리 집에서만 볼 수 있는 아주 특수하고 희귀한 농기구다. 아버지는 가족에게 보리씨를 묻는 방법에 대해서 일장의 훈시를 하신다.

"논에 고랑을 탈 때 옆으로 나온 흙을 끝이 뾰족한 고무래로 그러모아 보리씨를 묻어라. 그리고 고무래의 끝으로 논바닥의 흙을 파서 보리씨를 더 묻어라. 그래야 보리 싹이 겨울에 얼지 않는다."

어머니와 나는 아버지의 영에 따라 아무 말 없이 뾰족한 고무래로 고랑에서 나온 흙을 긁어서 보리씨가 얼지 않도록 충분히 묻는다. 다음에 두둑의 흙을 파서 보리씨가 춥지 않도록 더 깊이 묻는다. 고랑이 두둑보다 높아진다. 보리씨 위에 덮인 흙의 두께는 보리씨 크기의 몇 배인지조차 가늠할 수 없다. 고랑과 두둑이 뒤바뀐 모양새다.

나는 우리 논에서 보리 싹이 어떻게 나오는지 궁금해서 자주 가본다. 싹이 나오면 얼지 않고 잘 자랄 텐데. 기다리는 시간은 자꾸만 지나가도 보리 싹은 보이지 않는다. 무엇이 잘못된 듯 불안감이 슬며시 머리를 스친다. 그래도 희망을 갖고 싶다. 나는 보리 싹이 나오는 걸 보고 싶어 마음속으로 속삭인다. "보리씨야 땅속에서 아직도 씨앗의 형태로 있느냐, 움트고 있느냐. 어서 흙 사이로 예쁜 싹을 내밀어라. 움트고 있다면 그 소식이라도 좀 전해다오." 나는 보리가 잘 자라서 굵고 탐스러운 이삭을 잘 맺어 여물어가는 모습을 상상해 본다. 그러는 동안 다른 집 논밭에선 내가 보고 싶은 푸른 보리 싹이 쑥쑥 돋아서 보리를 심은 논밭들이 파릇해진다. 그래도 우리 집 논에 심은 보리 싹은 보이지 않고 땅속에서 감감무속이다. 어쩌다 씨앗 하나라도 얕게 묻힌 게 있을 텐데. 거기서 싹이 나온다면 나는 또 기대를 할 텐데. 어떻게 싹이 하나도 나오지 않을까. 깊이 심었으니 올라오는데 시간이 더 걸릴 수도 있겠지. 싹이 나기만 하면 아버지의 말씀대로 추위는 더 잘 견딜 수도 있겠지.

하지만 왠지 불안한 생각이 자꾸 머릿속으로 밀고 들어온다. "보리씨가 너무 깊이 묻혀서 싹이 나오지 못하고 숨도 못 쉬고 있는 건 아닌지, 올라오다 지쳤는지. 보리야 어서 싹을 보여 다오." 애가 타도록 기다리는데 가을이 다 가도 보리 싹은 볼 수 없다. 다른 집 논에서는 보리 싹이 자라 바람을 쐬며 신선한 공기를 마신다.

아버지는 세상에 대한 두려움도 진지함도 없는 막연한 낙관주의 자다. 아무런 근거도 없이 자신이 한 번 옳다고 생각하면 의심조차 한 번 하지 않고 호기롭게 믿어버린다. 보리의 파종 방법이나 시기는 오랜 세월을 거치는 동안 농사짓는 사람들의 노력과 경험이 깃든 소중한 지혜로 얻은 건데. 아버지는 아무런 경험도 근거도 없는 상상을 철석 같이 믿고 농사 방법을 바꿔버린다. 경험이 많고 농사를 잘 짓는 사람들에게 물어 볼 것도 없다. 보리농사는 가족의 삶이 걸린 엄청난 문제이지만 그게 잘못되어 겪게 될지도 모르는 아버지의 고통이나 가족의 생계 문제는 생각할 새도 없고, 생각할 필요도 없다. 아버지의 마음속에는 희망만 가득할 뿐이고 실패란 없기 때문이다.

나는 지난봄에 우리 논에서 보리가 자라는 걸 봤다. 북쪽에 있는 조금 높은 논둑 바로 밑에 있는 고랑에서 보리가 유난히 잘 자라서 이삭이 굵었다. 아마도 논둑이 북쪽에서 불어오는 찬바람을 막아주는 양지바른 곳이라 그럴 거라는 생각이 들었다. 나는 그걸 보면서 다른 모든 고랑의 보리가 저렇게 됐으면 좋겠다고 생각했다.

그런 북쪽 논둑 바로 밑에 있는 고랑에서 잘 자라는 보리를 보신 아버지는 아마도 논둑에서 흙이 흘러내려 보리씨가 깊이 묻혀서 그런 걸로 착각했을 성싶다. 논보리 농사에 경험이 부족한 아버지가 보리농사를 바라보시다가 머릿속에서 "알았다. 바로 그거야, 보리씨를 더 깊게 묻어야지"라는 생각이 머릿속에 불현듯 떠올랐을 것 같다.

하지만 아버지의 환상은 백일몽일 뿐이고, 속이 없는 껍질로 현실에 맞닥뜨린다. 깊이 묻힌 보리씨는 싹도 나오지 않는다.

보리 싹이 나지 않자 심기가 잔뜩 불편해진 어머니는 아버지에 대해 부글부글 끓어 오르는 원망과 분노를 삭이지 못해 구시렁거리신다. 그것도 부족해서 눈앞에 보이는 내게 더 큰 화를 풀어내신다. 내가 아버지에게 그렇게 권한 것도 아닌데 애꿎은 나만 속수무책으로 당한다.

"살림도 살줄 모르고, 숙맥이고, 어리석고, 미련하고, 천방지축이고, 거기에다 고집은 황소고집이라 당할 수 없고 … "

내가 무슨 죄가 있다고 어머니는 걸핏하면 내게 속사포를 쏘아댄다. 어머니는 화풀이를 하는 것일 뿐 내말을 들으려는 건 아니다. 나도 마음속에 생각이 있지만 말을 할 수 없다. 아버지와 어머니는 '나'라는 자존심만 분명하고 자신의 방식대로만 산다. 아버지와 어머니는 자신이 잘한다고만 생각하면서 자신에게 문제가 있음을 인정하지 않는다.

어머니는 작년과 달리 보리씨를 깊이 묻으면서도 아버지에게 농사를 잘 짓는 사람에게 물어 보고 하자고 적극적으로 나서지 않으셨다. 어머니는 아버지의 지난날의 행적으로 보아 고집불통을 잘 아시는 터라 아예 설득을 포기하셨을 수도 있다. 아니면 설득을 했지만 되지 않았는지, 어머니 자신도 몰라서 아무 생각 없이 아버지를 믿고 그냥 따라 하셨는지 나는 그 사정을 짐작하기 어렵다. 하지만 늘 뒷전에만 앉아 있다가 아버지만 타박하는 어머니도 못 마땅하다.

이유야 어떻게 됐든 보리씨는 깊이 묻혀서 싹도 트지 못했으니 싹이 얼 걱정은 아예 없다. 보리 싹이 잘 났다고 하더라도 내년

보릿고개는 아침에는 나물밥으로 저녁에는 나물죽으로 근근이 끼니를 잇기도 어려울 것이다. 그런데 보리 양식이 하나도 없게 됐으니 빈 쌀독을 가슴에 안게 될 어머니는 갑갑하실 수밖에 없다. 답답해진 어머니는 체념과 절망의 심연으로 빠진다. 어머니는 정신적 충격과 마음의 상처로 쌓였던 분노가 치밀어 화병이 부쩍 잦아진다.

어머니가 밤중에 화병이 도지면 나는 찬바람이 매섭게 부는 겨울 벌판으로 내몰려 무속인을 부르려 간다. 가는 도중에 무서움에 떨면서도 그 자리에 주저앉을 수도, 그냥 돌아갈 수도 없다. 어머니의 병세가 위중하기 때문이다. 그래도 무속인이 왔다 가면 어머니의 증세는 조금씩 가라앉는다. 하지만 이건 일시적 진통제와 같아서 만성이 된 화병은 언제 또 도질지 모른다. 나는 어머니가 화가 날까봐 눈치를 살피고, 화병으로 어떻게 될까봐 늘 불안한 마음으로 가슴을 졸인다.

아버지는 보리 싹이 나오지 않아도 한 번도 후회하는 기색이 보이지 않는다. 아버지는 어쩌면 저렇게 대범하실까. 나는 혼자서 아버지의 속내를 헤아려본다. 아버지는 좋아하는 걸 마음대로 하기만 하면 실패해도 충격이 없을까. 아버지는 마음속으로 후회하시고 가족들에게 미안해하시는지, 가족이 지금 겪고 있는 고통과 내년에 보리 수확이 없어 배고파야 하는 걸 어떻게 생각하시는지 모를 일이다. 아니면 혹시 아버지 혼자만 아시고 모아 둔 돈이 따로 상당히 있는지도 알 수 없다. 차라리 그랬으면 얼마나 좋을까.

아버지에 대한 생각이 내 머릿속에 계속 맴돈다. 내년에 부족한 식량은 아버지에게 더 큰 부담이 될 것이고 아버지의 고통이 더 클 것이다. 어머니는 가족의 생계에 도움이 될 아무런 능력도 없으니 어머니에게 후회해 봐야 소용도 없는 일이고, 미안해 할 이유도 없다고 생각하실 수도 있다. 또 아버지가 마음속으로 후회하시더라도 그런 말을 해봤자 어머니로부터 원망만 들을 게 뻔하다. 그래서 아버지도 답답하지만 한 마디 후회의 말도 못하셨을 수도 있다. 더 나아가 이미 지나간 일은 잊고, 더욱 힘을 내서 일하도록 어머니로부터 오히려 위로를 바라는 속내까지 뒤섞였을 수도 있다.

아버지는 비록 세상 물정에 어둡고, 옹고집이고, 의식주에 위태로움을 자초하시면서도 겉으로는 태평이다. 하지만 간혹 마음속의 외로움과 불편한 심기를 내비치신다.

"내 몸은 혈혈단신이다. 그래도 내가 이 가정을 꾸려가고 있는 가장이다. 가족이 똘똘 뭉쳐야 한다."

아버지는 가난 속에서 어느 한 곳 기댈 데도 하소연 할 데도 없다. 어머니도 아버지를 곱게 보아주지 않는다. 가까운 친척은 없고, 촌수가 먼 친척은 인연이 끊긴 지 오래다. 아버지는 누구에게도 마음 줄 곳도 없이 고독하게 살아야 하는 쓸쓸함이 짙게 묻어나오는 것도 같고, 가족들에게 마음으로라도 좀 더 도와주기를 바라는 것도 같다.

하지만 나는 지금 하는 일도 벅차다. 땔나무를 하고 농사짓는 일과 크고 작은 집안 내외의 일만 하여도 버겁고 부대끼는데 또 더 똘똘 뭉쳐서 할 게 뭐란 말인가. 나는 학교에 가서 배우는 걸 했으면 좋겠다. 그게 내가 진짜로 하고 싶은 일이다.

아버지가 외로워하시는 말씀이 채 끝나기도 전에 어머니는 짧고 낮은 소리를 낸다.

"흥! 치!"

어머니의 말씀은 혼잣말이지만 내 귀에 쟁쟁하다. 비록 들릴 듯 말 듯 한 낮은 소리지만 노골적인 볼멘소리로 퉁명스럽고 못마땅하다는 푸념이 말과 표정에 짙게 배어난다. 아버지가 못 들은 체하고 좀처럼 대꾸를 하지 않으시니 큰 싸움으로까지 번지는 경우는 거의 없다. 하지만 어머니는 다음 자리에서 애먼 내게 아버지를 원망하는 화풀이를 마저 하신다.

"누가 잘못해서 이렇게 됐는지 알아. 어리석어빠져서, 천방지축이지, 미련하기 짝이 없지, 자기가 잘못해 놓고 자기부터 잘해야지. 가족 보고 어떻게 하라고."

나는 어머니의 넋두리에 비위를 맞추려고 입술을 다물고 열심히 듣다가 그것이 화근이 되어 뜻밖의 화를 당한다. "주둥이는 왜 그렇게 튀어나왔느냐."고 어머니가 야단을 친다. 아버지에 대한 간접적인 화풀이가 내게 더 큰 불똥으로 튀고 나는 직접 화풀이의 대상이 된다. 그다음부터 어머니의 푸념을 들으면 나는 내 윗니와 아랫니가 닿지 않도록 조심하고, 앞 입술을 가볍게 안으로 빨아들이는 모습을 연출한다. 만약 그렇게 하지 않고 입을 다물면 내 입술이 밖으로 좀 나오게 된다. 이때 어머니는 내가 어머니 말씀에 언짢은 표정을 하는 걸로 생각하시게 되어 나는 또 다른 언어폭력의 세례를 받아 혼쭐이 난다.

아버지는 보리씨를 깊이 묻으면 얼지 않아 좋겠다는 생각이 들었다면 올해는 몇 고랑만 깊게 묻어 시험을 해봤으면 어떨까. 그 결과가 좋으면 내년에 보리농사 전부를 그렇게 하면 아버지의 묘안은 크게 성공할 것이고, 깊이 묻는 게 나쁘면 다음에는 그렇게 하지 않으면 아무런 손실이랄 것도 없었을 것이다.

내가 마음속으로 어머니의 말씀 중 맞는다고 생각하는 부분도 있다. 나는 이런 이야기를 어머니에게 하지 못한다. 내가 만약 어머니의 편을 들거나 어머니의 말씀이 맞는다고 하고 아버지가 잘못했다고 한다면 자칫 더 큰 분란으로 이어질 것이고, 어머니가 아버지를 더 원망하도록 부추기게 하는 게 될 것 같아서다.

어머니가 늘 냉정하고 짜증나는 말투로 아버지를 원망하는 말씀을 하신다. 나는 그런 말을 자주 들으면 어머니가 좀 더 너그럽고 듣기 좋은 말씀으로 아버지를 위로 하면서 설득하셨으면 하는 아쉬움을 느낄 때가 많다. 나는 어머니가 하시는 말씀을 내용에는 공감하는 부분도 있지만 너무 매몰찬 말로 원망하신다고 생각한다. 그럴 때 아버지는 울컥하는 마음에서 반발하여 아버지의 잘못을 인정하지 않으시고 오히려 어머니를 성가시다고 생각하실 것 같다. 아버지와 어머니는 서로 자신에게 필요한 말만 할뿐 상대의 입장을 생각하는 따뜻하고 정감나는 말은 없다. 아버지와 어머니는 서로의 생각이 너무 달라 가족관계가 뒤틀려 있다. 가족의 불화는 삶을 피곤하게 하고 갈등의 골만 깊어진다. 그래도 내가 웅크리면서 기댈 수 있는 곳은 가족뿐이다.

어머니는 질병과 가난에 시달리면서 좌절한 마음을 달래는 방법을 찾으면서 현실 세계에 마음이 멀어지고 이상세계로 들어간다. 어머니는 고대소설을 많이 읽어 소설을 닮아가면서 현실과 이상의 경계가 무너지고 점점 더 깊은 환상 속으로 들어간다. 불교와 무속신앙, 조상신을 믿는 신심으로 무장해서 이상향의 성을 쌓으며 환상의 공간을 넓혀간다. 그러면서 어머니는 요행과 기적이 현실로 이어지기를 기다린다.

나는 상상력을 동원해서 아버지와 어머니가 너그러운 마음으로 서로 위로하며 화목한 가정을 다짐하는 모습을 그려본다. 나는 그런 행복한 순간이 온다면, 아버지와 어머니 앞에서 어리광이라도 떨고, 웃어도 보고, 투정을 부리면서라도 속내를 말씀 드리고 싶다.

"아버지, 어머니, 나도 또래들처럼 학교에 다니며 같이 배우고 싶어요. 나는 학교에서 배우면 집에서 못 배우는 게 많이 있을 것 같아요. 나는 또래들의 세상이 궁금해요. 학교에 가서 공부를 하면 더 넓은 세상을 알 것 같아요. 또래들과 같이 학교에 가서 글도 배우고 새로운 경험도 하고 싶어요. 다른 아이들이 할 수 있는 걸 나는 할 수 없는 게 많아요. 오전에 학교에 갔다 와서 오후에 나무를 해도 땔감은 이어 갈 수 있어요. 또 새벽이나 일요일, 방학 때도 일할 수 있어요. 학교에 가고 싶어요."

나는 어떻게 해야 학교에 갈 수 있을까. 또래 아이들이 학교에 가는 걸 보면 나도 같이 가고 싶고, 또래들처럼 살고 싶다. 이렇게만 살아서 될까. 하지만 아무리 생각해도 살기 위해서는 먹는 게 먼저고 학교는 그 다음이다. 그래도 살고 싶다고 생각할 만큼 배우고 싶다.

아버지에게 무슨 말씀을 드려야 가정이 평온해질까라는 생각이 내 머릿속에 계속 맴돈다. 아무래도 불화의 원인은 아버지에게 더 있다. 내가 아버지에게 무슨 말씀을 드려야 좋은 대답을 들을 수 있을까. 무슨 말씀을 드리더라도 아버지는 울컥하는 마음에서 금방 나의 말을 가로막을 것 같다.

"네가 뭘 알아. 머저리같이 … 큰 인물이 되겠다."

아버지가 걸핏하면 쓰시는 말씀이다. 금방 이런 대답이 돌아올 것 같아 더 이상 생각할 용기가 나지 않는다. 아버지와 같이 다른 일을 하다가도 그런 말씀을 듣지만 내가 왜 그런 말씀을 들어야 하는지조차 이해 할 수 없다. 그런 말씀을 들을 때마다 나는 거북하다.

어느 날 곁에서 그 말씀을 들으신 어머니가 오랜만에 감정이 절제된 표현으로 한 말씀하신 적이 있다.

"애들에게 왜 그런 말을 하시오. 말이 씨가 된다는데 그런 말은 하지 말아요."

아버지는 아무 대답이 없으셨다. 아버지는 그 말씀이 적당하지 않다고 생각하셨는지 한동안 그 말씀을 하지 않는다. 하지만 그런 말씀을 하시는 오랜 습관을 버리는 게 그렇게 힘들까. 아버지는 습관대로 거침없이 사시는 게 편하신지, 얼마 후 또 그런 말씀을 계속 하신다.

나는 아버지의 그런 말씀을 들을 때 아버지는 진심으로 내가 큰 인물이 되기를 기대하시는데 실망하신다는 뜻인지, 단순한 습관인지, 아니면 진정으로 나를 핀잔하시는 건지 모른다. 하지만 그 말을 자주 들으면서 불편함을 넘어 짜증의 단계로 바뀐다. 내가 하는 일은 이렇게 할 수도 있고 그렇게 할 수도 있어 그다지 잘못된 일도 아니라고 나는 생각한다. 그런 걸로 아버지로부터 심한 말씀을 자주 들으면 아버지와 같이 일하는 게 싫어지고 차라리 내 혼자서 하고 싶다.

나도 큰 인물이 될 수 있다면 얼마나 좋겠나. 나는 큰 인물에 대한 생각이 자꾸 떠오른다. 하지만 부모가 뒷바라지를 얼마나 해 주느냐에 따라 자식의 인물이 결정되는 게 아닌가. 아버지는 내게 남들처럼 해 주신 게 아무것도 없다. 제대로 먹여 주지도, 입혀 주지도, 학교에 보내 주시지도 않았다. 그러면서 나 보고 대체 무얼 어떻게 하란 말인가. 아버지는 부모의 역할을 진지하게 고민을 해 보시기나 하셨는지. 자식이 진짜 큰 인물이 되려면 부모가 어떻게 해야 하는지 알기나 하시는지. 부모는 자식이 모르지 않도록 잘 가르쳐야 자식은 제대로 배우고 더 많이 알아서 세상에서 당당하게 경쟁하는 큰 인물이 될 게 아닌가. 큰 인물을 바란다고 거저 되는가. 큰 인물은 겉보기에는 화려해도 그 속에는 수많은 노력과 어려움, 때로는 실수라는 비밀이 있지 않은가. 아버지가 해 주신 것이라곤 오직 지게뿐이고 어린 내게 오로지 일만 시켰다. 이렇게 하다가는 큰 인물은 고사하고 얼간이도 면할 수 없다. 나는 배우지 못했으니 잠재적 능력이 있더라도 아무 의미가 없고, 잘할 수 있는지도 알 수 없다. 내가 가진 건 도구처럼 움직이는 몸뚱이밖에 없다. 머릿속은 텅텅 비어 있다. 그러니 머저리가 될 수밖에 없다. 그런데 아버지는 왜 걸핏하면 핀잔하는 말씀을 하셔서 내 마음에 깊은 상처를 자꾸 건드려 아프게 하시는가.

어머니에 대한 생각도 머릿속에서 떨쳐버릴 수 없다. 불화의 원인은 단순히 한쪽에만 있는 게 아니다. 어머니도 불화의 한 쪽이니 그 나물에 그 밥이다. 그래서 나는 어머니에게 어떻게 말씀을 드려야 가정의 평화에 도움이 될지 고민이다. 아버지의 말씀이 없는 상태에서 어머니에게 드릴 말씀이 마땅찮다. 섣불리 그냥 말을 잘못 꺼냈다가는 어머니로부터 치밀어 오를 성화가 머릿속에 어른거린다.

"미련하게, 지 애비를 닮아서 … 애간장을 태우게 하지 마라."

어머니는 내게 할 말 못할 말을 다 하신다. 내가 괜히 어머니의 화를 돋우어 언어폭력의 세례를 받을 것 같은 두려움이 떠올라 말할 용기가 나지 않는다. 자칫 잘못하면 어머니의 화병이 도질 수도 있다.

나는 차라리 어머니 스스로 무슨 방법을 찾아야 한다고 생각하다가 겉으로는 감히 말을 못하고 마음속으로 혼자 생각한다.

나는 더 어릴 적 한때 동네 어느 집에서 까르륵하는 웃음소리가 새어나오는 걸 들었어요. 분명히 어머니가 얼굴을 활짝 펴서 함박웃음으로 웃으시는 소리였어요. 어머니에게도 그렇게 너그럽고 따뜻하게 웃으시는 모습이 분명히 있어요. 웃음이 마음의 여유를 되찾을 수 있어요. 어서 어머니의 침울한 모습을 벗어버리시고 활짝 웃는 모습으로 돌아오십시오. 그런 모습으로 아버지가 잘못하려고 할 때 설득하고, 잘못했을 때 위로 하고, 잘 했을 때 칭찬도 해보십시오.

또한 어머니가 정신적으로 쌓아 놓은 이상세계의 성채가 마법처럼 어머니를 둘러막고 있습니다. 현실에 발을 붙이고 있는 한 그런 세상은 허황한 꿈일 뿐입니다. 신은 아무런 책임도 지지 않습니다. 신의 영역은 신에게 맡겨두고, 어머니에게 묻어 있는 이상세계의 잔영을 훌훌 털어버리십시오. 세상에 뜻대로 되는 게 어디 있어요. 거칠지만 현실의 세계로 나오십시오. 웬만하면 이럴 수도 있고 저럴 수도 있다고 마음을 넓혀주십시오. 그리고 녹록하지 않지만 좀 더 너그럽고 강한 어머니의 역할에 나서 주십시오.

시간은 아무 일 없다는 듯이 고유한 속도로 흐르고 계절은 겨울로 접어든 지 오래다. 시간의 흐름은 커다란 변화가 따른다. 아무도 시간의 변화는 거스를 수도 없고, 아무리 따라가도 따라잡기 어렵다. 시간은 모든 변화를 품고 요동치며 흐른다. 나는 매일 새로워지고 깨닫고 싶어도 할 수 있는 게 아무것도 없는 것 같다. 또래 아이들은 벌써 삼 학년 또는 사 학년이다. 나는 또래 아이들과 점점 더 멀어져 간다. 또래들은 학교에서 공부하는 학생인데 나는 산에서 나무를 하는 산아이다. 나는 꿈과 희망을 어디에서 찾아야 하나.

나는 배움의 가치와 자신을 바르게 표현하는 것의 소중함을 절실히 느낀다. 글을 배우고 읽으면 사람이 바뀔 수 있다. 글은 내 안에 잠자던 지혜를 깨워주는 삶의 진정한 안내자다. 글을 읽으면 내가 모르던 걸 새로 알 수 있고, 나와 다른 남의 마음이나 옛 것도 알 수 있다. 나의 좋은 생각도 잊지 않게 적어 둘 수 있다. 글은 삶에 새로운 생기를 불어 넣어준다. 이런 생각이 나의 등을 어디론가 떠미는 것 같다.

이제는 나무를 많이 해서 동네 앞을 지나오는 것도 부끄럽다. 전에는 나무를 많이 하거나 키 큰 싸리나무를 한 짐 가득하려고 애면글면했다. 그 짐을 지고 동네 앞을 지날 때는 뿌듯한 대견함까지 느꼈다. 그때에는 동네 사람들이 나를 보고 나무를 잘한다고 속으로 칭찬할 것 같았다. 하지만 동네 사람들이 지금 나를 보면 애틋해서 민망해 할 것 같고, "저 아이는 나무는 잘하지만 학교에 다니지 않으니 얼간이가 될 거야"라고 생각할 것 같아 동네 앞을 피하고 싶다. 나는 멍하고 무력함이 느껴지고, 정상적인 삶의 진로에서 벗어난 잉여인간 같다.

내가 태어나서 강산이 한 번 바뀔 시간이 되어간다. 그동안 내가 매일 한 일 중에서 다른 건 없고, 지게꾼만 했다. 나와 가족이 살기 위해서 어쩔 수 없이 했지만 지금 생각하면 그런 일은 아무리 많이 해도 별것이 아니라는 생각이다. 내가 한 나무는 모두 타버리고 내게 남은 건 내가 살아 숨 쉬고 있다는 게 전부다.

산다는 게 무엇일까. 어떻게 살아야 할 것인가. 나는 어디로 가고 있는 것인가. 나는 나를 알고 싶다. 내게는 내가 소중한 사람으로 느껴지는데 세상이 나를 보는 건 그렇지 않은 것 같다.

언문도 여러 가지가 있을 수 있을 것이다. 하나만 만들었지만 변했을 것이다. 소설 글자에서 학교 글자로 변했을 것이다. 어머니의 소설책은 오래 되어 표지와 내지의 색이 누렇게 바랬다. 학교의 책은 새 종이다. 학교의 글이 새로울 것이다. 나는 학교의 글의 이치를 분명히 알고 싶고, 지혜의 힘을 갖추고 싶은 욕망이 가슴 속에 차오른다.

내가 글을 쓸 수 있다면 말로 표현하지 못하고 마음속 깊은 곳에 고여 있는 생각을 길러 올려 마음이 후련해지도록 쓸 수 있을 것 같다. 입만으로는 하고 싶은 말을 다 할 수 없다. 말은 짧고 글은 영원하다. 입으로 하는 말은 듣는 사람이 있을 때 해야 하고, 듣는 사람이 없으면 허공으로 사라진다. 글은 말을 잡아 담아 두는 그릇이요 영혼을 담아 두는 그릇이다. 그 그릇은 무한이 커서 아무리 채워도 넘치지 않는다. 글로 하는 말은 혼자서 차분히 정리한 생각을 나타내게 할 수 있고, 들어주고 기억해주는 사람이 없어도 오래오래 남는다. 글은 또 멀리 있는 사람에게 편지로 보낼 수도 있다. 글이 더 깊은 말을 한다. 세상의 심오한 이야기는 글로 쓰여 있는 것 같다. 옛날의 훌륭한 사람들의 말도 글을 통해서 듣고, 또 다시 듣고 싶으면 얼마든지 마음대로 다시 들을 수 있다. 글을 모르면 하고 싶은 말의 절반도 하지 못하고, 듣고 싶은 말의 절반도 듣지 못한다.

글을 알아야 옳고 그름을 알 수 있고 자신의 정신을 가다듬을 수 있다. 제대로 알지 못하면 제대로 살 수 없다. 글이 세상을 여는 열쇠일 것 같다. 수백수천 년을 살아온 세상의 지식과 지혜가 글 속에 다 있을 것 같다. 글로 쓰인 말은 마음을 풍요롭게 해 주고 글은 눈으로 보는 것보다 훨씬 더 많은 걸 마음으로 볼 수 있다. 글을 읽는 건 세상을 읽는 것이다. 글을 배워 많이 읽으면 진짜 세상을 다 가질 것 같고, 말도 지혜롭게 할 수 있을 것 같다. 글을 계속 읽으면 내가 경험하지 못했더라도 남의 경험을 통해서 새로운 세계를 계속 만날 것 같다.

말 중에서도 글이야 말로 정제된 말의 정수다. 사람의 혼이 배어 있고, 세련되기 그지없다. 글을 배운 사람은 아는 게 많다. 나는 나의 정열을 쏟아 거기에 꼭 도달해야 하는 게 소망이다.

8부

배움의 들머리

8. 배움의 들머리

만물이 희망의 숨을 쉬는 봄 어느 날. 어머니가 내게 말씀을 하신다.

"너도 올해 학교에 가거라."

이 얼마나 가슴 설레는 말인가. 어둠속 한 줄기 빛 같은 소식이다. 나는 희망찬 미래를 꿈꾸며 가고 싶던 더 넓은 세상을 향해서 나갈 수 있게 되었다. 학교에 다니면 아이들과 어울릴 수 있어 신이 날 것 같다. 하늘도 훨씬 아름답게 보이고 나를 포근하게 감싸준다.

나는 흐뭇한 마음으로 또래들과 같이 학교에 처음 가는 날을 상상해본다. 한데 내가 준비해야 할 일이 있다. 학교에 처음 가는 걸 '입학 한다'라고 하는 말은 들었는데 그 절차가 궁금하다. 어머니는 그런 경험이 없다. 어머니는 나를 입학시키려고 학교에 데리고 갈 생각이 비치는 데도 없다. 어머니는 나를 둔치에 혼자 보내도 나무를 해서 오는 것처럼 학교에 가는 것도 혼자 가기만 하면 입학이 되는 걸로 알거나 내가 알아서 할 걸로 생각하시고 있을 것 같다. 어머니의 말씀도 "학교에 가거라"고만 말씀하셨지 어떻게 하라는 말씀은 하지 않으셨다. 나는 다른 아이들에게 알아볼 방법을 찾을 수밖에 없다.

나는 수용이가 얼른 생각난다. 수용이는 나보다 두어 살이 더 많은데 올해 6학년이 된다. 수용이는 동네 아이들과 잘 어울리고 똘똘해서 아이들이 잘 따른다. 아이들이 병정놀이를 할 때도 수용이가 늘 대장 노릇을 한다. 나는 수용이를 찾아가서 부탁한다.

"내가 올해 입학을 하려고 한다. 어떻게 하는지 몰라서 그런데, 좀 가르쳐 줘라."

"입학 신청을 하는 날이 아직 며칠 남아 있는데 그때가 되면 내가 해 줄 테니 나하고 같이 가자."

수용이가 직접 해 주겠다고 한다. 일이 쉽게 풀리어 금방 걱정을 덜었다. 나는 입학 신청을 하는 절차를 해 줄 사람을 쉽게 구한 후 입학하는 날을 손꼽아 기다린다. 며칠이 지나 신청하는 날이 오자 수용이가 학교에 다니는 다른 아이들 너더댓 명을 데리고 우리 집에 온다. 학교에 다니는 아이들이 몰려와 마치 내 입학을 축하라도 하는 분위기다. 수용이가 어머니에게 무엇을 묻고 메모를 한다. 나는 부푼 가슴을 안고 가뿐한 걸음으로 아이들을 따라간다. 학교가 보인다. 다른 아이들은 학교로 가고, 수용이가 다른 방향으로 간다. 내가 수용이를 따라가서 도착한 곳은 면사무소다. 면사무소의 본 건물은 6.25전쟁 때 폭격으로 지붕과 벽은 없어지고 콘크리트 기둥만 남아 있다. 면사무소 직원들은 뒤뜰 한쪽에 남아 있는 작은 창고에서 사무를 보고 있다. 좁은 사무실에는 직원들과 입학 신청 서류를 받으려는 사람들로 붐빈다.

일찍 온 사람들이 벌써 담당 직원 앞에서부터 바깥까지 줄을 길게 서 있고 서류를 받아 가는 사람도 있다. 수용이도 뒤에서 줄을 서서 차례를 기다린다. 한참 기다려서 차례가 되자 수용이와 직원이 이야기를 한다. 나는 사무실 입구 쪽에서 수용이와 직원을 보며 귀를 기울인다. 사람들이 많고 소란해서 말소리는 알아들을 수 없다. 직원이 장부를 펴 놓고 이리저리 넘기면서 들여다보더니 고개를 몇 번 갸우뚱한다. 그래도 나는 수용이가 곧 서류를 받아들기를 기다린다. 하지만 시간이 얼마 지난 후 수용이가 빈손으로 돌아 나온다.

"네 이름을 찾을 수 없단다. 지금 기다리는 사람이 많으니 그 사람들부터 서류를 해주고 뒤에 다시 찾아보자고 한다. 내가 학교에 갔다가 점심때쯤 다시 올 테니 너는 여기서 기다려라."

수용이가 수업을 받으려고 학교로 간다. 나는 수용이의 뒷모습을 바라본다. 수용이가 내 서류를 들고 내가 수용이를 따라갔으면 좋았을 걸. 서운한 생각이 밀려온다. 나는 혼자 면사무소에 남아서 다른 사람들이 오가는 걸 본다. 다른 아이들은 어른들이 와서 차례가 되면 금방 서류를 받아 아이들과 같이 학교로 간다. 나는 서류를 받아 가는 사람들을 부러운 눈길로 바라보며 온갖 생각을 한다. 저 사람들에게는 그렇게 쉬운 게 내게는 왜 이렇게 어려운가.

나도 아버지나 어머니가 오셨으면 장부에 이름을 적으면 될 게 아닌가. 다른 아이들은 모두 아버지나 어머니가 오는데 하필이면 나의 부모만 못 오실까.

사람들은 누구나 당연히 이름이 있는데 내게는 왜 이름조차 없는가. 아니다. 생태, 동태, 북어, 노가리, 명태처럼 내 이름은 복잡하다. 하지만 내가 내 이름 중에 온전한 이름이라고 생각하는 건 없다. 그러니 사람들은 마음대로 나를 부른다. 아이가 태어나면 등록을 해야 하는 게 아닌가. 등록은 누가 하는가. 혹시 장부에 이름이 없는 사람도 있는가. 장부에 이름이 없으면 입학도 못하고 퇴

짜를 맞는 건 아닌가.

점심시간 때쯤 사무실이 한산해진다. 수용이가 다시 와서 직원과 이야기를 한다. 그들의 모습은 내가 바라는 것과는 사뭇 다르다. 직원은 여전히 아침 무렵과 같이 고개를 갸우뚱하면서 장부를 본다. 나는 불안해진다. 시간이 좀 지나고 수용이가 이번에도 또 빈손으로 나온다.

"네 이름을 찾을 수 없단다. 내일 다시 알아보자고 한다. 내일 아침에 여기서 다시 만나자, 오늘은 집으로 가거라."

수용이가 학교로 돌아간다. 나는 힘이 빠져 무거운 발걸음으로 집으로 돌아온다. 희망이 컸던 만큼 실망도 크다. 내게 가장 귀중한 걸 잃어버린 것 같다. 내일 다시 오라고 했으니 무슨 가능성이 있어서 하는 말이겠지. 희망을 갖고 싶다. 그래도 오늘 없는 이름이 내일이라고 그렇게 쉽게 나타날 수 있겠느냐는 생각이 머릿속에 떠돈다. 나는 희망과 허탈감이 교차하며 집으로 들어온다.

어머니는 이웃에서 친하게 지내는 덕동댁과 우리 집에서 무슨 이야기를 한창 하고 계신다. 내가 와도 어머니와 덕동댁은 이야기를 계속한다. 이야기 중간이라 내가 어머니에게 간단하게 말씀 드린다.

"오늘 면사무소에 갔는데 내 이름이 없어서 입학 신청을 못 했어요. 내일 다시 보자고 하면서 다시 오라고 했어요."

"이름이 왜 없어? 그래, 내일 다시 오라고 했으면 가봐라."

어머니는 내 이름이 없다는 데도 아무런 일도 아닌 것처럼 대수롭지 않게 듣고 한 마디 하신다. 어머니는 내 이름이 여러 사람의 이름 속에 뒤섞여 찾기 어려운 정도로 생각하셨는지 모른다. 다른 아이들은 부모들이 와서 신청을 하고 서류를 금방 받아간 것도 어머니는 모르신다. 어머니는 내일 내가 다시 가기만 하면 당연히 내 이름을 찾을 수 있을 것처럼 말씀하신다. 나는 이름이 없어 큰 걱정으로 애가 탔는데 어머니는 그걸 아무렇지도 않는 것처럼 들으신다. 나는 이름도 없고, 부모도 없이 한나절이 넘도록 애를 태우며 기다렸다. 그렇게 하고도 서류를 받지 못하여 불안하고 허탈한 마음으로 돌아왔다. 그런데 어머니의 말씀은 내 마음과 이렇게 다를 수 있나. 어머니가 덕동댁과 이야기 중이라 내가 자세한 이야기를 하지 못했지만 그래도 어머니는 내 마음을 너무 모르신다.

옆에 있던 덕동댁이 어머니에게 묻는다.

"쟤가 올해 학교에 가려고 하는가 봐요."

"예, 세금 고지서가 나와도 그걸 알 수가 없어 아는 집을 찾아 다니자니 하도 답답해서 그거라도 알려고 그래요."

나는 어머니의 말씀을 예상하지 못했다. 나는 어머니의 말씀이 이 정도는 될 걸로 생각하고 있었다.

"예, 아이를 학교에 보내야 한다는 생각은 오래 전부터 했어요. 하지만 뒷바라지를 할 형편도 못됐고, 땔나무도 해야 하고 농사일도 해야 했지요. 그래서 학교에 보내지 못하고 걱정만 하며 미루다가 이렇게 늦어졌어요. 이제는 더 미룰 수도 없어 입학을 시키기로 했어요."

어머니는 세금 고지서만 아니었더라면, 나를 학교에 보내지 않으면서 어머니에게 필요한 일만 시켰을 것 같다. 어머니가 나를 학교에 보내는 가장 큰 목적이 어머니에게 불편한 고지서 때문이라니 나는 참 기가 막힌다.

어머니가 빨간 글씨로 쓰인 세금 고지서를 들고 아는 집을 찾아다니며 물어 보는 걸 보아서 불편하시리라는 걸 나는 알고 있다. 세금 고지서는 한문으로 쓰여 있다. 한문을 모르면 그게 주택에 부과하는 가옥세인지, 토지에 부과하는 수득세인지, 논에 물을 대는 데 부과하는 수세인지 알 수 없다. 이집 저집 한문을 아는 사람을 찾아가서 알아본다고 하더라도 그 금액이 얼마인지, 납부기한은 언제까지인지, 어디에 가서 납부해야 하는지를 모두 머릿속에 기억하는 게 여간 큰 고충이 아닐 것이다. 그러니 어머니로서는 나를 학교에 보내는 게 꼭 필요했을 수 있다.

어쩌면 한문으로 쓰인 세금 고지서가 내게는 아주 고맙다. 그게 한문으로 쓰였으니 망정이지 그렇지 않았다면 나는 늦게나마 "학교에 가거라."는 말조차 들어 볼 수 없었을 뻔했다. 학교에 가서 세금 고지서를 읽을 수 있도록 배우면 더 이상 학교에 다닐 필요는 없어진다는 말이 될 수도 있다. 나는 내가 학교에 가서 글을 배우더라도 고지서가 한문보다 더 어려운 글자로 쓰였으면 좋겠다. 그렇게만 된다면 나는 학교에 계속 더 많이 다녀서 더 많이 배울 수 있을 텐데.

다음날 나는 희망과 불안이 뒤섞여 뒤숭숭한 마음으로 면사무소로 가서 수용이가 오기를 기다린다. 얼마 후 수용이가 와서 면사무소 직원과 이야기를 한다. 직원은 무엇이 미심쩍은 듯 장부를 보고 머리를 갸우뚱하면서 잠시 생각하다가 마침내 서류를 작성해 수용이에게 준다. 나는 가슴이 벅차오른다. 얼마나 애를 태우며 기다렸던가. 온몸이 다시 변화를 맞이하는 느낌이다.

수용이가 서류에 있는 내 이름을 알려준다.

"이 서류에 네 이름은 '김태광'이다."

나도 모르는 내 이름이다. 이렇게 하여 나는 어쩔 수 없이 '김태광'이란 이름이 하나 더 생겼다. 몸에 맞지 않는 이름 같아 기분이 묘하다. 하지만 내가 어떤 이름으로 불리건 나는 역시 내가 아닌가. 내가 하교에 갈 수 있게 됐다는 게 다행이다.

1954년 4월 1일. 이 날은 내가 그토록 가고 싶던 학교에 가는 거대한 움직임이 시작되는 날이다. 동구 밖에서 학교에 가는 아이들이 모두 모인다. 줄을 지어 자갈이 깔린 도로 갓길을 걸어서 들을 지나고 동네를 지나서 학교에 간다. 나는 나만의 세상에서 외롭게 지내다가 또래들과 어울리니 가슴이 설렌다. 즐거운 가슴속에서도 욕심은 잘 멈추어지지 않는다. 또 다른 부러움이 스르르 올라온다. 또래들과 나보다 작은 아이들도 커다란 책보자기를 들고 가는데 나는 학교 초년생이라 아직 책도 받지 않았다. 나이도 들만큼 들고 키도 큰 나는 맨손으로 줄을 서서 가니 나도 어서 큰 책보자기를 들고 가고 싶다.

줄을 서서 교문을 처음 지나 운동장까지 들어간다. 대열에서 헤어진 후 나는 학교를 죽 살핀다. 우물가에 커다란 수양버드나무가 보인다. 내가 본 가장 큰 수양버드나무다. 큰 나무에서 푸른빛을 머금은 가느다란 실버들 가지가 수없이 아래로 늘어졌다. 작은 바람에도 흔들리는 가지들의 모습이 눈길을 끈다. 나는 운동장 전체를 바라볼 수 있는 수양버드나무 밑으로 와서 나무를 쳐다본다. 버들가지가 가지마다 연두 빛 새순을 조금씩 피워서 조롱조롱 붙었다. 나무 밑동의 크기가 아이들이 둘이서 팔을 펴 둘러야 손이 닿을 듯하다.

또 얼마 옆에는 좌우가 대칭으로 잘생긴 나무가 있는데 그건 은행나무다. 내가 처음 보는 나무다. 반대편 운동장 서쪽에는 멀리서 보기에도 우람한 나무가 보인다. 그것도 내가 처음 보는 프라다너스나무다. 운동장 남쪽 끝 부분에는 측백나무들이 줄지어 늘어서 있다. 측백나무들은 겨울을 지나면서도 푸른 잎이 빼곡하게 붙은 가지를 다보록하게 떠받치고 있다. 학교에 있는 나무들은 모두 내가 처음 보는 큰 나무들이다. 내가 날마다 만나서 계절 따라 변할 모습을 볼 거다.

아무리 보아도 교실은 안 보인다. 교실이 있었을 성싶은 자리가 보이는 쪽으로 가본다. 6.25전쟁 때 폭격으로 건물은 없어지고 연기에 그을린 콘크리트 기초 위에 비죽비죽 내밀고 있는 철근들이 이리저리 휘어져 있다. 전쟁의 상흔이 그 자리에 교실이 있었음을 말해 준다. 교무실은 운동장 한편에 교재 창고로 쓰였던 좁은 공간이다. 나는 운동장이 한 눈에 들어오는 우물이 있는 쪽으로 다시 온다.

운동장에는 놀이시설이라곤 아무것도 없다. 그래도 아이들이 명랑하고 활기차게 어울려 노는 모습이 구경거리다. 왁자지껄하며 자유롭게 뛰노는 아이들이 신바람이 났다. 아이들 사이로 여기저기서 달아나는 아이들과 쫓아가는 아이들이 보인다. 빙 둘러서서 무엇을 하려는지 가위 바위 보를 하는 아이들도 있다.

측백나무에는 한 남학생이 두 팔로 나무를 붙잡고 구부리고 있는데 두세 명이 쫓아와서 등에 올라탔다가 내리는 놀이를 한다. 프라다너스나무 쪽에서 여학생들이 고무줄을 낭창낭창 돌리고 그 사이로 팔랑팔랑 뛰어넘는다. 파랑, 노랑, 깜장, 다채로운 색상의 옷자락이 펄럭인다. 그 옆에도 고무줄놀이를 하는 데가 숱하다. 고무줄마다 가운데는 해맑은 얼굴로 폴짝폴짝 뛰며 고무줄을 종아리에 감았다 푸는 재주를 부린다. 단발머리는 차랑차랑하고 옷자락은 나풀거린다. 예쁘장한 여학생들도 단발머리를 흩날리며 달아나고 쫓아가며 "꺅"하고 자지러지는 소리를 지른다. 세상의 행복이 다 모여 활기가 넘친다.

남학생들은 까까머리에 양복을 입고 뽀얀 얼굴로 세련된 모습이고, 운동화를 신은 아이들도 간간이 눈에 띈다. 여학생들도 다양한 색상의 옷이 한결 아름답다. 그들은 아무런 걱정 없이 드넓은 운동장에서 뛰고 놀고, 공부하면서 세상을 한껏 즐긴다. 나는 혼자 고립된 세상에 있다가 사람들이 어울려 사는 세상의 앞까지 왔다.

나는 운동장에서 놀고 있는 아이들에게 뛰어들어 한데 어울리고 싶다. 그들에게 어울린 것 같은 순간적 느낌도 머리를 스친다. 내 모습이 거슬린다. 내가 살아온 모습을 숨기고 싶지만 숨길 방법이 없다. 허름하고 펑퍼짐한 한복 차림에 거칠고 투박한 손이 보인다. 나이가 드러나는 외모가 그들에게 어울리지 않는다. 어울릴 용기를 내려고 해도 멈칫거려진다. 눈으로 보는 모습이 아름다울수록 내 마음속에서는 쑥스러움이 더 커진다. 하지만 어쩔 수 없다. 나는 내 모습으로 그들과 어울릴 수밖에 없다. 내가 당장 내 한복을 멋있는 양복으로, 거칠한 손을 매끈하고 예쁜 손으로 바꿀 수는 없다.

나의 외면이 나의 전부는 아니다. 내면에는 또 다른 나만의 세상이 있다. 이제 시작이다. 얼마나 좋은 세상인가. 새롭게 열리는 세상에서 앞으로 나아가자. 부지런히 배우면서 지금까지의 나와 다른 나 자신이 되어보고 싶다. 나는 다시 나를 다그치고 마음을 다잡는다. 지금 나의 모습이 미래의 나의 모습과 다를 수 있다. 나는 지금 배움에 초년생이지만 긴 삶에 비하면 이건 짧았던 옛날이 될 수도 있고 내 나름의 추억이 될 수도 있다. 배워서 이치를 분명히 알고 지혜를 쌓아 힘을 갖추면 내 자신이 변할 수 있고 또 다른 빛이 비칠 수도 있다. 내게도 좋은 게 있을 성싶고, 나는 그걸 믿고 싶다. 내가 나를 믿고 밝은 쪽을 찾아야지. 언젠가 그런 세상이 내게도 오겠지.

조회를 시작하기 전에 은행나무 밑에 1학년 3개 반이 따로 모인다. 이미 예비 소집이 있어 다른 아이들은 한 번 만났으나 나는 신청 서류가 늦어 같이 모이지 못했다. 나는 1학년 1반 또래들과 이야기를 하고 싶어 아이들을 살폈다. 같은 또래도 몇 명이 있다. 하지만 그들은 낯선 나와는 이야기를 하고 싶지 않은 듯하다. 그들은 다른 아이들과 잘 어울린다. 그들은 아마도 예비 소집 때부터 이미 서로 어울렸을 것 같다.

조회 때는 전교생이 운동장에 학년별 반별로 열을 지어서 선다. 조회 후 2학년부터 6학년까지는 교문을 나가 임시로 지은 가교실로 간다. 가교실은 학교에서 수백 미터 떨어진 동네 뒤에 있어 보이지 않는다. 1학년은 은행나무 밑에 모여 준비물과 주의사항을 듣는다. 선생님은 부모들과 아이들이 같이 있는 예비소집 때 한 이야기라고 하시며 우리에게 다시 말씀하신다. 나는 그때 없어서 처음 듣는다. 내일부터 운동장에 앉아 공부할 때 깔고 앉을 마대나 비료포대 종이를 가지고 오라고 하신다. 나는 금방 걱정거리가 생긴다. 우리 집에는 마대도 비료포대 종이도 없다. 어떻게 해야 할지 난감하다. 냇가에 가서 납작한 돌이라도 갖다 놓고 앉고 싶은 생각이 머리를 스친다. 하지만 아무래도 웃음거리가 되거나 선생님이 무슨 말씀을 하실 것 같아 차마 그렇게 할 수도 없다. 마땅한 해결 방법이 떠오르지 않는다. 선생님은 월사금과 학용품에 대한 말씀도 하신다. 방과 후 집으로 오는 길에도 마음이 무겁다. 나는 집에 와서 다른 아이들의 부모들은 이미 알고 있는 준비물에 대해서 어머니에게 말씀드린다.

"학교에서 공부할 때 운동장에 깔고 앉을 비료포대 종이나 마대를 가지고 오라고 했어요. 또 책을 받으면 표지에 책의도 그 종이로 해야 하는데 어떻게 해야죠. 책값과 월사금도 내야하고, 공책, 연필, 지우게, 자, 필통, 크레용, 명찰도 사야 하는데요. 책보자기도 있어야 하고요."

어머니는 내가 어렸을 적 일찍부터 말을 아주 똑똑하게 잘했다고 하셨지만 지금 나는 그렇지 못하다. 힘겨운 나날을 견디면서 가슴속에 응어리가 켜켜이 쌓이고, 어머니의 화가 두려워 극도로 절제된 행동을 한다. 나는 작은 말에도 흔들리고 상처 나고, 그 아프고 쓰라린 생체기는 오래도 간다. 나는 소심해져 말하기 전에 이것저것 생각하다가 몇 마디하고는 긴 침묵으로 들어가기 일쑤다. 나는 아버지와 어머니의 불화를 보면서 참고 견디는 게 좋은 거라고 계속 참는다. 결국 나는 그런 생각과 행동이 몸에 배어 적절한 시기에 해야 할 필요한 말마저 놓치고 만다. 나는 학교에서 주문한 돈과 학용품을 집에서 마련하기 어려울 것이라는 생각에 어머니에게 겨우 말씀드린다.

오늘부터 나는 오전에는 학교에 갔다 오니 학생이고, 오후에는 산으로 가서 땔나무를 해야 하니 나무꾼이다. 오전에는 학생이고 오후에는 나무꾼이다. 어쩌면 산과 들도 모두 학교 같고 나를 축복해 주는 것 같다. 학생이라는 게 좋고 배운다는 게 참으로 감격스럽다.

여느 때와 같이 나무를 하려고 나는 혼자 산으로 가지만 길도 산도 새로워 보인다. 똑같은 것을 보아도 생각에 따라 더 아름답게 보인다. 나는 학교에서 아무것도 배운 게 없고 내 모습도 허술해서 아직 학생이라 하기에는 어색하다. 그래도 내가 가고 싶던 학교에 다니기 시작했다고 생각하니 지게를 진 어깨가 으쓱할 정도로 힘이 난다. 학교에서 다른 아이들을 바라볼 때와는 또 다른 느낌이다. 혼자 있으니 아름다운 생각만 나고 가슴에 설렘이 부푼다. 들녘에 푸른빛이 많아지고 봄이 오는 소리가 들리는 것 같다. 하늘에서 종달새도 높이 날면서 지저귄다. 학교에서 돌아오는 상급생들이 멀리서 보여도 내일 아침이면 나도 그들과 같이 학교에 간다고 생각하니 마음이 흐뭇하다. 나도 열심히 공부하면 그들만큼 배울 수 있을 것이다. 나무를 한 짐 가득해서 동네 앞을 지나와도 피하고 싶은 생각이 없다. 나무를 해서 집으로 왔을 때 어머니는 이미 비료포대 종이를 구해 놓으셨다.

다음날부터 수업을 시작한다. 나는 줄을 서서 학교에 간 다음 헤어져서 교문 밖에 있는 문방구점으로 가서 학용품을 산다. 공책은 내지가 네모 칸으로 돼 있다. 네모 칸마다 글자를 한 자씩 쓰게 되어 있는데 셈본 공책은 맨 윗줄에 아라비아 숫자가 적혀 있다. 반마다 좀 떨어져 다른 나무 밑에 앉아 있다. 흑판은 각목으로 만든 받침대 위에 올린 이동식으로 나무 옆에 놓았다. 책은 아직 받지 않았고 선생님이 말씀하시면 듣기만 한다.

선생님이 아라비아 숫자를 1부터 10까지 흑판에 또박또박 써 놓았다. 나는 선생님이 흑판에 아리비아 숫자를 쓰는 동안 공책에 아라비아 숫자를 자세히 보며 열심히 익혔다. 내 나름대로 잘하려고 한 것이다. 하지만 그 때문에 한 눈을 팔다가 숫자 쓰는 걸 볼 기회를 놓쳤다. 선생님이 한 자씩 먼저 읽고 우리는 따라 읽기를 여러 번 반복한다.

저녁에 집에서 셈본 공책을 보고 학교에서 배운 아라비아 숫자를 읽어 본다. 읽는 건 어렵지 않다. 공책에 아리비아 숫자를 써 본다. 손이 약간 떨리는 듯하며 글자의 모양은 그릴 수는 있는데 쓰는 순서를 모른다. 내가 연필로 글자를 써본 적은 없지만 글자를 쓸 때 순서는 왼쪽부터 오른쪽으로, 위쪽에서 아래쪽으로 쓴다는 건 어머니에게 들어서 알고 있다. 그런데 막상 연필을 잡고 숫자를 쓰다 보니 순서에 따라 쓰는데 자신이 없는 글자가 있다. 8과 9는 아무리 보아도 어디에서부터 시작해서 어디로 연필을 돌려가야 맞는지 알 수 없다.

다음날 셈본 시간이다. 선생님이 "아라비아 숫자를 쓸 수 있는 사람은 손을 들어라"고 하신다. "예, 예" 하며 손을 번쩍 든 아이들이 아주 많다. 나는 손을 들지 못한다. 쓰는 순서에 자신이 없는 8과 9 때문이다. 어제 선생님이 흑판에 글자를 쓰는 동안 내가 한 눈을 팔아 공책에 아라비아 숫자만 보고 익혔던 까닭이다.

선생님이 손을 든 아이들 중에서 한 사람씩 지명을 해서 앞으로 나오라고 하신다. 앞으로 나간 아이가 선생님이 부르는 숫자 한 자만 쓰고, 또 다른 아이를 지명해서 쓰게 하신다. 그러던 중 기백이가 앞으로 나간다. 기백이가 선생님이 부르는 5자를 흑판에 날려 쓴다. 글자를 쓰는 순서나 방법에 나는 놀란다. 기백이가 쓴 5자의 필적이 내 눈에 들어오는 순간 나는 마음속으로 매혹되어 흑판에 쓰인 5자를 계속 쳐다본다. 공책에 쓰여 있는 5자와는 모양이 약간 다르지만 글쓰기에 익숙한 사람의 솜씨로 느껴진다. 위에서 아래로 내려 그은 선이 오른쪽으로 조금 기울었고, 밑 부분의 반원도 어디서부터인지 구별이 분명하지 않다. 위의 왼쪽에서 오른쪽으로 그은 선도 위치가 맨 위가 아니다. 위에서 아래로 그은 선의 중간쯤에서 오른쪽으로 그었고, 그 선이 끝나는 부분도 차츰 희미하다. 얼마나 연습을 해야 저렇게 쓸 수 있을까. 5자가 참 멋들어져 보인다.

기백이의 아버지는 목사다. 기백이네 집은 교회에 있다. 교회가 우리 동네 바로 옆 동네에 있어서 내가 언젠가 기백이의 얼굴을 언뜻 본 적이 있다. 교회에는 아마도 흑판이 있을 것 같고 기백이는 거기서 글씨를 자주 써 보았을 성싶다. 그래도 그렇지 어떻게 저렇게 잘 쓸 수 있을까. 기백이는 아마도 글 쓰는 솜씨를 타고난 것 같다. 흑판에 쓰인 5자가 내 마음에 묘한 감동을 준다.

만약 내가 5자를 썼다면 맨 위의 왼쪽에서 오른쪽으로 그은 선을 제일 먼저 썼을 텐데. 기백이는 맨 나중에 썼다. 그건 내가 알고 있는 글씨를 쓰는 순서와 다르다. 나는 그에 대해서 선생님이 무슨 말씀을 하실 것이라는 생각도 들었지만, 선생님은 끝내 아무 말씀도 하지 않으신다. 나는 5자를 그렇게 쓰는 걸 처음으로 알게 된다.

나는 지금까지 8과 9를 쓸 자신은 없었지만 5는 쓸 줄 안다고 생각했다. 하마터면 내가 5자를 써서 선생님의 지적을 받아 창피스러운 순간을 맞을 뻔했다. 나는 8과 9를 쓸 수 없었던 덕분에 민망스러울 수도 있었던 순간을 면했다. 하지만 아무도 내 속마음을 모른다. 나는 나의 치부가 들어나지 않았다는 게 다행이라는 생각에 혼자서 미소를 지으려다가 속으로는 사뭇 켕겨서 씁쓸하다. 글씨를 쓰지 못해서 손을 들지도 못하는 주제에 창피함을 면했다고 생각하는 속내가 쑥스러워진다. 선생님이 글씨를 쓰는 동안 주목하지 않고 한눈을 판 게 어떤 건지 실감난다. 그게 내게 첫 번째로 큰 경험이 되어 선생님의 말씀과 동작을 하나라도 놓치지 않으려고 눈을 번쩍 뜨고 보려고 한다.

그 후 며칠이 지나면서 나는 하루에 한두 권씩 책을 받는다. 그림이 많은 책일수록 좋은 종이로, 글씨가 많은 책일수록 얇고 허름한 종이로 만들었다. 그림이 가장 많은 미술 책은 두꺼운 고급 백상지고, 글씨가 많은 도의생활은 누르스름하고 얇은 하급 갱지다. 책마다 뒤표지 안쪽에는 "이 책은 유엔한국부흥위원단에서 원조한 종이로 만든 책이므로 아껴 쓰자"고 적혀 있다. 나는 우리나라에서 종이도 만들지 못한다고 생각한다.

나는 난생 처음으로 내 책에서 학교의 글을 본다는 재미에 빠진다. 책을 받아 오는 날 저녁마다 표지에 책의를 하고 책장을 모두 넘겨본다. 내 것이라고 생각하면서 처음으로 만져보는 책과 한 장 한 장 넘겨보는 종이의 촉감이 정겹다. 책장을 넘길 때마다 종이 냄새와 윤기 나는 잉크에서 물씬 풍기는 냄새가 어울려 향기가 더해진다. 새 책 냄새는 무슨 냄새와도 비교할 수 없는 특유하고 매력적인 향기다. 책장을 넘기면 새로운 풍경이 눈에 들어온다. 그림은 생각의 여지를 준다. 나는 그림을 보고 글을 읽는 재미에 책 속으로 빨려 들어간다. 초벌을 일별하고 천천히 다시 본다. 밤이 깊어 간다. 식구들은 혼곤히 잠들었고, 가물거리는 호롱불이 간간이 들어오는 외풍에 흔들린다.

책에는 글자보다 그림이 훨씬 많다. 글씨도 크고 몇 자 되지 않아서 천천히 읽어도 책장이 금방금방 넘어간다. 강아지가 아이들과 노는 그림이 있다. 그 밑에 글자가 두 줄이다.

"바둑아, 이리 와 나하고 놀자.

영이야, 이리 와 바둑이하고 놀자."

놀면서 배우는 유년기의 모습에 상상을 더해서 더 아름다운 세상을 그려본다. 책속의 그림과 이야기는 내게 상상 속 이야기다. 나는 갖고 싶던 책을 만나서 기쁘고 즐거운 마음으로 시간이 가는 줄도 모른다. 밤이 깊어 잠자리에 들어도 눈앞에서 책장이 어른거리고 그림 속에 아이들이 멋있게 놀고 있다.

나는 유년기의 즐거움을 제대로 누려보지 못해서 마음속으로 상상의 공간을 넓히고 강아지와 놀아본다. 무척 아름답다. 상상 속으로 여행을 하면 나의 유년 시절이 행복하고 즐거운 시절로 바뀐다. 꿈같은 세상과 현실을 왔다 갔다 한다.

셈본은 수를 더하고 빼는 걸 계산하고, 자연공부는 동물과 식물, 계절 현상을 보여준다. 미술 책에는 그림이 그려져 있고, 음악은 오선지로 노래를 알려준다. 도의생활은 예절에 대한 이야기다. 하지만 국어와 사회생활의 내용은 모두 일상에서 기초적인 걸 말하고 있지만 나는 무엇이 얼마나 다른지 얼른 머리에 와 닿지 않는다.

사회생활 책에는 앞머리를 뒤로 넘기고, 옆머리와 뒷머리의 머리카락 끝을 곱슬곱슬하게 돌돌 감아올려서 파마를 하고 양장을 입은 여자 선생님이 있다. 그 앞에 어깨에 가방을 멘 남녀 두 아이가 다소곳이 머리를 숙이는 그림이 우아해서 눈길을 끈다. 그림이 책장의 윗부분 절반을 차지한다. 그 밑에 절반에는 큰 글씨가 단 두 줄만 적혀 있다. 나머지 빈 공간은 나의 멋진 상상으로 채운다.

"선생님, 밤새 안녕하셨읍니까?"

"그래, 너희들도 잘 잤니?"

나는 그림에서 파마머리를 보면서 3반 선생님의 모습이 떠오르고, 많이 닮았다는 생각이 든다. 내 기억에는 선생님 외에는 파마머리를 한 사람을 본 적이 없다. 내가 본 결혼을 한 부녀들은 모두 긴 머리카락을 뒤로 넘겨, 틀어 감아 쪽을 짜고 비녀를 지른다. 처녀들은 머리를 뒤로 땋아 댕기를 단다. 파마머리를 한 3반 선생님은 비녀를 지르지도 머리를 땋지도 않았으니 결혼을 했는지 하지 않았는지 알 수 없다. 아이들도 책을 보자기에 싸서 들고 다니거나 허리에 메고 다닌다. 어깨에 가방을 멘 아이들을 본 적이 없다. 책에서 쓰인 말도 선생님에게만 쓰는 말이고 집에 오면 쓰는 말이 따로 있다. 책에서 보고 배운 것과 나의 생활은 달라 어울리기에 어색하다. 글도 배워야 하지만 말도 다시 배워야 한다. 책에 있는 표준말은 글보다 더 낯설다. 글의 내용은 깊은 생각을 하거나 되새겨 볼만한 건 별로 없다.

그림은 간단하지만 눈길을 붙잡는다. 간단한 것 같은 그림이라도 내가 상상의 나래를 펼치면 내가 알고 있는 세상보다 더 아름다운 세상이 수없이 있는 것 같다. 파마머리에 한결 세련되고 말쑥한 차림의 어른들과 어깨에 가방을 멘 학생들이 표준말을 쓰면서 사는 세계가 어렴풋한 상상으로 떠오른다. 내가 본 적이 없어 구체적인 상상은 어렵지만 그럴수록 상상의 공간은 더 넓고 더 아름답게 펼쳐진다.

학교생활이 한 달도 채 되지 않은 화사한 봄날이다. 법광사로 소풍을 간다. 전교생 천여 명이 교가를 부르며 동네와 들을 지나서 소풍을 가는 길에서부터 신바람이 난다. 비학산 언저리로 들어서자 갑자기 별천지가 펼쳐진다. 아름드리 벚꽃나무들이 군락을 이루고 있다. 꽃잎이 여러 겹인 진분홍색 겹벚꽃이다. 커다란 나무에서 탐스럽고 아름다운 꽃이 피어 눈과 마음을 사로잡는다. 탄성이 절로 나온다. 세상에 이런 곳도 있었구나. 참으로 아름다운 정경이다. 이렇게 아름답고 큰 꽃나무들이 있는 줄은 상상도 못했다. 몽실몽실한 꽃봉오리를 만져보고 싶다. 나무마다 가지마다 흐드러지게 핀 벚꽃을 볼수록 눈이 부시다.

만개한 벚꽃 숲 속으로 들어갈수록 세상의 시름은 잊히고 아름답고 신비로운 세계가 절정에 달한다. 신선들이 내려와서 즐겁게 놀다 갔을 성싶다. 아니 신선이 따로 없다. 내가 여기에 있으면 나도 신선이다. 간간이 싱그러운 봄바람이 살랑 불면 하늘을 빽빽하게 덮은 벚나무 가지가 일렁거리고, 흩날리는 진분홍색 꽃잎들이 몸을 스친다. 휘날리는 꽃잎들을 바라보면 내 마음도 분방하게 날리는 듯하다. 땅 위에 보이는 것은 죄다 흩뿌려진 벚꽃 잎이다. 넓게 펼친 비학산 품에서 빠르게 흐르던 물은 법광사에 이르면 떨어지는 벚꽃 잎을 띄운 낙화유수가 된다. 물 위에서 동동 떠도는 꽃잎을 실은 낙화유수는 머물다가 흐르고, 흐르다가 또 머문다. 물 위에 떠도는 꽃잎이 눈길을 붙잡는다.

눈부신 벚꽃 송이들, 봄바람을 타고 흩날리는 꽃잎들, 연신 촐촐 소리를 내는 맑은 물과 동동 떠도는 꽃잎들이 내 마음과 어우러진다. 이렇게 아름다운 벚꽃나무 숲속에서 하루라도 머물고 싶다. 나는 봄이 무르익어가는 대자연 속으로 빨려 들어가 몰아의 경지에 빠진다. 나는 넓은 꽃 숲속에서 계속 머물고 싶은 재미에 사로잡혀 있는데 아이들이 모두 위쪽으로 이동한다.

벚꽃 숲 사이 위쪽으로 절집이 보인다. 다가갈수록 고색창연한 향기가 듬뿍 배어 있다. 경내에 들어서자 본당이 눈에 확 들어온다. 본당은 웅장하면서도 처마 끝이 곡선을 이루며 추녀가 치솟아 날아갈 듯한 풍경이 압도적이다. 들보의 끝에 여의주를 물고 있는 용의 모습을 보니 실제의 용을 보고 싶다. 용과 처마 끝 들연 위에 쟁인 부연, 도리의 단청이 눈부시고 현란하다. 배홀림기둥과 문살의 무늬도 이채롭다. 석탑과 석등은 무슨 의미인지 궁금하다.

문이 활짝 열려 있는 본당 벽면에 나한도의 모습이 기이하여 오히려 두려움까지 스친다. 커다란 떠릿보의 단청이 화려하다. 대청마루 안에 향내가 그윽하고, 그 안쪽 연화좌 위에 정좌한 큰 불상이 평온한 미소를 가득 머금고 있다. 처음 보는 불상이 한결 성스럽게 보인다. 불상 앞에 합장해서 정성스럽게 절을 하는 사람도 있다. 보는 것마다 새롭고 아름답다. 나는 마음속에서 내세와 속세를 왔다 갔다 한다. 부처님의 자비로움을 상상하며 내가 피안으로 들어간다. 옷깃을 여미고 마음속으로 부처님께 소원을 빌고 싶다.

"나무아미타불 관세음보살."

오후에 보물찾기를 하고 소풍을 마친다. 아름다운 선경을 마음 속에 아쉬움으로 남긴 채 집으로 와서 다시 평범한 일상으로 돌아 간다. 오전에는 학교에 가서 공부하고 오후에는 산에 가서 나무를 한다.

내가 학교생활에 좀 익숙해지자 학교에도 봄이 깊어진다. 은행 나무 밑은 노천 교실이다. 하늘은 끝없이 높은 천장이다. 올해는 봄부터 계속해서 하늘에서 한 번도 비가 내리지 않았으니 그런 좋 은 천장이 없다. 은행나무는 차일이다. 햇볕이 뜨거워질수록 은행 나무는 작은 부채 같은 잎을 **빽빽**하게 달고 햇빛을 막아 짙은 그 림자를 드리워주니 좋은 차일이다. 확 트인 운동장은 넓은 교실 바닥이다. 나는 이 교실에 앉아 공부한다. 비가 오지 않으니 운동 장에 먼지는 많지만 그래도 좋다.

은행나무 밑에서 수업을 받는다. 선생님이 흑판에 글씨를 쓴다. 나는 선생님이 쓰는 글씨의 순서를 자세히 본다. 아라비아 숫자와 는 달리 쓰는 순서가 내 생각과 맞는다. 선생님은 작은 막대기로 글자를 가리키며 먼저 한 구절을 읽으면 우리는 따라 읽는다. 아 름다운 합창 같은 소리가 운동장에 퍼져 나간다. 몇 번 되풀이하 고는 선생님이 "책을 읽을 사람은 손을 들어라"고 하신다. 아이들 이 손을 들어 지명 받은 아이들이 일어서서 두 팔을 쭉 뻗어 책을 들고 읽는다. 다음에는 책에 있는 글씨를 공책에 쓰라고 해서 우 리는 공책에 글자를 쓴다. 나는 옆에 있는 아이들이 써놓은 글자 도 힐끔힐끔 곁눈질하여 본다. 내가 쓴 글씨와 비슷하다. 나는 남 들과 같다고 느낄 때 즐겁다.

운동장에 앉아서 공부에 몰입하는 건 혼자 산에 가서 나무를 하는 것과 견줄 수도 없이 행복하고 즐겁다. 푸나무를 찾아 산을 헤맬 일도, 나무를 하여 짊어지고 집으로 오다가 산길에서 넘어질 일도 없다. 낫질을 하다가 손가락이 베여 피를 흘릴 일도, 풀쐐기나 땅벌에 쏘여 아프고 부어오를 일도 없다. 뱀을 보고 놀랄 일도, 여우나 늑대가 나타날지 두려워할 일도 없다. 그저 그늘 밑에 앉아 선생님 말씀을 듣고, 글을 따라 읽고, 쓰는 일은 얼마든지 할 수 있다. 아무런 걱정 없이 행복한 순들이 지나가는 줄도 모르는데 금방 한 시간이 끝난다.

여름이 깊어지면서 방학이 가까워진다. 전교 일제고사가 있는 날이다. 각 학년 시험 문제를 다른 학년 선생님들이 출제한다는 이야기를 들으니 조금 불안하다. 나는 시험을 쳐본 적이 없어 시험이 어떤 것인지조차 모른다. 시험을 어떻게 치는지 무척 궁금하게 생각하며 은행나무 밑에서 초조하게 앉아 기다린다. 문제지를 받고나서야 시험이 이런 것이란 걸 처음으로 안다. 문제를 읽으며 시험지에 답을 금방 쓸 수 있다. 한 문제에서 약간 머뭇거렸으나 답이 곧 생각난다. 모르는 문제가 없이 다 맞추어 나간다. 시험을 보면서 긴장하지도 않고, 어려움을 느끼지도 않고, 그저 배운 대로 아는 걸 쓴다. 내가 공부를 하고 시험을 치는 건 잘할 수 있겠다는 자신감이 생긴다.

며칠 후 답안지를 받는다. 빨간 동그라미를 친 게 많이 보인다. 동시에 내가 쓴 "소아" 위에 비스듬히 긴 작대기가 그어져 있는 게 눈에 들어온다. "솟아"로 쓸 걸 잘못 썼다는 걸 금방 알았다. 내가 왜 이렇게 썼을까. 이상해서 시험을 볼 때를 생각하니 기억이 되살아난다.

자연공부 과목 문제다. "동쪽에서 ( )( )오른 아침 해다"에서 괄호 속에 들어갈 알맞은 글자를 쓰라는 문제다. 시험을 볼 때 이 문제에서 잠시 머뭇거리다가 곧 생각이 났다. "떴다. 떴다. 해가 떴다. 동쪽에서 솟아오른 아침 해다. 고운 해다"라는 문장이 머릿속에 떠올랐다. 기분이 한껏 좋아 "소아"라고 써놓는다. 문장은 떠올랐지만 글자가 헷갈렸다. 내가 이미 익혀 둔 언문대로라면 "소사"가 맞다. 얼른 생각나는 "소"자를 먼저 썼다. 다음에 자연공부 책에 쓰여 있는 "아"자가 머리를 스치면서 "아"자를 썼다. 답은 "소아"가 되고 말았다. 시험을 칠 때 머릿속에 스쳐가는 글자를 마구잡이로 덥석 잡아 써 놓고 모든 문제를 다 맞았다고 생각했다. 학교에서 배운 글자에 내가 처음 배운 언문 한 자가 섞여버렸다. 이제 보니 시험을 칠 때 내가 맞는다고 생각하고 썼다고 섣불리 넘어 갈 게 아니다. 한 번만 다시 보고 "소"자 밑에 "ㅅ"자 하나만 더 썼으면 만점을 받을 수 있었을 것을. 정말 좋은 기회를 순간의 실수로 놓쳤다.

시험을 볼 때는 실수란 게 있으니 좀 더 침착했으면 하는 아쉬움이 뇌리에 맴돈다. 하지만 이미 지난 건 어쩔 수 없다. 앞으로 시험을 볼 때는 반드시 한 번 더 살펴보고 신중해야 하겠다는 경험을 공부했다. 이것도 값비싼 공부로 생각하고 용기를 내려고 한다.

우리 반에는 현우가 만점을 받았다. 그 외에는 누가 몇 점을 받았는지 모른다. 며칠 후 전교생 조회가 있는 날이다. 각 학년에서 최고 점수를 받은 아이들이 교단 앞으로 나가서 상을 받는다. 1학년에서는 우리 반 현우가 나간다. 다른 학년에서도 1명 정도다. 그들이 상을 받을 때 모두 박수를 친다. 전교생으로부터 우레와 같은 박수를 받는 게 영광스러워 보인다. 나는 그런 영광을 누리지 못해 너무 아쉽다. 하지만 어쩔 수 없다. 간발의 차이로 다가섰다는 게 약간의 위안이 된다.

시험을 칠 때 나도 조금만 더 차분하게 하면 공부를 잘할 수 있다는 가능성을 확인했다. 나도 열심히 노력을 계속하면 모든 문제에 맞는 답을 쓰고 영광스러운 박수를 받을 날도 멀지 않을 것이다. 다음 일제고사를 어서 쳐보고 싶다.

여름 방학이 시작되는 날 방학생활 책을 받는다. 책을 펼치자 재미있는 이야기와 여름 그림이 많다. 시험 문제처럼 풀어야 할 문제도 있다. 문제는 집에서 풀어보고, 그림과 이야기는 산이나 들에 가면서 다시 생각하면 내가 보는 것들과 겹치는 게 많다. 산에 있으면 어서 집으로 가서 문제를 풀어보고 싶다.

산에서 해온 푸나무를 말려서 쌓은 나무더미가 커진다. 청록색으로 마른 푸나무단에서 물씬 풍기는 냄새가 무척 구수하다. 마당에 멍석을 깔고 앉아 칼국수를 후루룩 맛있게 먹는다. 국수발이 입속에서 쫄깃하게 씹히면서 매끄럽게 넘어간다. 그 질감과 감칠맛이 더해서 입맛을 당긴다. 양에 차지 않아 더 먹고 싶지만 내 몫은 다 먹었다. 그냥 하늘을 쳐다본다. 별이 총총히 빛나고, 은하수가 소리 없이 하늘에서만 흐르고 비가 되어 땅에 내릴 기미는 보이지 않는다.

비가 오지 않는 게 나의 학교생활에는 무척 좋다. 운동장에서 공부도 잘할 수 있다. 비가 오지 않으니 우리 집에 우산이나 마대가 없어 나 혼자 삿갓을 쓰고 부끄러워하며 학교에 가야 하는 격

정도 없다. 비가 와서 땔나무를 못하는 날도 없다.

하지만 비가 오지 않는 게 내게 마냥 즐거운 것만은 아니다. 들녘에 논이 마르고 우리 집 논도 말라 들어간다. 작년부터 가뭄이 계속되자 농사를 짓는 사람들은 하늘을 쳐다보며 비가 오기를 학수고대한다. 비학산에 기우제를 지내는 연기가 수없이 나도 비는 오는 둥 마는 둥 별 효험이 없다. 사람들은 '용이 승천하다가 어디에서 떨어져 이무기가 되어 있어 비가 오지 않는다.'라고 하며 걱정을 한다. 모내기를 해 놓은 논이 거북등처럼 갈라지고 벼가 시들어가는 걸 보는 농민들의 가슴이 타들어간다.

나는 논에 가서 논바닥이 마르는 걸 보면서도 물을 댈 수 없고 보도감이 차례로 주는 물만 조금씩 받을 수 있다. 초여름에는 물을 받으면 논 전체를 겨우 축일 수 있었으나 이제는 봇물이 모자라 물을 받아도 좀처럼 넓게 퍼질 줄 모른다. 바짝 마른 논에 구물구물 들어온 물은 갈라진 틈새로 깊이 빨려 들어가고 위쪽에 있는 논배미가 다 젖기도 전에 들어오는 물은 떨어진다.

아버지는 논에서 먼 하천 옆에 있는 웅덩이에서 물을 퍼 올려서 논으로 보내신다. 이 웅덩이에는 물이 항상 넘쳐서 밑에 있는 논에 대고도 남아 옆에 있는 도랑으로 가득하게 흘렀다. 하지만 작년부터 가뭄이 심해 올해부터는 물이 넘치지 않는다. 그러자 밑에 있는 논 주인은 맞두레로 물을 퍼 올려 논에 댄다. 맞두레는 큰 함지박 같다. 맞두레의 마구리판 네 귀퉁이마다 줄을 매고 장정 두 사람이 줄을 두 개씩 잡고 웅덩이 양쪽에 마주 앉았다. 두 사람은 양쪽 손에 줄을 하나씩 잡고 동시에 앞으로 몸을 숙여 맞두레를 내려서 물을 푸고, 허리를 뒤로 젖히며 들어 올린 물을 논에 붙는다. 한꺼번에 많은 물이 좌 쏟아져 논으로 들어가서 퍼진다. 힘이 많이 들어 보이고 상당한 요령도 필요한 것 같지만 논에 물을 대는 데는 퍽 좋은 방법이다.

웅덩이는 우리 논에서 멀리 떨어져 있다. 거기까지 아버지가 남의 논바닥 가에 흙을 높게 쌓아 임시로 도랑을 만들었다. 웅덩이에는 수면이 내려가기는 했으나 물이 많이 나와 퍼내도 더 줄지 않는 화수분 같다. 많이 나오는 물은 맑고, 물 밑에는 큰 붕어들이 놀고 있는 게 보인다. 아버지는 헬멧을 작대기에 붙들어 맨 바가지를 용두레 대용으로 쓰신다. 아버지는 웅덩이에 돌로 쌓은 옹벽을 밟고 허리를 굽혀 밑에 있는 물을 바가지로 퍼 올리고, 또 아버지 키만큼이나 높은 도랑에 올려 부으신다.

아버지가 하시는 일이 무척 힘들어 보인다. 몸과 옷이 땀과 물로 흠뻑 젖었다. 내가 물을 퍼서 돕고 싶다. 하지만 나는 웅덩이에서 물을 퍼 올리기도 어렵고 퍼 올리더라도 내 키보다 더 높이 올려 붙는 건 어림없는 일이다. 내가 물을 푼다고 하더라도 흘려버리는 게 절반도 넘을 것이고, 그것도 몇 바가지 푸지도 못하고 지칠 것 같다.

아버지는 계속해서 물을 퍼 올리시지만, 그야말로 마른 논에 물 대기다. 퍼 올린 물만큼 우리 논까지 들어오지 않는다. 임시로 만든 도랑에 물이 많이 스며들어버린다. 그나마 논에 들어온 물도 논바닥 전체로 퍼지지 않고 들어온 근처에만 머문다. 물이 들어오는 쪽 논바닥이 낮은 까닭이다. 내가 논바닥의 낮은 곳에만 있는 물을 넓게 퍼지게 할 수 있도록 마음속으로 궁리를 하지만 해결할 방법이 막연하다.

물이 논 아래쪽에만 머물고 위쪽으로 퍼지지 않는 건 아버지가 올해 봄에 구획 정리 작업을 해서 빚어진 일이다. 작년 가을에 보리씨를 너무 깊게 묻어 싹이 트지 못했다. 그때 아버지는 논배미 사이의 둑을 없애고 논을 넓힐 수 있는 절호의 기회라고 생각하고 아무런 걱정이 없으셨던 것 같다. 아버지는 위쪽 논배미를 파면 마치 무슨 귀중한 보물이라도 나올 것처럼 지난봄 일찍부터 위쪽 논배미에서 삽과 괭이로 흙을 파서 발채를 얹은 지게로 날라 아래쪽 논배미를 매우셨다. 아버지와 품삯을 주는 놉까지 여러 명이 며칠이나 일을 했다. 위쪽 논배미에서 오랜 세월 동안 풍화작용으로 부드러워지고 거름이 섞여 곡식이 자라기 좋았던 기름진 흙은 아래쪽 논배미로 옮겨졌다. 위쪽 논배미 밑에는 옛날에 하천이 지나갔는지 조약돌들이 섞인 모래흙이 나왔다.

그렇게 해서 아홉 개의 논배미를 세 개로 만드셨다. 논 중간에 논두렁이 없어진 만큼 모를 심는 면적이 넓어졌다. 아버지의 꿈이 실현된 거다. 아버지는 구획 정리 작업을 하실 때 수평기로 논바닥을 측정하셨다. 논의 위쪽은 다져지고 아래쪽은 푸석한 땅이지만 수평기를 통해서 본 논바닥은 평평했는지 그렇게 보고 싶었는지 모를 일이다.

아버지가 구획 정리 작업을 한 논에 쟁기로 논을 가신다. 위쪽 논배미가 있던 자리에 논을 갈 때 쟁기의 보습이 땅에 박힌 자갈에 부딪혀 삐걱거리며 와싹거리는 소리가 요란하다. 동시에 단단하고 척박한 흙과 자갈이 얕게 파여 흩어진다. 워낭 소리가 계속해서 덜그렁거린다. 침을 흘리고 힘을 쓰며 쟁기를 끄는 소가 무척 힘들어 보인다. 아래쪽 논배미가 있던 자리에는 농사를 짓던

기름진 옥토가 푸석푸석 부서진다. 위에서 힘들었던 소도 한숨을 돌린다.

논에 물을 잡을 때 물이 들어오자 흙을 파냈던 위쪽 논배미가 있던 곳에는 물 위로 비죽비죽 솟아 있는 흙이 물보다 많이 보인다. 아래쪽 논배미가 있던 곳에서는 푸석푸석한 흙이 물 밑으로 가라 않고 물 위에는 흙이 보이지 않는다.

다음날 아버지가 써레질을 하시고, 뒤따라 사람들이 모내기를 한다. 흙을 파낸 논배미가 있던 논바닥은 단단해서 모내기가 어렵다. 모내기를 잘하는 사람들을 놉을 했지만 놉들도 느릿느릿 모내기를 하다가 어려워하며 아버지에게 들리라고 너스레를 떤다.

"호미를 가지고 오너라. 자갈밭이라 손으로 모를 심을 수 없다. 호미로 파서 심어야 하겠다."

"이랴, 웨뒈, 쯧쯧."

아버지는 써레질을 하시느라고 고삐를 후리며 소를 모는 소리와 물소리에 그 말을 못 들으셨는지 계속 써레질에 바쁘시다. 세 개의 논배미가 하나씩으로 된 논바닥이 위쪽은 높고, 아래쪽은 낮다. 가뭄이 심해지자 물은 위쪽에서부터 마르기 시작한다. 위쪽에 심어 놓은 벼는 포기도 작고 크지도 못해서 성기고 하늘하늘하다.

모내기를 한 논이 마르자 아버지가 웅덩이에서 물을 푸신다. 웅덩이는 아래쪽 논배미가 있던 곳에 가깝다. 물을 퍼서 들어오는 곳도 그쪽이다. 물은 아래쪽에만 머문다. 거기에 심어진 벼는 좋은 땅에서 물을 먹고 무성하게 자란다. 하지만 그렇게 자라는 벼도 수확까지 이르지는 못한다. 비가 올 듯해서 논에 비료를 뿌리면 비는 해갈도 되기 전에 그친다. 위쪽에 뿌린 비료까지 아래쪽으로 씻겨 내려갔는지, 벼가 좋다고 아래쪽에 비료를 더 뿌렸는지, 아래쪽 논배미가 있던 땅에서 벼는 너무 웃자라 결국 병들고 만다.

작년 가을에 보리씨를 깊이 묻어 싹도 트지 못했으니 보리 수확은 하나도 없다. 거기에다 구획 정리 작업과 가뭄으로 벼농사까지 심한 흉작이다. 봄부터 못자리해서 피 뽑고, 논 갈아 물 잡고, 논둑 만들어 고 모내기 했다. 여름부터 물 퍼서 물대고, 비료 주어 김매며 힘들여 일했던 한 해 농사가 모두 허사다. 우리 가족이 먹고 살아야 할 알곡은 어디로 갔느냐. 해가 저물어가는 저녁 늦게까지 나는 우두커니 서서 우리 논을 망연히 바라본다. 울적한 기분이 스르르 밀려온다. 멀리서부터 어두움이 조용히 그리고 서서히 내려앉는다.

보리농사도 벼농사도 손을 털었으니 설상가상이다. 가난의 그림자가 더 짙어진다. 가난이란 건 말도 마라. 가난이라고 다 같은 게 아니다. 오래되고 심해진 가난은 모든 고통을 모은 것보다 무겁고, 세상의 어떤 것보다 비참하다. 가난에는 온갖 고통이 겹겹이 얽혀서 줄줄이 따라온다.

지난겨울부터 이불잇이 낡아 없어지고 나는 그 속에서 조각난 솜을 모아 몸에 덮고 냉골 같은 방에서 잔다. 내가 자다가 추워서 잠이 깨면 흐트러진 솜조각을 주워 다시 몸에 얹고 잠을 청한다. 이렇게 반복하면서 나는 이제 한 번 누우면 몸부림도 없이 반듯한 자세로 자는 습관에 익숙해졌다. 베개는 언제부터 없었는지 모르지만, 베개가 없으니 옆으로 눕기 어려워 반듯하게 자는 데는 더 좋다. 이불은 어머니가 시집오실 때 해 온 것이란다. 이불은 우리가 6.25전쟁으로 이 골짝 저 골짝 습한 데로 피난 다닐 때 가지고 다니면서 덮고 자고, 방탄 막 역할도 했다. 전쟁이 끝나고도 냉골처럼 찬 방에서 밤낮없이 뒤집어썼으니 그도 이제 나름의 할 일을 다 하고 낡아서 해졌다.

한겨울 밤을 방에서 자고나면 벽 위쪽에는 성에가 허옇게 끼어 있다. 나는 밤에 잘 때도 춥지만 일어나 옷을 입는 것도 고역이다. 방에 있던 옷은 밤새 결로현상으로 젖어 있다. 젖은 옷을 내복도 없는 알몸에 입으면 차디차다. 한참 동안 몸을 웅크리고 오들오들 떨며 내 몸을 감싸 줄 옷을 내 몸의 열기로 데운다. 옷이 내 몸을 보온해 주도록 하게 하려면 내가 먼저 내 몸의 열을 옷으로 주어야 한다. 이런 게 내복이 없고, 방을 따뜻하게 해 주지 못한 값이다. 세상에 공짜는 없다는 걸 어린 가슴이 경험으로 배워가는 현실이 가혹하다.

가난에는 어김없이 가정의 불화도 붙어있다. 깊은 한숨과 참고 견디는 소리 없는 냉전이 계속 되다가 작은 소리가 일어나서 큰 소리가 되기도 한다. 삶이 심각하게 꼬여 밑바닥에서부터 뿌리째 흔들린다. 이렇게 하다가 학교에 계속 다닐 수 있을지 두려움이 밀려온다. 그래도 학교에 가는 게 내가 가야 할 길이요, 남아 있는 희망의 불씨다. 학교는 나의 꿈이 숨 쉬는 곳이다. 학교에서 공부하는 순간은 모든 두려움을 잊을 수 있고 즐겁다. 갈수록 공부에 대한 애착이 깊어진다. 열심히 하면 할수록 공부는 더 재미있을 것 같다. 학교에 갈 수만 있다면 다른 모든 괴로움은 안고 가고, 힘에 부치더라도 버티고 가겠다. 공부를 실컷 해 봤으면 좋겠다.

한여름 더위가 한풀 꺾이고 하늘이 점점 더 높아진다. 아침저녁으로 산들바람이 몸을 스치는 날이 많아졌다. 방학이 끝나고 개학을 해서 아이들이 다시 만나 서로 즐거운 미소를 짓고 인사를 나눈다. 아이들은 동네에서 놀거나 해수욕을 하던 이야기를 한다.

수업 시간에는 집의 일을 모두 잊을 수 있다. 선생님이 흑판에 글씨를 써놓고 아이들이 그걸 보고 쓰거나 책에 있는 글씨를 보고 쓴다. 그럴 때 선생님은 아이들이 앉아 있는 뒤쪽으로 와서 기다리신다. 선생님은 가끔 뒤쪽에 있는 내 곁에서 내가 쓰는 글씨를 보신다. 나는 왼손으로 넓적다리 위에 책을 놓고 그 위에 공책을 펴서 잡는다. 오른손으로 연필을 잡아 공책에 꾹꾹 눌러 글씨를 쓴다. 문장이 짧아서 한 문장을 한 번만 보고 쓴다. 선생님이 내 글씨를 보신다. 나는 그때마다 마음이 쓰인다. 그런 일이 자주 있자 나는 글씨를 쓸 때면 선생님이 또 보실 것이라는 생각에 더 잘 쓰려고 한다. 그래도 선생님은 내게 와서 글씨를 쓰는 걸 자주 보신다. 무엇 때문일까. 선생님은 내게 무슨 특별한 관심을 가지신 걸까.

방학이 끝나고 수업을 한 지 한 달이 되면서 학기말 시험을 본다. 나는 과목마다 한 문제 한 문제씩 답을 쓴다. 어렵지 않은 문제라도 마음을 가다듬어 생각하면서 신중하게 문제를 풀고 다시 한 번 더 확인을 한다. 지난번 일제고사 때 서두르다가 틀렸던 게 생각나기 때문이다. 풀지 못한 문제는 없다는 생각이다.

시험이 끝나고 며칠이 지나자 선생님이 하루에 한 과목씩 답안지를 가지고 오신다. 선생님은 답안지를 보고 이름을 부르시며 제자리에서 일어서라고 하신다. 내 이름도 부르신다. 나는 성적이 좋은 사람을 부르는 것이라는 예감이 든다. 다섯 사람을 부르시고는 말씀하신다.

"이 아이들은 90점 이상을 받았다. 모두 박수를 쳐라"

아이들이 박수를 친다. 나는 난생 처음 박수를 받는다. 마음이 흐뭇하고 감격이 벅차오른다. 학교가 재미있고 나도 공부를 잘할 수 있겠다는 자신감이 생긴다. 선생님은 점수를 불러주지 않으시고 답안지를 개인별로 나누어 주신다. 나는 빨간 동그라미가 꽉 찬 시험지를 받는다. 아이들은 대체로 남의 점수는 보려고 하면서 자신의 점수는 보여주지 않으려고 한다. 남의 점수를 모르니 나와의 차이가 어느 정도인지 알 수 없다. 그래도 오늘은 참 좋은 날이다.

선생님은 그다음에도 하루 한 과목씩 답안지를 가지고 오신다. 선생님은 과목마다 네댓 명씩 이름을 부르시고 박수를 치게 하신다. 과목마다 박수를 받는 아이들도 있고, 한두 과목만 박수를 받는 아이들도 있다. 나는 과목마다 일어서서 박수를 받는다. 나는 공부에 대한 잠재력이 있는 것 같은 생각이 들어 한껏 신나는 기분이다.

2학기가 가까워지면서 새 책을 받았다. 글씨가 좀 더 많아지고 이야기도 더 길어졌다. 책을 받아 오는 날 저녁에는 표지에 책의를 하고 밤이 깊도록 책을 읽는다. 종이와 잉크에서 풍기는 냄새는 1학기 때 처음으로 새 책을 받았을 때를 생각나게 한다. 나는 책의 향기에 끌리고 글자 위 눈빛을 굴린다.

1학기가 끝날 무렵 선생님이 통지표를 나누어 주신다. 선생님은 통지표를 집에 가지고 가서 학부형의 도장을 받아 오라고 하신다. 나는 시험을 칠 때 성적에는 관심이 있어도 '통지표'란 이름은 처음 들어서 그 내용이 무엇을 의미하는지도 모른다. 선생님도 통지표에 대한 아무런 설명을 하지 않으신다. 나는 물론 부모님도 아무것도 모르면서 선생님이 시키시는 대로 통지표에 도장을 찍어 다시 선생님에게 제출한다. 아버지 도장은 구장 집에 있어서 그 집에 가서 찍는다.

가을이 깊어지면서 학교로 가는 길 옆 동네에 있는 감나무에 주렁주렁 달린 감이 탐스럽게 익었다. 빨갛게 농익은 홍시가 미각을 자극한다. 홍시를 살짝 깨물면 말랑한 과육이 흠뻑 베어 나와 입 안에 가득하다. 부드럽고 달콤한 질감이 느껴진다. 생각만 해도 군침이 고이고, 단맛이 혀끝을 감도는 듯하다. 나는 눈요기만 했을 뿐 군침만 꿀꺽 삼킨다. 먹는다는 게 참 아름답지만 슬프기도 하다. 집집마다 감나무다 그 흔한 감나무지만 우리 집에는 하나도 없다. 그래도 학교로 가는 동네에 감나무는 계속 나타나고 홍시가 자꾸 보인다.

학교에 있는 은행나무에 부채처럼 생긴 작은 잎들이 노란색으로 물들어간다. 우리는 노란 단풍잎이 가끔 떨어지는 은행나무 밑에서 수업을 받는다. 선생님은 여느 때보다 더 자주 내가 글씨를 쓰는 걸 보시곤 한다. 나는 선생님이 내가 글씨를 쓰는 걸 보실 때마다 조금씩 긴장한다. 선생님은 왜 내가 글씨를 쓰는 걸 점점 더 자주 보실까. 나는 다른 아이들의 글씨도 흘끔흘끔 훔쳐보기도 한다. '내가 다른 아이들보다 글씨를 특별히 더 잘 쓰는 것도, 못 쓰는 것도 아닌데.'라는 생각도 해본다. 그러면서 며칠이 지나간다.

선생님이 내 뒤쪽에 좀 떨어져서 나를 불러 조용히 말씀하신다.

"너, 구구단을 욀 줄 아느냐?"

"모릅니다."

나는 2학년 아이들이 구구단을 외우며 다니는 게 멋있어 보였지만 그게 무엇인지도 모르고 외우는 건 더더욱 할 수 없다. 나는 선생님이 왜 그러시는지 궁금했지만 다른 말은 못하고 나지막한 목소리로 "모릅니다."라고 말씀드릴 수밖에 없다. 선생님은 더 이상 말씀이 없으시다. 하지만 선생님에게 모른다고 말씀드린 게 왠지 떨떠름하다.

나는 아직 구구단을 배운 적이 없는데 선생님은 왜 그런 걸 할 수 있느냐고 물어보셨을까. 아무리 생각해도 궁금증만 커진다. 물어보시는 게 그렇게 나쁜 건 아닌 것 같으면서도 그래도 어쩐지 이상한 생각이 머릿속에 맴돈다.

노랗게 물든 은행나무 잎이 바람에 조금씩 떨어지고 널따란 프라다너스나무 잎도 가끔 바람에 날려 운동장 구석 이리저리 뒹군다. 은행나무 그늘 밑에 앉아 공부를 하면 쌀쌀한 느낌이다. 나는 아직도 선생님이 내게 구구단을 아느냐고 왜 물어보셨는지 궁금하고 구구단을 외워보고 싶은 마음도 생긴다.

며칠이 지나서 수업이 끝날 무렵 선생님이 나를 보시면서 오신다. 선생님은 내 자리에서 좀 떨어져서 나를 오라고 하시고는 내게 조용히 말씀하신다.

"너는 내일부터 2학년으로 가서 공부를 하게 됐다. 2학년은 지금 구구단을 모두 배웠다. 구구단을 열심히 외워라. 구구단을 외워야 2학년 수업을 따라갈 수 있을 거다. 내일부터 2학년 교실로 가거라. 책은 2학년 선생님이 주실 거다."

"예, 구구단을 열심히 외우겠습니다."

나는 선생님의 말씀을 들으며 귀가 번쩍 뜨이고 가슴이 벅차도록 반가움에 겨워 "예, 구구단을 열심히 외우겠습니다"라고 바로 말씀드린다. 오늘은 내게 최고의 행운이 찾아온 날이다. 선생님은 조용한 목소리로 말씀하셨지만 나는 그 말에 가슴이 설레고 감격스럽다. 선생님은 내가 글씨를 어떻게 쓰는지 시험은 어떻게 쳤는지 하나하나 보셨다. 2학년으로 월반을 하면 수업을 따라갈 수 있을지, 구구단을 욀 수 있는지도 일찍부터 관심을 가지고 보시며 확인하셨다. 나는 정말 고마운 선생님을 만났다.

살다 보면 이런 일도 있나보다. 남들이 2년 동안 할 일을 나는 1년 만에 해냈다. 이런 기회는 내가 미리 생각해 볼 수도 없는 순간에 나타난 꿈같은 현실이다. 또래들에게 한 걸음 더 가까이 다가섰다. 전교생들이 조회를 마쳤을 때 교문 밖으로 나가 가교사로 가는 상급생들이 그렇게 부러울 수가 없었고, 조회를 하면서 줄을 설 때도 공연히 상급생들이 서는 쪽에 서고 싶은 생각이 마음속에 있었다. 이제 내가 마음속 한 구석에 자리 잡고 있던 소망에 한 걸음 더 다가섰다. 일학년 수업을 마지막으로 마치고 인사를 하고 떠나려니 시원섭섭하다.

다음날은 전교생 조회가 없는 날이다. 나는 아침 일찍 문방구에 가서 새 공책을 샀다. 공책의 내지에 모두 가로로 촘촘히 선이 그어져 있다. 1학년 공책은 원고지처럼 네모 칸으로 돼 있는데 그것과 다르다. 신기하게 변한 느낌이다. 책이 없어 책보자기에는 공책과 필통만 싸서 가교사가 있는 데로 가서 2학년 교실을 확인한다. 2학년은 1반과 2반이 같은 교실에서 공부한다.

나는 교실 밖에서 선생님이 오실 때까지 기다리면서 교실 건물을 살펴본다. 6.25전쟁으로 학교 건물이 모두 불타버리고 학교 근처에 임시로 이 건물을 지었다. 그러니 기껏해야 3년을 넘기지도 못했겠지만 허술하기 짝이 없다. 치열했던 형산강 전투로 교실이 불타버리자 임시방편으로 학교 근처에 가교실을 부랴부랴 서둘러 지은 모습이 역력하다. 지붕의 기와는 줄이 비틀비틀하고 틈새로 비가 샜는지 군데군데 회칠을 했다. 벽은 흙으로 바르고 외벽은 비에 젖지 않도록 판자를 비늘처럼 겹쳐서 덧대어 붙이고 콜타르를 발랐는데 그것도 몇 장씩 떨어져 나간 데가 있다. 건물도 뒤틀리면서 곧 넘어질 듯 앞으로 기울어졌다. 더 기울어지는 걸 방지하려고 들보 끝마다 버팀목을 꺽쇠로 고정시켜 비스듬히 고이고 버팀목 밑에는 콘크리트 기초로 고정시켜 놓았다. 창문에는 유리는 없고 창호지로 발랐는데 그것도 찢어지고 흔적도 없는 데가 숱하다.

교실에 전쟁의 상흔이 고스란히 남아 있다. 하지만 나는 이런 교실에 들어갈 수 있는 것만으로도 감사한다. 다른 아이들과 같이 고생하는 건 얼마든지 할 수 있다. 더구나 1학년에 남아 추운 겨울에 어디에서 공부해야 할지도 모를 아이들을 생각하면 나는 매우 잘된 거다.

선생님이 오신다. 선생님을 따라 나는 2학년 교실에 첫발을 딛는다. 시끌벅적하던 교실이 조용해지면서 아이들이 1학년인 나를 의아스럽다는 듯이 바라본다. 교실 천장에는 반자가 없고 보꾹의 서까래와 떠릿보가 어지럽게 보인다. 바닥의 흙은 움푹 파여 울퉁불퉁한 곳도 눈에 띈다. 아이들은 바닥에 가마니때기를 깔고 앉아 있다.

선생님이 앉으라고 하시는 뒷줄 빈자리에 나는 조심스럽게 앉는다. 아무 말이 없이 앉아 있지만 주위에 모든 게 낯설고 서먹하다. 갑작스러운 변화에 대한 설렘과 긴장감으로 가슴이 두근거린다. 나는 앉아서 선생님이 인사를 시킬 때까지 주변의 분위기를 살핀다. 선생님이 교단에서 나를 앞으로 나오라고 하시고 교단을 내려가신다. 나를 돌아보는 아이들의 눈빛이 초롱초롱하고 교실에 침묵이 잠시 흐른다.

내가 일어서서 아이들이 양쪽으로 앉아 있는 통로로 차분하게 걸어 나간다. 아이들의 시선이 내게 쏠린다. 나는 행동 하나하나가 조심스럽다. 그런데 통로를 반도 채 지나지 않았을 때다. 나는 갑자기 위기를 만난다. 나는 엉겁결에 공중으로 뛰면서 위기를 넘기고 앞으로 나간다. 통로 옆에 앉아 있는 아이가 나의 발을 걸어 넘어뜨리려고 다리를 날렵하게 뻗어 내 앞을 가로 질렀다. 나는 순간적으로 크게 놀라기는 했지만 뛰어 넘으며 발길질을 피했다. 다행이다. 앉은 채 차는 발이라 그다지 높지 않은 까닭이다.

한 고비를 넘긴 나는 안심하고 앞으로 더 나간다. 맙소사 어떻게 이럴 수가 있을까. 참으로 고약한 꼴이 가관이다. 내 앞에 발길질이 또 가로지른다. 이때부터 아이들은 무슨 시기심에 의기투합이라도 한 건지, 객기어린 충동을 느꼈는지, 내가 아이들의 옆을 지나갈 때 통로 양쪽에서 발을 뻗어 차는 아이들이 많다. 나는 앞으로 나가야 하고, 발길질은 자꾸 날아든다. 아이들이 언제 호들갑을 떨지 몰라 나는 바짝 긴장해서 아이들의 동작을 주시한다. 나는 발길질을 높이 뛰면서 피한다.

나는 발길질을 뛰어넘을 때마다 두 팔을 활짝 펴고 풀쩍 뛰어 솟구쳤다가 한복 자락을 펄럭이며 내린다. 멀리서 나를 보는 아이들의 눈에는 내가 뛰어넘는 모양새가 옷자락을 너울거리며 덩실덩실 춤추는 풍물패의 춤사위처럼 보였을까. 교실에 잠시 흐르던 침묵은 이미 깨졌다. 내가 통로를 지나가는 동안 먼발치의 여기저기서 웃음보가 터지는가 싶더니 순간에 교실 전체가 금방 웃음바다로 변한다. 남들은 모두 나를 보고 한껏 웃는다. 하지만 나는 발길질을 피해야 하는 절박한 상황에 부닥치고 있다. 자칫 잘못하면 크게 다칠 수도 있다. 내가 겨우 교단까지 나가 얼떨떨하여 돌아서자 웃음소리가 좀 수그러지면서 더러는 키득거리기도 한다. 교실이 조용해지자 선생님이 나를 소개하신다.

"얘는 김태광이다. 얘는 오늘부터 1학년에서 월반해서 너희들과 같이 공부하는 2학년 2반이다. 같이 잘 지내도록 해라 …"

나는 황당하고 어이가 없어 "너희들이 왜 나를 차고 웃느냐? 내가 넘어지고 다치는 게 그렇게 보고 싶으냐? 너희들은 부끄럽지도 않느냐"는 말이 목까지 차올랐다. 하지만 아무래도 주제넘을 것 같아 그 말을 하지 못한다. 어쩔 수 없이 나는 앞으로는 부디 나를 걷어차지 말고 잘 지내자고 부탁하는 마음과 체면치레가 뒤섞여 머리 숙여 인사 한다. 아이들은 박수를 친다. 발을 뻗어 찼던 아이들도 덩달아 박수를 친다. 인사를 마치고 나갔던 길로 다시 내 자리로 돌아온다. 아직도 나갈 때처럼 발길질을 할지 몰라 나는 마음속으로는 긴장을 늦추지 못한다. 발길질을 했던 아이들이 나를 보고 히죽 웃는다. 웃는 게 얄밉고 뻔뻔스러워 보이지만 더 이상 발길질은 없어 다행이다.

나는 돌아와서 내 자리에 앉아도 이상한 신고식을 톡톡히 치룬 것 같다. 아이들이 가소롭기도 하고, 내가 집단적 힘에 눌려 큰 모욕을 당한 것 같기도 하다. 불쾌감을 넘어 자존심이 상한다. 겉은 멀쩡한 아이들이 발을 뻗어 나를 넘어뜨리려고 한 건 개구쟁이 아이들이 내가 뛰어넘는 걸 보는 재미로 장난삼아 하는 행동이었을까. 내가 넘어져 고통스러워하는 걸 보고 즐기려는 심사였을까. 아이들은 전교생 조회 때 나를 보아서 나의 얼굴을 이미 알고 있다. 그래서 1학년인 내가 상급생인 자신들과 같이 2학년으로 된 걸 보고 심술을 부린 걸까. 하지만 나는 심술의 대상이 아니다. 내가 정상적이었다면 너희들보다 훨씬 상급생이었을 텐데 말이다. 이건 집단적 패거리가 약자를 만나 농락하며 폭력을 쓴 것이다. 아마도 힘으로 남을 지배하려는 욕망이 강한 아이가 발길질을 하고 교실이 소란해지자 다른 아이들이 덩달아서 집단적 행동에 가담했을 것 같다.

멀리서 나를 본 아이들은 내가 좋아서 뛰는 걸로 잘못 생각하고 웃었다. 그들은 나의 일부인 상체만 보고 내 몸 전체와 심지어 내 마음속까지 모두 자신들이 생각하고 싶은 대로 생각해 놓고, 맞는 다고 믿는 착각에 빠졌다. 겉으로 보이는 일부만으로는 본질을 꿰뚫어보지 못한다. 겉만 보고 웃은 아이들은 잘못 생각한 걸 모두 토해내라. 짓궂은 아이들은 그들의 발길질과 내가 뛰는 걸 모두 보면서 웃었다. 남에게 고통을 주는 데에 쾌감을 느끼는 자기 최면에 걸리면 자신의 영혼을 나락으로 몰아넣는 문을 여는 일이 될 뿐이다. 남을 고통스럽게 해놓고 웃는 아이들은 구제불능에 빠지기 전에 어서 빠져나오라.

그래도 어찌 보면, 그들은 그저 보통 아이들일 뿐이고, 내가 방어 능력이 없는 게 더 큰 이유일 수 있다. 나는 나이든 하급생이었고 외모가 초라하게 보여서 그랬을 것이다. 내가 말쑥한 양복을 입고 그들을 압도하는 체격으로 보였거나, 나를 차는 아이에게 주먹의 파괴력으로 단박에 그들의 면상을 날려버릴 것 같은 기세가 보였다면 그렇지 않았겠지. 또 내가 상급생이었다면 그런 일이 생길 리도 없었다.

나는 월반해서 기쁘기는 했으나 오히려 낯설고 서먹해서 어색했지, 여러 아이들이 바라보는 앞에서 망신스럽게 길길이 날뛰고 싶은 기분은 아니었다. 나를 위기로 몰아넣은 건 너희들이다. 나는 절박한 상황을 피하려고 뛴 게 너희들에게 그런 웃음거리가 됐다.

아무리 생각해도 마음이 불편하다. 집단적 폭력과 참을 수 없는 수모를 당한 것 같다. 나는 굴욕을 삼키고 다짐한다. 그래, 좋다. 오늘은 너희들이 나보다 1년 더 공부했다고 내가 너희들에게 차이고 조롱을 당했다. 하지만 나도 헌수에게 가서 2학년 1학기 책을 수없이 보고 들었다. 나도 알 건 알고 있다.

겉만 보고 나를 그렇게 얄량하게 보지 마라. 나의 내면에는 불꽃이 타오른다. 내 가슴과 머릿속에는 겉과는 전혀 다른 우아함과 화려함이 자라고 있다. 그건 고상하고도 차돌처럼 야무지며 별빛처럼 반짝이는 희망이다. 나는 내가 공부를 잘 할 수 있을 가능성을 가지고 있다고 믿고 있다. 내가 무지를 깨고 예지의 봉오리를 활짝 피우는 통쾌한 날이 있으리라. 사람이 벼랑에 몰렸을 때 오기가 생기고 용기도 난다. 공부를 하고 싶다. 하고 싶으면 좋아하게 되고 좋아하면 즐겁게 하게 된다. 구구단. 그것쯤이야 외우면 곧 해낼 것이다. 오늘을 잊지 않겠다. 두고 보자. 나도 즐겁게 하면 잘해서 너희들을 곧 따라잡을 수 있을 것이다. 어쩌면 내가 너희들을 능가해 인생역전이 될 수도 있다. 나는 오늘 당한 모멸감을 설욕하고 싶어 맥박이 고동치고 가슴이 꿈틀거린다.

선생님이 구해 주시는 책도 받았다. 산수 시간이다. 이미 곱셈을 다 배웠고 나눗셈을 배우고 있다. 나눗셈은 구구단을 욀 수 있어야 할 수 있다. 선생님은 나눗셈을 가르치시다가 "구구단을 욀 수 있는 사람은 손을 들어라"고 하신다. 아이들은 "예! 예!" 하면서 다투어 손을 든다. 나는 손을 들 수 없어 창피하고 쑥스럽다. 주변에서 손을 들지 않은 아이들도 조금 보인다. 내가 무슨 고약한 심보를 가지고 있었는지 이걸 보고 약간의 위로를 느낀다. 몇 명이 외운 다음 전체가 합창하듯 같이 외우는 소리가 재미있다. 한편 나는 따라하지 못해 입을 다물고 있자니 지루함이 느껴져 어서 끝나고 당장 집에 가서 외우고 싶다.

나는 구구단 표를 만들어 집에 와서 열심히 외운다. 처음에는 무조건 외운다. 그런데 차츰 묘한 무엇이 보인다. 구구단이란 게 별것이 아니라 덧셈을 연산하는 속셈 방법이다. 1부터 100까지 써 놓으면 그 안에 답이 있다. 짝수를 짚어 나가면 2단의 답이 되고, 세 번째 수를 짚어나가면 3단의 답이고, 아홉 번째 수를 짚으면 9단의 답이다. 또 거꾸로 답을 찾을 수도 있다. 9곱하기 9의 답이 얼마인지 잊었다면 9곱하기 10은 90이니까 거기서 9를 뺀 81이 답이고 9곱하기 8은 거기서 9를 더 빼면 72다. 흥미롭기 그지없다. 그뿐만 아니다. 3곱하기 7은 21이고 그걸 거꾸로 한 7곱하기 3도 21이다. 외우는 것도 실질적으로는 절반이다. 9단은 9곱하기 9만 알면 저절로 외워진다. 외우는 것도 어렵지 않고 혹시 잊는다고 하더라고 금방 생각해 낼 수 있다. 구구단을 외우는 건 문제도 아니다. 재미가 쏠쏠하다.

글자를 배우든 셈법을 배우든 세상에 존재하는 것은 보이지 않는 조화와 오묘한 이치가 분명히 있다. 나는 세상의 이치를 조금이라도 더 알고 싶다. 그 이치의 연결 고리를 기쁜 마음으로 찾아가고 싶다. 이치를 찾고 싶은 뜨거운 열정이 가슴속에 차오른다.

9부

에필로그

9. 에필로그

나의 유년기는 6.25전쟁의 참혹함이 있었던 시기라 모두가 어려운 시절이었다. 봄은 보릿고개와 같이 왔고, 전선이 지나간 자리에는 잿더미만 남았다. 생명도 앗아갔고, 끌려간 남편의 생사를 알 수 없어도 남편의 옷가지와 신발을 소중히 보관하면서 돌아올 날을 기약 없이 기다리는 안타까운 아낙들도 흔히 볼 수 있었다. 사상의 혼란과 흉흉한 민심, 고단한 생활은 전선이 따로 없었다.

나의 유년기를 돌아보면 삶을 짓누르는 경험을 떠안았고, 지워지지 않은 상처도 많았다. 그건 내게는 의미가 크지만 다른 사람에겐 별 의미 없는 이야기일지 모른다. 그래도 그 시련을 내 가슴에만 묻어두기에는 힘들고 안타까웠다. 유년기에 부모의 질병과 가난, 무관심과 무지 속에 빠져 동심은 흐트러지고, 조화로운 성장도 하지 못하여 중요한 시기에 귀중한 걸 잃어버린 것 같다. 나는 그 시절에 성장이 멈춘 것 같으면서도 길게 느껴졌다. 남과 같이 당하는 고난도 감당하기 어렵지만 남달리 당하는 상대적 고난은 더 고통스럽다. 나의 유년 시절은 질곡의 세월이 너무 일찍 닥쳐 살아남으려는 몸부림으로 몸도 마음도 상처가 웅숭깊었다.

유년기는 작고 무력한 상태에서 크고 힘 있는 사람들의 보살핌을 받고 자란다고 한다. 하지만 누구도 나를 보듬어 주거나 치유해 주는 사람은 없었다. 나 자신도 앞에 맞닥뜨린 현실을 치열하게 살아가기에 힘겨워 그 상처를 돌보지 못했다. 세월이 지나면서 연민만 더 쌓이고, 자괴감으로 자화상마저 일그러졌다. 하지만 고통을 통과해 본 자는 삶의 밝은 면뿐만 아니라 어두운 이면도 들여다 볼 수 있다고 했던가. 내가 남들처럼 평범하게 살았다면 느껴보지 못할 값진 경험을 얻은 삶도 적지 않았다. 그건 내가 살아가면서 닥치는 시련을 극복하고 노력하는 밑거름이 됐다. 유년기에는 하나의 삶을 살기 전에 많은 삶을 산다는 말이 절실하게 느껴진다.

장남인 나는 인습의 무거운 짐을 짊어지고 버텨내기가 힘겨웠다. 오랜 세월 동안 침전되어 굳은 인습은 세대가 바뀌어도 쉬 바뀌지 않았다. 시대가 대가족 제도에서 살아온 세대와 핵가족 세대가 공존하는 과도기였다. 나는 어떤 요령도 근성도 없어 어느 쪽도 제대로 선택하지 못했다. 그저 주어진 대로 무기력해서 부대끼면서 참고 견디는 보기 드문 삶을 살았다.

나는 내 상처를 치유할 수 있는 사람은 나 자신뿐이라고 생각하고 자신을 위로하고 싶고, 삶의 의미를 되짚어보고 싶은 생각에 글을 썼다. 오래된 시간을 되돌아가 나를 스쳐간 시간들을 다시 만나고, 깊은 생각을 했다. 온전한 삶이란 기쁨과 고통을 모두 받아들이는 것이라고 했던가.

나의 기억에는 망각의 강이 오래 흘러 지워진 게 많다. 망각의 구석에 묻힌 흔적이라도 남아 있는 건 건져 올렸다. 그것마저 오랜 세월 속에서 얼마나 변질됐는지 알 수 없다. 편린으로만 아스라이 남아서 앞뒤가 흐릿한 건 되살리지 못하고 아쉬움으로 남았다. 어릴 적 시절이 어른거리며 삶의 가치를 느끼게 하고 아름다운 추억이 떠오르는 때도 간혹 있었다. 기억 속에 깊이 묻어버리고 싶은 것도 있는 곳을 찾아 뒤졌다. 그래서 머릿속에서 지워버리고 다시 떠올리고 싶지 않은 과거도 생생하게 마주해야 했다. 상처를 치유하려고 아픈 기억도 되살릴 수 있었을 때는 슬프면서 기쁨도 생겼다. 글을 쓴다는 게 치유의 과정이라면 이제라도 치유하려는 기회를 갖는다는 삶에 감사한다.

주변에서 도움을 구하기도 어려웠지만 수없이 퇴고하는 원고를 컴퓨터로 묵묵히 도와준 막내 동욱이는 그래도 내게 용기를 나게 했다. 내가 보이고 싶은 것만 쓰고 싶어 미숙하고 부끄러운 부분을 적나라하게 드러내지도 못했다. 내가 내게 유리한 기억만 살려내고 윤색한 게 아닌지도 두렵다. 하지만 이미 부끄러운 가족사까지 들춰냈다. 내가 내 개인의 이야기를 쓴다는 건 내 자신을 가려주는 게 없어지고 너무 노출되는 것 같았다. 다른 사람의 실명을 쓰는 것도 혹시나 누구에게 상처가 될지 모른다는 생각에 조심스러웠다.

내 상처의 이면에는 어린 욕망의 싹이 돋고 있었다. 그 욕망이 내게 멀리 보게 하고, 어두움 속에서라도 희망의 불빛을 찾으라고 끊임없이 채찍질을 했다. 때로는 욕망이 한 줄기 빛을 찾아 주기도 했다. 하지만 막연한 희망에는 위험이 늘 따라 다녔다. 한 줄기 빛도 보이지 않을 때는 절망에 빠져 견디기 어려웠다.

인간의 삶을 유도하고 선의의 경쟁을 하는 욕망은 어디까지일까. 인간이란 마지막에는 육신까지 내려놓고 떠나지만 그 전에는 가진 것이라면 무엇이라도 내려놓지 않으려고 아등바등한다. 부에 대한 욕망은 삶의 목적일까 수단일까. 세상을 진창으로 만드는 돈과 권력에 대한 탐욕은 어디까지일까. 쉽사리 채워지지 않는 욕망은 얼마나 채웠을 때 풍요를 느낄까. 나는 아직 그 경계를 분명하게 알 수 없다. 행복이란 무엇일까. 욕망과 탐욕 중 어느 것이 먼저 행복에 도달할까. 현실 세계에서 부조리한 선택을 강요받았을 때 탐욕이라고 멀리할 수도 가까이 할 수도 없었다. 그럴 때 나는 자신을 속이면서 욕망과 탐욕의 경계가 희미해지고, 도대체 무얼 하려고 이 세상에 태어났는지 회의감이 들어 혼돈에 빠지기도 했다.

욕망을 털고, 마음을 비우고, 순리를 따라 마음의 평온을 찾아야 하지 않을까 생각도 해본다. 하지만 그것도 여간 어려운 일이 아니다. 우선 내가 먹어야 '나'라는 존재가 부지할 수 있고, 내게 기대는 가족의 생계도 이어 갈 수 있다. 빈곤과 무지 속에 있는 사람들에게 그 책임을 모두 물리는 것도 강자에게만 좋을 것이다. 모두가 수도승처럼 금욕을 한다는 게 가능한 건지 옳은 건지 선뜻 판단이 서지 않는다.

욕망은 부질없는 것 같지만, 그래도 나는 욕망과 탐욕의 경계를 끝까지 찾아서 알고 싶다. 그걸 알려면 얼마나 찾아야 할까. 설마 찾지 못 한들 어찌하리. 찾을 때까지 찾으련다. 나는 내가 하고 싶은 아름다운 일을 하면서 살고 싶다. 그게 얼마나 행복한 일인가. 하지만 한편으로는 꿈은 변한 게 없는데 그렇게 더디던 세월은 훌쩍 가버린 것 같은 느낌이 온몸에 배어든다.

영혼을 돌보는 삶

2018년 5월 25일 초판 1쇄 발행
지은이 김영철
펴낸곳 정우문화사(02-2266-3434)

ISBN 978-89-964769-9-3